ESTRÉS LABORAL
EN TRABAJADORES DE LA SALUD

Laura Elena Paris

Estrés laboral en trabajadores de la salud

Colección UAI - Investigación

UAI EDITORIAL

teseo

Paris, Laura Elena
Estrés laboral en trabajadores de la salud / Laura Elena Paris. - 1a ed.. -
Ciudad Autónoma de Buenos Aires : Teseo ; Ciudad Autónoma de Buenos
Aires : Universidad Abierta Interamericana, 2015.
318 p. ; 20 x 13 cm.
ISBN 978-987-723-054-3
1. Salud. 2. Salud Laboral. 3. Estrés. I. Título.
CDD 158.9

Teseo - UAI. Colección UAI - Investigación

Buenos Aires, Argentina

ISBN 978-987-723-054-3

Editorial Teseo

Hecho el depósito que previene la ley 11.723

Para sugerencias o comentarios acerca del contenido de esta obra,
escríbanos a: **info@editorialteseo.com**

www.editorialteseo.com

Autoridades

Rector Emérito: Dr. Edgardo Néstor De Vincenzi
Rector: Mg. Rodolfo De Vincenzi
Vice-Rector Académico: Dr. Francisco Esteban
Vice-Rector de Gestión y Evaluación: Dr. Marcelo De Vincenzi
Vice-Rector de Extensión Universitaria: Ing. Luis Franchi
Vicerrector de Administración: Dr. Alfredo Fernàndez
Decano Facultad de Psicología: Lic. Fernando Adrover

Índice

Presentación 13

Agradecimientos..17

Introducción 19

Capítulo I. Estrés..27

Capítulo II. Estrés laboral...45

Capítulo III. Afrontamiento del estrés 69

Capítulo IV. Satisfacción laboral.....................................89

Capítulo V. Bienestar subjetivo.....................................109

Capítulo VI. Estrategia de abordaje empírico 129

Capítulo VII. Análisis de la situación laboral
de médicos y enfermeros..185

Reflexiones finales 249

Bibliografía...263

Anexos...305

Presentación

La Universidad Abierta Interamericana ha planteado desde su fundación en el año 1995 una filosofía institucional en la que la enseñanza de nivel superior se encuentra integrada estrechamente con actividades de extensión y compromiso con la comunidad, y con la generación de conocimientos que contribuyan al desarrollo de la sociedad, en un marco de apertura y pluralismo de ideas.

En este escenario, la Universidad ha decidido emprender junto a la editorial Teseo una política de publicación de libros con el fin de promover la difusión de los resultados de investigación de los trabajos realizados por sus docentes e investigadores y, a través de ellos, contribuir al debate académico y al tratamiento de problemas relevantes y actuales.

La *Colección Investigación* Teseo - UAI abarca las distintas áreas del conocimiento, acorde a la diversidad de carreras de grado y posgrado dictadas por la institución académica en sus diferentes sedes territoriales y a partir de sus líneas estratégicas de investigación, que se extienden desde las ciencias médicas y de la salud, pasando por la tecnología informática, hasta las ciencias sociales y humanidades.

El modelo o formato dc publicación y difusión elegido para esta colección merece ser destacado por posibilitar un acceso universal a sus contenidos. Además de la modalidad tradicional impresa comercializada en librerías seleccionadas y por nuevos sistemas globales de impresión y envío pago por demanda en distintos continentes, la UAI adhiere a la red internacional de acceso abierto para el conocimiento científico y a lo dispuesto por la Ley 26.899 sobre Repositorios digitales institucionales de acceso abierto en ciencia y tecnología, sancionada por el Honorable Congreso de la Nación Argentina el 13 de noviembre de 2013, poniendo a disposición del público en forma libre y gratuita la versión digital de sus producciones en el sitio web de la Universidad.

Con esta iniciativa la Universidad Abierta Interamericana ratifica su compromiso con una educación superior que busca en forma constante mejorar su calidad y contribuir al desarrollo de la comunidad nacional e internacional en la que se encuentra inserta.

Dr. Mario Lattuada
Secretaría de Investigación
Universidad Abierta Interamericana

Dedico este trabajo a todos los que colaboraron, en forma directa, a través de su ayuda, o indirectamente, brindándome su afecto y comprensión, en la compleja y ardua tarea de concretar este proyecto.

Agradecimientos

El presente libro es una versión corregida de mi tesis doctoral para acceder al título de Doctora en Psicología por la Universidad Nacional de Rosario, cuyo título original es *Estrés laboral asistencial, recursos de afrontamiento y satisfacción laboral, en trabajadores de la salud de la ciudad de Rosario*. La realización de esta investigación contó con la contribución de numerosas personas. En primer lugar, mi directora de tesis, la Dra. Alicia Omar, quien con su intensa y desinteresada dedicación y su experticia en el ámbito de la investigación científica en Psicología me orientó durante todo el proceso. En segundo lugar, innumerables amigos, colegas, compañeros y alumnos, quienes generosamente me contactaron con la población en estudio. Finalmente, a los médicos y enfermeros que, brindando sus vivencias y experiencias cotidianas, me permitieron obtener un profundo conocimiento de su realidad laboral. A todos ellos, mi más sincero agradecimiento.

Introducción

Todas las profesiones y actividades laborales generan algún grado de estrés, aunque el trabajo vinculado con la atención de la salud se caracteriza por algunos estresores únicos, que son el resultado de una actitud de intensa dedicación al cuidado de la vida de los demás. El compromiso por la vida, las relaciones empático-afectivas con el enfermo y su entorno familiar, y las características propias de las instituciones sanitarias colocan a los trabajadores de la salud en una situación de riesgo a raíz del profundo agotamiento emocional que genera aislamiento, depresión, negación de las dificultades, autoprescripción de psicofármacos (Rosvold & Bjertness, 2002; Verger *et al.*, 2004) y una alarmante adicción al alcohol tanto en mujeres como en varones (Arnetz, 2001; Martinez-Lanz, Medina-Mora & Rivera, 2004; McMillan & Lapham, 2004).

Las actividades del personal de salud, especialmente médicos y enfermeros, demandan tareas que los exponen a una tensión extrema. Estudios recientes refieren que la proporción de suicidios entre los médicos es más alta que en la población general (Aasland, Ekeberg & Schweder, 2001; Rosales Juseppe, Gallardo Contreras & Conde Mercado, 2005). Y esta tensión se agudiza en aquellas instituciones donde, además, los profesionales deben enfrentarse con la competitividad, el sistema de jerarquización institucional, los conflictos de roles, la sobrecarga, el desaprovechamiento de sus habilidades y los salarios insuficientes para la satisfacción de sus necesidades básicas.

La exposición constante a estas dificultades y la imposibilidad real de modificarlas configuran un estado de situación que los sobrepasa, quedando reducida su capacidad de adaptación. El estrés asistencial es un factor de riesgo que genera insatisfacción laboral, reacciones de frustración, ausentismo, tendencia a abandonar el trabajo y numerosas respuestas psicosomáticas; traduciéndose a nivel organizacional, en un deterioro paulatino de la calidad laboral y, a nivel individual, en una disminución de la autoeficacia y un creciente malestar subjetivo que puede transferirse a otras áreas de la vida de una persona, tales como sus vínculos sociales o su vida familiar.

Para enfrentar el estrés las personas recurren a respuestas cognitivas y comportamentales (proceso conocido como "coping"), que mediatizan las relaciones entre la percepción del estrés y la consiguiente adaptación somática y psicológica. La habilidad para manejar situaciones estresantes depende de los recursos de *coping* disponibles. Estos recursos desempeñan un rol crucial en la relación estrés-salud-enfermedad y constituyen características estables del individuo y del medioambiente donde se desenvuelve (Omar, 1995).

Es posible que los miembros de un equipo de salud evalúen como amenazantes para su bienestar subjetivo muchas de las situaciones cotidianas que desbordan sus posibilidades de afrontarlas con éxito. En este tipo de evaluación influyen tanto factores propios del ambiente (competitivo y jerarquizado) como determinantes sociales y personales (necesidades económicas, nivel de aspiraciones laborales y autoestima, entre otros). A su vez, entre los componentes que hacen al bienestar subjetivo, ocupan un lugar preponderante las cogniciones referentes a la satisfacción con el trabajo y la vida en general. La evaluación personal que el sujeto efectúa entre su realidad cotidiana y un estándar ideal construido a lo largo del tiempo puede provocar una insatisfacción constante, generando frustración y desajustes cada vez mayores con su entorno laboral, y repercutiendo en la satisfacción con la vida en general.

El análisis crítico del cuerpo de conocimientos científicos publicados durante los últimos quince años sobre la problemática del estrés laboral revela que el modelo fenomenológico cognitivo de Lazarus y Folkman (1984) es el referente teórico más pertinente, completo y de mayor vigencia en la actualidad. El modelo enfatiza que el estrés no está determinado únicamente por la naturaleza del estímulo ambiental o por las características individuales, sino por la interacción entre las demandas del medio y la evaluación cognitiva (condicionada por factores individuales y situacionales) que del estímulo hace la persona. En esta perspectiva teórica se encuadra el presente trabajo.

Los profesionales que se desempeñan en las instituciones sanitarias en nuestro país se enfrentan cotidianamente con situaciones que sobrepasan la labor para la cual fueron preparados. En el ámbito público, el recorte de las partidas presupuestarias asignadas al sector, la insuficiencia de la infraestructura hospitalaria, la falta de medicamentos, las demandas de un número creciente de sujetos excluidos de los sistemas de salud convencionales, y la disminución de los salarios profesionales configuran un clima laboral inestable y estresante. Por su parte, en el ámbito privado, las condiciones laborales se han ido deteriorando paulatinamente, transformándose en un ambiente de alta competitividad, que exige una dedicación no equivalente con las retribuciones económicas y sociales obtenidas, traduciéndose en una elevada percepción de inequidad.

En los últimos años, este cuadro de situación se ha visto complejizado más aún para los profesionales de la salud por una dramática modificación de su estatus social (Zaldúa & Lodieu, 2000). En el caso específico de los médicos, su posición social se ha desdibujado en relación a décadas pasadas y hoy se puede observar cómo recurren al multiempleo como la última posibilidad de mantener las características adscriptas a su rol. El recurso de las guardias, antes reservado a los profesionales recién egresados y "soportado" con el fin de adquirir experiencia, hoy se ha transformado en una fuente de ingreso adicional para muchos, incluidas las mujeres, que en los últimos años se han incorporado en mayor proporción a esta profesión. En el caso de los enfermeros, y si bien su estatus social ha sido históricamente desvalorizado, la situación descrita más arriba también ha impactado fuertemente en su calidad de vida y, consecuentemente, en su rendimiento laboral. Esta combinación de factores, no puede menos que constituirse en fuentes potencialmente generadoras de estrés con implicancias directas en la calidad de la atención brindada, en su equilibrio psicofísico, la satisfacción con su entorno laboral y la vida en general.

Por todo lo expuesto y, fundamentalmente por el impacto socioeconómico-organizacional de la problemática, el presente trabajo, a partir de la identificación de las situaciones laborales percibidas como estresantes, se orienta al estudio de los mecanismos más comúnmente empleados por los profesionales de la salud para enfrentar el estrés en el trabajo, dado su rol moderador en el *continuum* salud-enfermedad. Complementariamente, se propone analizar el interjuego estrés-bienestar subjetivo-satisfacción laboral y, como *desideratum* final, se aspira a la elaboración de sugerencias y recomendaciones para la eventual puesta en marcha de programas de intervención si los resultados obtenidos así lo ameritaran.

Las principales fuentes generadoras de estrés, las estrategias más comúnmente empleadas para afrontarlas y el impacto del estrés asistencial sobre el bienestar subjetivo y la satisfacción laboral-personal se abordan entre los profesionales de la salud que se desempeñan en instituciones sanitarias de la ciudad de Rosario (Argentina).

Para ello se procedió a: 1) identificar las situaciones que en el ámbito sanitario son percibidas como estresantes por parte de los profesionales de la salud y desarrollar un instrumento idóneo para su exploración; 2) describir las estrategias de afrontamiento del estrés (*coping*) más comúnmente empleadas por los profesionales de la salud y desarrollar un instrumento con adecuadas propiedades psicométricas para su exploración; 3) analizar las posibles vinculaciones entre el empleo de estrategias de afrontamiento del estrés asistencial por parte de los profesionales de la salud y algunas variables sociodemográficas, tales como edad, género, especialidad y antigüedad laboral; 4) explorar las vinculaciones entre el estrés percibido y/o vivenciado y su afrontamiento con el bienestar subjetivo y el grado de satisfacción personal-laboral; y finalmente 5) identificar cuáles son las variables que mejor explican el bienestar subjetivo y la satisfacción laboral entre los profesionales de la salud.

En la introducción se presenta la problemática a investigar y los objetivos que han servido de guía para la presente investigación. Los capítulos I a V están dedicados al análisis de los conceptos claves del estudio. Así, en el capítulo I, se presenta un panorama general de la problemática del estrés, a través del análisis de cada una de las variables implicadas en un modelo explicativo de reconocido poder heurístico. En el capítulo II, se presentan y analizan las principales fuentes organizacionales y extraorganizacionales que favorecen la aparición de estrés laboral, así como los factores de insatisfacción en el trabajo. En el capítulo III, se ofrece una contextualización del constructo afrontamiento del estrés (o *coping*), conjuntamente con una síntesis de las evidencias empíricas que en los últimos cinco años se han publicado sobre el tema. Los capítulos IV y V están dedicados al análisis de la problemática de la satisfacción laboral y el bienestar subjetivo, respectivamente. En ambos casos se presentan las evidencias que vinculan ambas variables con el estrés laboral asistencial y se detallan los instrumentos disponibles para su evaluación y medición. El capítulo VI está dedicado a la presentación del diseño marco de la investigación realizada. En este capítulo se presentan detalladamente cada una de las tres aproximaciones metodológicas efectuadas: la primera, orientada al desarrollo de instrumentos específicos para explorar las fuentes de estrés y su afrontamiento en contextos laborales asistenciales; la segunda, enfocada a la validación de herramientas existentes para su aplicación entre los profesionales de la salud de la ciudad de Rosario; y la tercera, concentrada a la verificación empírica propiamente dicha. El capítulo VII está dedicado al análisis de los datos reunidos con la indicación de las técnicas empleadas, los comentarios y la discusión correspondiente a cada uno de los resultados alcanzados. Finalmente, se sistematizan los hallazgos obtenidos y se individualizan las variables que explican la emergencia tanto de la satisfacción laboral como del bienestar subjetivo entre los profesionales de la salud (como grupo total, así como en función de la especialidad y el género). Como corolario se efectúan algunas sugerencias a la luz de la detección de "protocolos de riesgo", y se señalan las fortalezas y debilidades del estudio. A modo de cierre, se presentan las referencias bibliográficas consultadas para la ejecución del trabajo y se incluye, en el anexo, un ejemplar del protocolo conteniendo la totalidad de los reactivos aplicados.

Capítulo I.
Estrés

Breve historia del concepto de estrés

El concepto de estrés ha alcanzado una gran popularidad en las últimas décadas, aunque tiene una larga historia. Su empleo para describir experiencias humanas de la vida cotidiana se remonta a varios siglos atrás, si bien sólo recientemente ha sido objeto de conceptualización e investigación sistemática en el ámbito de la Psicología.

Desde una perspectiva histórica (Bravo, Serrano-García & Bernal, 1998), el término "stress" se ha empleado entre los siglos XIV y XVII para referirse a penalidades, aprietos, adversidades o aflicciones. Posteriormente, durante los siglos XVIII y XIX, el concepto fue despojado de tales connotaciones negativas y su uso estuvo relacionado a fuerzas, presiones o tensiones que impactaban sobre un objeto, un individuo, o sus "órganos o poderes mentales". La física contribuyó al desarrollo del constructo ya que, desde el siglo XIX, el término es aplicado a los cuerpos sólidos y se define como una fuerza generada dentro de ellos por acción de otra fuerza externa que tiende a distorsionarlos. En el siglo XX, la medicina comenzó a considerarlo como causa de enfermedades físicas. El fisiólogo Walter Cannon (1932, citado por Bravo *et al.*, 1998) utilizó el término en el marco de sus investigaciones de laboratorio sobre la reacción de "pelea o fuga", definiéndolo como un disturbio de la homeóstasis corporal bajo estímulos o condiciones negativas para el organismo (tales como frío, falta de oxígeno, disminución de azúcar, pérdida de sangre) y adelantando que el grado de estrés podía ser medido cuantitativamente, lo que fue de gran importancia para desarrollos posteriores. Hans Selye (1936, citado por Bravo *et al.*, 1998), definió al estrés como el conjunto de defensas corporales contra cualquier estímulo nocivo, incluyendo amenazas psicológicas. A esta reacción la llamó Síndrome de Adaptación General. Wolff (1953, citado por Bravo *et al.*, 1998), por su parte, contribuyó a la evolución del concepto con sus trabajos realizados en las décadas de los años 1940 y 1950, considerando al estrés como un estado dinámico del organismo, resultado de su interacción con estímulos o circunstancias amenazantes, las cuales puedan afectar directa o indirectamente (estresores psicológicos) su estructura o funciones.

En su revisión cronológica, Bravo *et al.* (1998) destacan que tanto la concepción del estado dinámico de Wolff como la del patrón fisiológico propuesto por Selye resultaron importantes por varias razones. En primer lugar, porque se comenzó a considerar al estrés como un proceso activo de lucha contra las demandas ambientales, tendiente a mantener o reestablecer el equilibrio homeostático. En segundo lugar, ambas concepciones teóricas implicaron que la vivencia del estrés es producto de la elaboración cognoscitiva del estímulo y no del estímulo en sí mismo. En tercer lugar, ambas definiciones concibieron tanto a los estímulos físicos como a los psicológicos como potenciales activadores del proceso de estrés. Por último, el concepto de estado dinámico apunta hacia determinados aspectos de los procesos de estrés que, de otro modo, podrían ser obviados, tales como los recursos disponibles para el manejo de la situación, sus costos (incluyendo enfermedad y malestar) y sus beneficios (por ejemplo, el fortalecimiento del sentido de competencia o alegría por el triunfo ante la adversidad).

Desarrollo del concepto de estrés

Desde el trabajo pionero de Lazarus y Folkman (1984), el concepto de estrés ha sido enfocado desde tres orientaciones, como estímulo, como respuesta y como interacción entre ambos:

Estrés como estímulo: desde esta perspectiva, el estrés es cualquier evento o fuerza externa sobre una persona que demande algún tipo de respuesta adaptativa. Sandín (1995) señala que este punto de vista se conoce como enfoque de los sucesos vitales, definidos como eventos sociales que requieren algún cambio respecto al ajuste habitual del individuo. De esta manera, el potencial estresante estará en función del "impacto disruptivo" que conlleva (Bravo *et al.*, 1988), sin tener en cuenta el significado individual o social que tenga. Los estresores (estímulos generadores de estrés) son acontecimientos externos o internos al individuo, que pueden clasificarse como cambios mayores (por ejemplo, cataclismos) que afectan a un gran número de personas; cambios mayores que sólo afectan a una persona; o agobios, incomodidades o problemas cotidianos (Lazarus y Folkman, 1984). También se consideran estresoras a las situaciones en que existe ausencia de estimulación, fatiga, aburrimiento o amenaza de fracaso. Bravo *et al.* (1998) afirman que la investigación que ha caracterizado este enfoque ha buscado establecer relaciones entre eventos observables, sin tener en cuenta el proceso y las diferencias individuales y culturales involucradas en la evaluación de los acontecimientos vitales.

Estrés como respuesta: para esta orientación el estrés es una respuesta del individuo a estímulos del entorno, siendo su verdadera naturaleza el modo en que las personas los manejan y las reacciones que evocan en ellas. Desde la perspectiva de Sandín (1995), el trabajo de Selye es un ejemplo de esta concepción, ya que considera al estrés como una respuesta no específica del individuo a estresores que son agentes nocivos para el equilibrio del sistema homeostático del organismo. La respuesta de estrés estaría así constituida por un mecanismo tripartito, denominada "síndrome general de adaptación" (Selye, 1936, citado por Sandín, 1995), cuyo desarrollo completo incluye tres etapas:

- reacción de alarma: es la respuesta inicial del organismo, con una fase de choque que constituye la reacción inmediata al agente nocivo (con síntomas como taquicardia, pérdida del tono muscular, descarga de adrenalina, corticotrofina y corticoides) y una fase de contrachoque, que es una reacción de rebote caracterizada por el incremento de corticoides y la involución rápida del sistema timo-linfático;
- etapa de resistencia: cuando la situación estresante se mantiene, se produce la adaptación del organismo al agente nocivo;
- etapa de agotamiento: si la exposición al estresor se prolonga, se pierde la adaptación adquirida, reaparecen los síntomas característicos de la reacción de alarma y hasta puede significar la muerte del organismo.

La mayor objeción a esta perspectiva es que no establece las condiciones para que un estímulo sea considerado estresor, independientemente de sus efectos. Además, la idea que la respuesta de estrés es inespecífica, desencadenándose ante diversos estresores, no parece correcta (Sandín, 1995), ya que depende en gran medida de la percepción de control que el sujeto tiene sobre el suceso, más que de sus características.

Estrés como una relación entre estímulo y respuesta: las teorías interactivas o transaccionales tienden a maximizar la relevancia de los factores psicológicos que median entre los estímulos y las respuestas (Sandín, 1995). En este sentido, el estrés no sólo está determinado por la naturaleza de un estímulo ambiental y por las características de una persona, sino también por la interacción entre la evaluación del estímulo y las demandas sobre el individuo. La habilidad para manejar situaciones estresantes depende de los recursos (respuestas cognitivas y comportamentales) disponibles en el sujeto (Omar, 1995), conocidos como estrategias de afrontamiento o "coping".

Sobre lo que no existe disenso en la bibliografía especializada es que la teoría más abarcativa y vigente al respecto es la de Lazarus y Folkman (1984), cuya idea central se focaliza en el concepto cognitivo de evaluación (*appraisal*), proceso universal mediante el cual las personas valoran la significación de los sucesos para su bienestar. Cada vez que los umbrales asociados con una situación estresante son vistos como signos inminentes de peligro, independientemente de si es real o imaginario, el sentido de amenaza conducirá a una reacción emocional displacentera.

Un modelo de estrés

Para poder analizar todos los factores involucrados en este complejo fenómeno, Sandín (1995) presenta un modelo procesual del estrés (Figura 1), sugiriendo que sólo se lo utilice como referencia para el análisis de los diferentes aspectos implicados y sus relaciones. Con este mismo propósito se lo reproduce aquí, describiéndose cada uno de sus componentes en forma general, ya que se profundizará su análisis en los capítulos siguientes del presente trabajo.

Figura 1. Modelo procesual del estrés (Sandín, 1995).

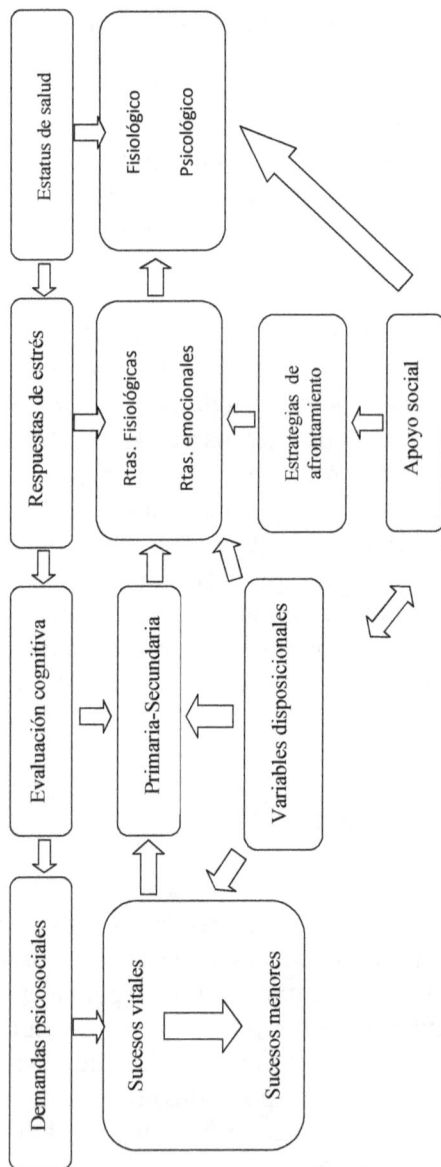

Los constructos incluidos en el esquema precedente, han sido definidos por Sandín (1995) de la siguiente
manera:

Demandas psicosociales: son los agentes externos
causales del estrés. Pueden ser sucesos vitales, entendi-
dos como los acontecimientos que provocan un cambio
en las actividades usuales de los individuos, o sucesos
menores de ocurrencia diaria como molestias y contrariedades. En relación con este último aspecto, Fritz
y Sonnentag (2005), por ejemplo, encuentran que las
contrariedades no vinculadas con el trabajo, sufridas por
las personas durante los fines de semana, disminuyen
el bienestar general y aumentan las dificultades en el
trabajo durante la semana siguiente. Con respecto al
estrés laboral asistencial, las demandas vinculadas con el
contexto laboral de médicos y enfermeros se detallarán
en el próximo capítulo.

Evaluación cognitiva: proceso que determina las
consecuencias que un acontecimiento dado provocará
en el individuo, mediando en los niveles de respuesta
(Lazarus & Folkman, 1984). La persona valora las demandas y si percibe un desequilibrio entre éstas y los
recursos personales para superarlas, se producirá una
respuesta de estrés. El efecto de los sucesos sobre los
individuos depende de la forma en que éstos los perciben y evalúan. Siguiendo a Lazarus y Folkman (1984),
se pueden diferenciar dos tipos de evaluaciones cognitivas, designadas como primaria y secundaria, y una
reevaluación posterior (Figura 2).

**Figura 2. Tipos de evaluación cognitiva propuestos
por Lazarus y Folkman (1984).**

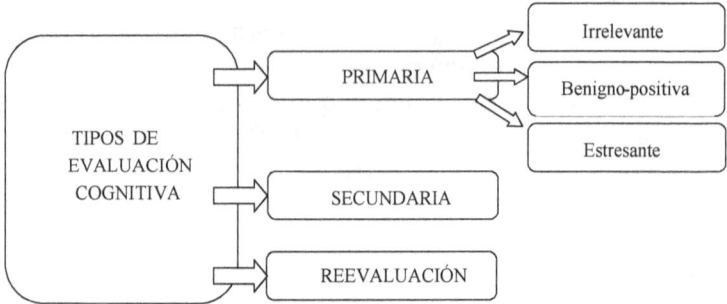

Evaluación primaria: la persona analiza si la demanda lo perjudica o beneficia, y de qué forma. Según Lazarus y Folkman, los eventos pueden percibirse como irrelevantes si no suponen ninguna amenaza para el individuo; benigno-positivos, cuando las consecuencias pueden preservar el bienestar o ayudar a conseguirlo, generando emociones placenteras; o estresantes, cuando significan daño, pérdida, amenaza o desafío.

Evaluación secundaria: le informa al sujeto qué puede hacer. Ambas evaluaciones interaccionan entre sí, determinando el grado de estrés, la intensidad y la calidad de la respuesta emocional.

Reevaluación: este concepto hace referencia a un cambio introducido en la evaluación inicial en base a nueva información recibida del entorno, que puede eliminar la tensión o aumentarla.

Factores que influyen en la evaluación: el grado en que un acontecimiento es evaluado como estresante está determinado por una confluencia de factores interdependientes. Tales factores se clasifican en individuales y situacionales, tal como se muestra en la Figura 3.

Figura 3. Factores que influyen en la evaluación de un evento.

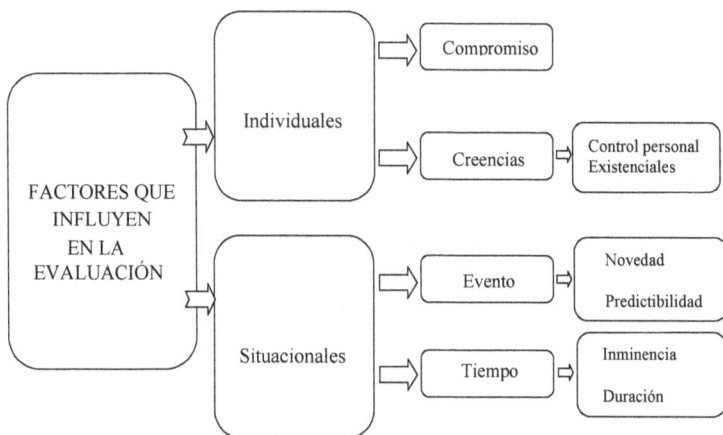

Factores individuales: Lazarus y Folkman (1984) describen dos características individuales: los compromisos y las creencias. Los compromisos expresan los valores y objetivos que son importantes para las personas. Son fundamentales en la determinación del estrés psicológico, debido a su cualidad motivadora. Dirigen y/o alejan al individuo de situaciones que puedan dañarlo, amenazarlo o desafiarlo y definen las áreas de significado, es decir, cuáles son los encuentros importantes para su bienestar. Las creencias son configuraciones cognitivas formadas individualmente o compartidas culturalmente. En el proceso de evaluación, Lazarus y Folkman (1984) señalan dos categorías principales. Por un lado, las creencias sobre el control personal que el individuo cree tener sobre los acontecimientos. La formulación más conocida sobre este tema es el concepto de *locus* de control (Rotter, 1966, citado por Peiró & Salvador, 1993), constructo que se analizará en este mismo capítulo más adelante. Por otro lado, la segunda categoría se refiere a las creencias existenciales, metafísicas, como la fe en Dios o el destino, que orientan los significados que la gente le da a los diversos acontecimientos durante su ciclo vital.

Factores situacionales: se refieren al grado en que el individuo cree que puede modificar sus relaciones estresantes con el entorno y se clasifican en dos grandes categorías: a) factores que hacen referencia a características del evento estresante, tales como la novedad de la situación (entendida como la información que se posee en base a experiencias previas); la predictibilidad (posibilidad de anticiparse al hecho para controlarlo); y la incertidumbre del acontecimiento (probabilidad que ocurra el hecho). Estos tres aspectos influyen en la evaluación personal del suceso. Lazarus y Folkman (1984) concluyen que a mayor novedad, impredictibilidad e incertidumbre, peor adaptación. Otro aspecto que hace a la configuración del entorno es la ambigüedad de la situación, ya que, cuanto más confusa sea, más influirán los factores personales para completar la comprensión del evento. Y b) factores que hacen referencia al tiempo: inminencia, duración e incertidumbre temporal. La inminencia se refiere al tiempo que transcurre antes de que suceda un acontecimiento. Cuánto más prolongado sea el tiempo de anticipación, más puede el individuo reflexionar, sufrir o afligirse, evitar el problema o actuar sobre él. La duración supone el tiempo que persiste un acontecimiento estresante, durante el cual el suceso se desarrolla. La incertidumbre implica el desconocimiento de cuándo se va a producir el suceso. El hecho de no saber con certeza si va a ocurrir un acontecimiento determinado puede dar lugar a un dilatado proceso de evaluación (Lazarus & Folkman, 1984).

Estrategias de afrontamiento (*coping*): la habilidad para manejarse con cualquier estresor depende de los recursos de afrontamiento disponibles en el individuo. Son las respuestas cognitivas y comportamentales que usan las personas para manejar y tolerar el estrés. Hay una relación muy estrecha entre el afrontamiento y los componentes fisiológicos y psicológicos de la respuesta de estrés (Sandín, 1995). Por ser una de las variables principales en estudio de esta tesis, se desarrollará extensamente este concepto en el capítulo correspondiente.

Variables disposicionales: existe un conjunto de variables personales relativamente estables que modulan las reacciones del individuo al estrés (Figura 4). Mientras que algunas son consideradas potenciadoras de la salud, como la personalidad resistente y el *locus* de control interno, otras como el patrón de conducta tipo A y el neuroticismo son facilitadoras de enfermedad.

Figura 4. Variables moduladoras del estrés.

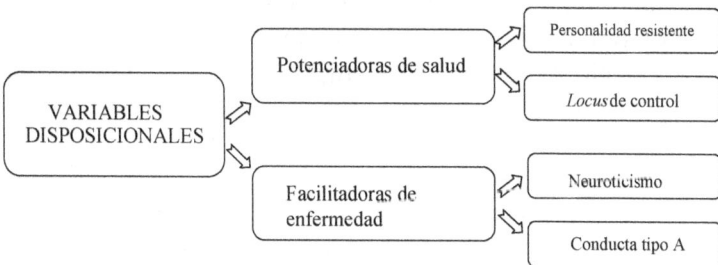

Potenciadoras de la salud: algunas variables disposicionales, tales como la personalidad resistente y el *locus* de control interno, han sido descritas como protectoras o benéficas para el bienestar general. La personalidad resistente, concepto desarrollado por Kobasa (1982, citado por Harrison, Loiselle, Duquette & Semenic, 2002) ha sido definida como un estilo de orientación optimista frente al estrés. Se la ha caracterizado por la tendencia a comprometerse en actividades diversas de la vida, minimizando la percepción de amenaza, a valorar las situaciones estresantes como un desafío y suponer que se puede influir y controlar personalmente el curso de los eventos. La evidencia empírica indica que estos individuos experimentarían menos estrés psicológico, evaluando el entorno y sus demandas de manera más positiva y flexible (Harrison *et al.*, 2002; Thomsen, Arnetz, Nolan, Soares & Dallender, 1999). El *locus* de control interno, se refiere a la creencia personal sobre la controlabilidad de los eventos, los que son vistos como dependientes de las propias acciones y sobre los que se puede influir. Los sujetos que carecen de control interno (los "externos"), atribuyen el control a la suerte, al destino o similares factores inmanejables (Peiró & Salvador, 1993). Existen evidencias que los individuos con *locus* interno se enfrentan más efectivamente con el estrés y tienen hábitos más saludables (Callaghan, 1998). Sin embargo, evaluaciones más precisas sugieren que los "internos" son más propensos a experimentar estrés cuando son incapaces de ejercer el control que creen que tienen, y los "externos" se sienten especialmente amenazados cuando tienen la posibilidad de ejercer control sobre lo que está ocurriendo (Peiró & Salvador, 1993).

Facilitadoras de la enfermedad: a partir del cúmulo de evidencia empírica disponible se ha asociado al estrés con algunas características de personalidad, tales como el neuroticismo y el patrón de conducta tipo A. El neuroticismo se refiere a un inadecuado control de los afectos y emociones. Las personas con fuerte tendencia al neuroticismo perciben los estímulos como más amenazantes y ansiógenos, son más proclives a sufrir estrés en los distintos ámbitos en que se desempeñan y experimentan trastornos psicofísicos con consecuencias negativas sobre su salud (Martinez Selva, 2004). La conducta tipo A es un patrón comportamental caracterizado por rasgos tales como impaciencia, velocidad excesiva, urgencia temporal, competitividad y agresividad. Incluso, ha sido considerado como un estilo de afrontamiento en sí mismo (Lazarus & Folkman, 1984; Omar, 1995). Fue inicialmente identificado por Friedman y Rosenman (1959, citado por Peiró & Salvador, 1993), quienes observaron que algunas personas (a las que definieron como tipo A) aumentaban su probabilidad de exposición a ciertos estresores, entre otros motivos, por su fuerte necesidad de realización personal a través del rendimiento, productividad y compromiso laboral. Estos aspectos generaban una sobrecarga de rol y derivaban en una mayor tendencia a consumir alcohol y tabaco, reduciendo la posibilidad de desplegar conductas saludables que mejoraran su resistencia al estrés (Sandín, 1995). El patrón tipo A es definido como opuesto al patrón tipo B, propio de individuos acomodaticios y relajados, que tratan de satisfacer sus necesidades a través de mecanismos que no les originan estragos físicos y psicológicos.

Apoyo social: las relaciones sociales son redes con las que cuentan las personas y a las que pueden recurrir cuando necesitan ayuda emocional, instrumental o informativa. Proporcionan recursos para adaptarse a las situaciones estresantes, generan vínculos y fomentan las habilidades para amortiguar el estrés (Harrison *et al.*,

2002; Martinez Selva, 2004). Dado que la percepción de falta de apoyo es uno de los estresores laborales que más evidencias empíricas ha recibido, será profundizado en el capítulo correspondiente al estrés laboral.

Respuestas fisiológicas y psicológicas de estrés: las respuestas fisiológicas al estrés fueron establecidas inicialmente por Selye, implicando la activación de los sistemas neuroendocrinos hipotálamo-hipófiso-cortico-suprarrenal y médulo-suprarrenal, así como también del sistema nervioso autónomo simpático. Recientemente Morikawa *et al.* (2005) encontraron que la disminución de la actividad de las células NK ("natural killer"), que cumplen una función muy importante en la inmunidad del organismo contra enfermedades virales y procesos neoplásicos, era una consecuencia del estrés laboral. Las respuestas psicológicas al estrés suponen sensaciones de malestar emocional (*distress* o *strain*) o tensión. Las emociones que las acompañan son generalmente negativas, como ansiedad o miedo (si el estrés es agudo) o depresión (cuando es crónico). Otras formas de respuesta psicológicas son las cognitivas y conductuales, pero suelen constituir modos de afrontamiento, y se describirán en el capítulo correspondiente.

Estatus de salud: el estatus de salud psicológico y fisiológico resultante del proceso de estrés depende de la interacción entre todas las variables antes mencionadas. Si bien en este capítulo se ha descrito al estrés como un proceso con características negativas para el individuo, algunas respuestas pueden ser beneficiosas y positivas. En este sentido, McVicar (2003) sugiere entender al estrés como un *continuum* en el cual la persona puede pasar de sentimientos de eustrés (o respuestas adaptativas que generan un aumento del alerta, la atención focalizada en la situación y la preparación para la actividad), a sentimientos de distrés severo (impactando sobre el individuo de manera fuertemente desadaptativa, aun con posible amenaza de la vida). Sus consecuencias se podrían esquematizar de la siguiente manera:

Figura 5. Consecuencias del *continuum* eustrés-distrés severo (Fuente: McVicar, 2003).

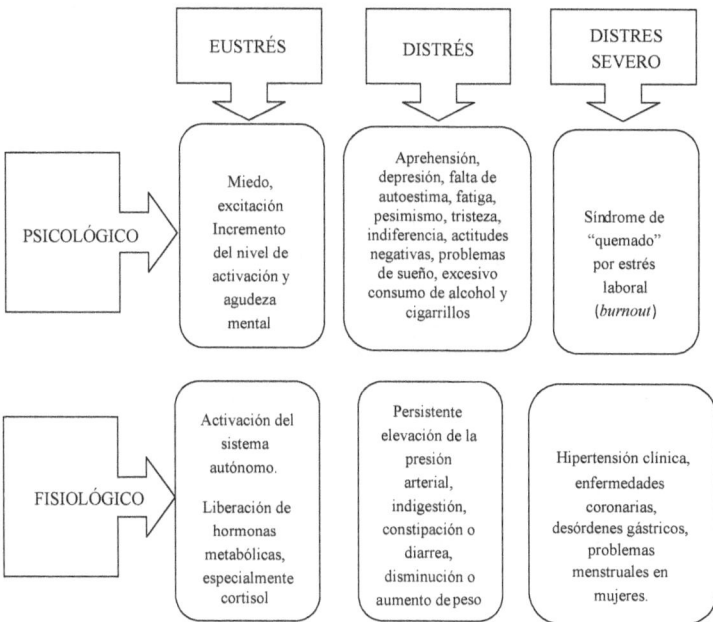

	EUSTRÉS	DISTRÉS	DISTRES SEVERO
PSICOLÓGICO	Miedo, excitación Incremento del nivel de activación y agudeza mental	Aprehensión, depresión, falta de autoestima, fatiga, pesimismo, tristeza, indiferencia, actitudes negativas, problemas de sueño, excesivo consumo de alcohol y cigarrillos	Síndrome de "quemado" por estrés laboral (*burnout*)
FISIOLÓGICO	Activación del sistema autónomo. Liberación de hormonas metabólicas, especialmente cortisol	Persistente elevación de la presión arterial, indigestión, constipación o diarrea, disminución o aumento de peso	Hipertensión clínica, enfermedades coronarias, desórdenes gástricos, problemas menstruales en mujeres.

Medidas de autoinforme de estrés

Gran parte de la investigación sobre estrés se ha focalizado en la asociación entre experiencias de vida consideradas adversas y el desencadenamiento de enfermedades. Basándose en este enfoque llamado "de sucesos vitales", Holmes y Rahe (1967, citado por Bonet & Luchina, 1998) desarrollaron una prueba de autoinforme que consistía en una serie de acontecimientos, tales como fallecimiento del cónyuge, divorcio, accidentes, etc., cuyo potencial estresante está dado por la cantidad de cambio que conlleva en la vida del individuo. Sin embargo, estas medidas no tenían en cuenta el impacto diferencial de los sucesos sobre cada persona, siendo además limitados y muy ambiguos en su descripción. Estos problemas motivaron la creación de cuestionarios que incluyeron más ítems, o sistemas de ponderación realizados por los propios encuestados. También se construyeron escalas sobre sucesos de menor impacto pero de ocurrencia diaria, llamados "microeventos" o sucesos menores. Sobre el particular, Lazarus y Folkman (1984) sugieren que las contrariedades cotidianas son mejores predictores del estrés psicológico y de síntomas somáticos que los acontecimientos vitales más importantes.

Los esfuerzos por desarrollar instrumentos válidos y confiables para medir el nivel de afectación psicológica que padece una persona a causa de los eventos estresantes cotidianos, han sido diversos y sostenidos a través del tiempo. En términos generales, se trata de reactivos autodescriptivos, integrados por un número variable de ítems, frente a los cuales la persona debe expresar la frecuencia (y en algunos casos, la intensidad) con la que experimenta cada una de las situaciones estresantes listadas. En el Cuadro 1 se presenta una síntesis de los instrumentos más difundidos y empleados para explorar el estrés.

Cuadro 1. Instrumentos de medición del estrés.

INSTRUMENTO	NOMBRE Y AUTOR	DESCRIPCION
Medición de acontecimientos vitales (Sandín, 1995)	**SRE** Schedule of Recent Experience (Holmes, 1956)	Ambos instrumentos son listados de sucesos vitales significativos, ordenados según su valor como unidad de cambio vital.
	SRRS Social Readjustment Rating Scale (Holmes & Rahe, 1967)	
	CSV Cuestionario de Sucesos Vitales (Sandín & Chorot, 1987)	65 sucesos vitales referidos a 11 áreas de la vida (salud, trabajo, amor, familia, finanzas, etc.). Mide ocurrencia, grado de estrés percibido y valoración de los sucesos.
Medición de molestias y contrariedades de la vida diaria (Metcalfe et al, 2003; Sandín, 1995)	**EEI** Escala de eventos irritantes (Lazarus & De Longis, 1983)	Mide el estrés provocado por eventos familiares y cotidianos.
	RSI Reeder Stress Inventory (Reeder, Chapman & Coulson, 1968)	4 ítems, con 4 opciones de respuesta, cuyo puntaje indica el estrés diario autopercibido.
Estresores psicosociales (Kertész, 1989)	**ESP** Escala de estresores psicosociales (Kertész, 1989)	173 estresores, clasificados en 8 categorías: laborales, personales, ambientales, económicos, de la pareja, familiares, del estudio, sociales. Se complementa con un listado de 70 síntomas de estrés.
Medición de diversos estresores particulares (Fernández Seara & Mietgo Robles, 1992)	**EAE** Escalas de apreciación del estrés (Fernández Seara & Mietgo Robles, 1992)	Contiene varias escalas: a) EAE-G: general de estrés b) EAE-A: de acontecimientos estresantes en ancianos c) EAE-S: de estrés sociolaboral d) EAE-C: de estrés en la conducción Todas analizan la incidencia de los distintos acontecimientos en la vida de las personas.

Las escalas presentadas en el cuadro precedente exploran el estrés a nivel psicológico, pero no consideran los efectos físicos que se derivan de la exposición a estresores crónicos. Recientemente se han diseñado sistemas de recolección de datos de señales fisiológicas y psicológicas relacionadas con el estrés, a través de un *hardware* que contiene un sensor de movimiento respiratorio toráxico y abdominal, y una interfaz entre los sensores de respiración, tensión muscular, conductancia de la piel y la computadora. El *software* recibe las señales de los sensores, las analiza y emite un valor numérico que integra todos los datos a fin de indicar el nivel de estrés de la persona. Esta modalidad de medición aplicada conjuntamente con escalas como las descritas en el Cuadro 1, configuran una modalidad integral de evaluación para obtener el verdadero nivel de estrés psicofisiológico (Acevedo, Acevedo & De Luca, 2001; De Luca, Sánchez, Pérez Olan & Leija Salas, 2004).

Capítulo II.
Estrés laboral

Definición y modelos

El estrés es un fenómeno que puede aparecer en cualquier ámbito de la vida. Un reto importante de la psicología de las organizaciones es la prevención y el control del estrés laboral, conceptualizado como las reacciones individuales a las características del ambiente laboral, que parecen amenazar al trabajador (Jamal & Baba, 2000). Según Martínez Selva (2004), surge de un desajuste entre las capacidades del individuo y las exigencias de su trabajo, que puede ser crónico, cuando la persona no puede recuperarse completamente durante el período laboral, o agudo, tratándose entonces de situaciones de corta duración. Sin embargo, en ocasiones es difícil diferenciarlos, ya que sus efectos (psicofisiológicos y/o sociales) pueden ser igualmente duraderos (Peiró & Salvador, 1993). Se han descrito dos modelos de estrés laboral que han dado origen a numerosas investigaciones. Se trata del modelo demanda-control, propuesto por Karasek y Theorell (1990, citado por Calnan, Wainwright & Almond, 2000), y del modelo esfuerzo y recompensa de Siegrist (Siegrist & Marmot, 2004).

El modelo demanda-control ha sido desarrollado para describir situaciones laborales con estresores crónicos y propone dos aspectos que generan estrés en el trabajo. Por un lado, las exigencias demandantes que se imponen al trabajador, tanto psicológicas como físicas y, por el otro, el escaso control que el individuo puede ejercer sobre éstas, entendido como el grado de libertad que tenga un trabajador para tomar decisiones sobre su tarea y utilizar sus habilidades (Tsutsumi & Kawakami, 2004). Posteriormente se incorporó un tercer componente, el apoyo social, que, según Calnan *et al.* (2000), brinda la protección necesaria contra el estrés resultante de un trabajo con demandas excesivas y escaso control. El modelo también predice que altas demandas asociadas a elevada autonomía configuran trabajos que aumentan la motivación y permiten el aprendizaje, generando efectos protectores sobre la salud, ya que posibilitan a los individuos desarrollar un mayor rango de estrategias de afrontamiento, aumentando la satisfacción laboral. En general, el control provee la oportunidad de ajustarse a las demandas acorde a las necesidades y circunstancias (Mikkelsen, Ogaard & Landsbergis, 2005; Way & MacNeil, 2006).

Investigaciones orientadas a verificar empíricamente este modelo han llegado a resultados contradictorios. En este sentido, mientras que algunos autores han encontrado el comportamiento esperado de estas variables en la predicción del estrés laboral en médicos y enfermeros (Calnan *et al.*, 2000; Elovainio *et al.*, 2005; Verhaeghe, Mak, Van Maele, Kornitzer & De Backer, 2003), en otras poblaciones como, por ejemplo, empleados fabriles, se ha observado que mayores demandas laborales provocan menos estrés y más satisfacción laboral (Beehr, Glaser, Canali & Wallwey, 2001). A su vez, se ha observado que otras variables (no contempladas en el modelo) pueden amortiguar los efectos anticipados por Karasek, tales como el manejo del tiempo que compensa bajos niveles de autonomía (Peeters & Rutte, 2005) o el optimismo, que modera la relación entre altas demandas y bajo control, llevando a los pesimistas a experimentar más ansiedad y depresión (Totterdell, Wood & Wall, 2006).

Las mayores críticas que ha recibido este modelo se centran en su simplicidad, desde el momento en que no incluye aspectos tan importantes como las características personales que pueden llevar a algunos a describir un trabajo como desafiante y estimulante, y a otros como inmanejable y estresante (Calnan *et al.*, 2000; Way & MacNeil, 2006). En cuanto a las escalas que evalúan las demandas, se ha observado su falta de discriminación entre demandas cualitativas y cuantitativas (Mikkelsen *et al.*, 2005) y, lo que es más objetable, en algunos casos se han obtenido resultados inconsistentes al probar los efectos combinados de demanda y control (Siegrist & Marmot, 2004). Sin embargo, este modelo es muy popular debido a su sencillez, ya que en lugar de un amplio conjunto de variables sólo se incluyen dos aspectos centrales, lo que facilita el diseño de intervenciones tendientes a mejorar aspectos del trabajo, reduciendo la tensión laboral, disminuyendo las demandas o aumentando el margen de decisión (Schaufeli, 1999).

El modelo de esfuerzo y recompensa, propuesto por Siegrist enfatiza la importancia que tiene el trabajo para ofrecer opciones que contribuyan a aumentar la autoeficacia en las personas a través de recompensas materiales, psicológicas y sociales (Taris, Kalimo & Schaufeli, 2002). El modelo postula que la falta de reciprocidad o percepción de injusticia entre la inversión que el trabajador considera haber realizado para la empresa donde trabaja y los beneficios que obtiene (dinero, aumento de su autoestima o desarrollo de su carrera) generan las consecuencias del estrés. Calnan *et al.* (2000) sugieren que este modelo está basado en la siguiente premisa: si bien el estatus ocupacional provee una oportunidad de incrementar la imagen de uno mismo y la autoeficacia a través del desempeño efectivo del rol, los beneficios psicológicos asociados con el trabajo dependen de una relación recíproca, en la cual la inversión del esfuerzo está relacionada con adecuadas recompensas. Este modelo goza de amplia aceptación entre los especialistas, ya que coinciden en señalar que la combinación de factores situacionales o extrínsecos (que hacen al trabajo más demandante) e intrínsecos (como la motivación) provee un indicador más sensible del estrés que, por ejemplo, el modelo demanda-control, que sólo considera características objetivas.

Ambos modelos han sido probados, tanto en forma independiente como conjunta, encontrándose que los determinantes de estrés asistencial parecen ser altas demandas, bajas recompensas y bajo control, teniendo también el apoyo social un rol relevante. Varios autores concluyen entonces que, por ser difícil deducir cuál de los dos es mejor para explicar el estrés en trabajadores de la salud, se sugiere su aplicación conjunta (Calnan *et al.*, 2000; Siegrist & Marmot, 2004).

Fuentes de estrés laboral en médicos y enfermeros

En términos generales, existe consenso entre los especialistas en clasificar las fuentes de estrés asistencial en dos grandes grupos: organizacionales y extraorganizacionales, tal como se esquematiza en la Figura 6.

Figura 6. Una clasificación de las fuentes de estrés asistencial.

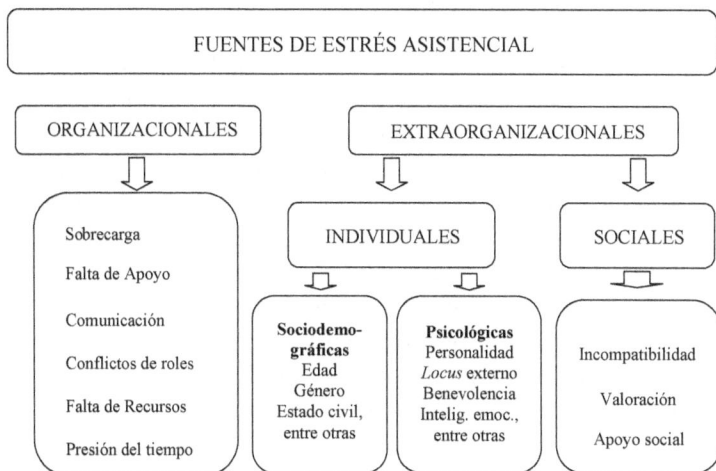

Fuentes de estrés organizacionales

La investigación reciente sobre este tema muestra la asociación del estrés con diversos aspectos del trabajo en instituciones sanitarias. Los estresores organizacionales más frecuentemente reconocidos por médicos y enfermeros en general son los siguientes:

Percepción de sobrecarga: este concepto se ha descrito tanto en forma cuantitativa, haciendo referencia a demandas excesivas en términos de cantidad de trabajo, como de manera cualitativa, en relación con la dificultad y complejidad de una tarea cuando el individuo percibe que no posee la formación y habilidades requeridas para ejecutarla (Martínez Selva, 2004). Del análisis crítico de la bibliografía especializada surge que éste es el estresor más mencionado entre los profesionales de la salud (Di Liscia, Huerta & Gutierrez, 2000; Elfering *et al.*, 2005; Lee

& Wang, 2002; McVicar, 2003; Murphy, 2004; Oginska-Bulik, 2005; Roberts Perry, 2005). La sobrecarga laboral, además, impacta negativamente sobre el sistema inmunológico de quien la padece. Al respecto, estudiando muestras de enfermeros que trabajan en un hospital psiquiátrico público, Morikawa *et al.* (2005), observaron una estrecha relación entre la percepción de una gran carga laboral y la disminución del número y la función de las células NK ("natural killer"), las que desempeñan un rol central en la protección contra las enfermedades.

Falta de apoyo de superiores y colegas: en el primer caso, la imposibilidad de recurrir a los supervisores frente a posibles dificultades, se vincula con la intención de abandonar el trabajo (Ito, Eisen, Sederer, Yamada & Tachimori, 2001; Lee & Wang, 2002). En este sentido, Arnetz (2001) destaca diferencias debidas al género, ya que las mujeres parecen recibir información de sus supervisores inmediatos con mayor frecuencia que los médicos varones. En el segundo caso, la apatía y la falta de apoyo de los compañeros impide a los trabajadores contar con los lazos emocionales que se generan a través de este recurso de afrontamiento del estrés (Hays, Mannahan, Cuaderes & Wallace, 2006; Martinez Selva, 2004; Salmond & Ropis, 2005).

Problemas de comunicación y conflictos en las relaciones interpersonales: la evidencia empírica indica que este aspecto representa una fuente muy importante de estrés laboral (Elfering *et al.*, 2005; Kluger, Townend & Laidlaw, 2003; Murphy, 2004; Roberts Perry, 2005). En este caso también se evidencia una diferencia de género, especialmente cuando se trata del vínculo entre médicas y enfermeras. Si bien hay pocos estudios que lo exploren, Gjerberg y Kjolsrod (2001) afirman que las médicas sienten que el trato, la colaboración y la ayuda que reciben de las enfermeras es menor que el que le brindan a los médicos varones.

Conflictos de roles y límites difusos en cuanto a responsabilidades: otro aspecto que estresa al trabajador, según la bibliografía especializada, son las órdenes y contraórdenes por parte de los responsables del equipo de salud (Hopkinson *et al.*,1998; McNeese-Smith, 1999; Murphy, 2004).

Falta de recursos: tanto humanos (Di Liscia *et al.*, 2000; Grunfeld *et al.*, 2005 y Salmond & Ropis 2005) como materiales (Hopkinson *et al.*, 1998; Sawatzky, 1996). En este sentido, una problemática que está generando mucha atención por parte de los investigadores es la escasez de enfermeros y el consiguiente fenómeno de las migraciones hacia países más desarrollados, proceso que atenta contra la atención sanitaria en los países donantes (Arroyo de Cordero & Jiménez-Sánchez, 2005; Laschinger & Finegan, 2005).

Presión del tiempo: la exigencia continua de completar tareas en tiempos limitados disminuye la percepción de los profesionales acerca de la calidad de los cuidados que brindan al paciente (Ferraz Bianchi, 2004; Grunfeld *et al.*, 2005; Murphy, 2004; y Salmond & Ropis 2005).

Demasiado trabajo de tipo administrativo: el carácter burocrático y monótono de estas tareas junto con su inespecificidad en el rol asistencial es considerado una fuente de estrés en sí misma (Firth-Cozens, 2001 y Salmond & Ropis 2005).

Bajos salarios: este es uno de los principales factores que contribuyen a provocar la percepción de inequidad entre la inversión personal que realiza el profesional y lo que recibe a cambio (Oginska-Bulik, 2006; Patterson,

Probst, Leith, Corwin & Powell, 2005; Salmond & Ropis, 2005).

Incomodidad e insuficiencia del espacio físico: los problemas de infraestructura, la existencia de ruidos y la falta de espacio libre constituyen otra fuente de estrés mencionada en la bibliografía más reciente (Alves, 2005; Dickens, Sugarman & Rogers, 2005; Ferraz Bianchi, 2004; Murphy, 2004; Roberts Perry, 2005).

Falta de autonomía: en lo que hace a este aspecto no existe consenso entre los autores consultados, ya que mientras algunos consideran que una mayor autonomía disminuye el estrés laboral (Nylenna, Aasland & Falkum, 1996; Pikhart *et al.*, 2004; Taylor, Pallant, Crook & Cameron, 2004), otros señalan la relación inversa, siendo percibida como una fuente de aislamiento y excesiva responsabilidad (Falkum, 1996; Rosvold & Bjertness, 2001). Este último aspecto se evidencia en los hospitales "magnetos" (llamados así por atraer y retener más profesionales en sus equipos) donde, por ejemplo los enfermeros, si bien tienen mayor autonomía, también reportan más conflictos organizacionales (McNeely, 2005). Una posible explicación a esta contradicción la ofrecen Thomsen el al. (1999), quienes observan que la autonomía sólo es positiva si los trabajadores tienen conocimientos, habilidades, estatus y posibilidades de hacer su trabajo, provocando así menor cansancio laboral.

Estresores más frecuentes según las diversas especialidades y servicios

Además de los estresores mencionados en el punto anterior, que son comunes a los médicos y enfermeros en general, los hallazgos en este área de investigación han señalado aspectos específicos de las problemáticas propias de cada especialidad, los que se detallan en el cuadro siguiente, junto con los estresores que perciben (y padecen) los profesionales recién graduados.

Cuadro 2. Estresores detectados en diversas especialidades, servicios de salud y en profesionales recién graduados.

Especialidad	Estresores	Referencia
Psiquiatría (médicos y enfermeros)	✓ problemas administrativos ✓ agobio ✓ interferencia de las familias de los pacientes en el trabajo	Benbow y Jolley, 1997 Hopkinson et al., 1998 Kirkcaldy y Siefen, 2002
Terapia intensiva (enfermeros)	✓ innecesaria prolongación de la vida de los pacientes ✓ pacientes en estado crítico e inestable ✓ apatía e incompetencia del equipo ✓ consecuencias de los propios errores en los pacientes ✓ escasez de recursos esenciales	Hays et al., 2006 Sawatzky, 1996 Zambrano Plata, 2006
HIV / Sida (médicos y enfermeros)	✓ sufrimiento del paciente y la familia ✓ temor a la muerte de pacientes jóvenes ✓ resistencias de los pacientes	Lert, Chastang y Castano, 2001 Niven y Knussen, 1999
Anestesistas	Médicos: ✓ aspectos médico-legales ✓ problemas clínicos Enfermeros: ✓ muerte no anticipada de los pacientes	Kluger et al., 2003 Roberts Perry, 2005.
Oncología (médicos y enfermeros)	✓ tiempo de espera para los tratamientos ✓ involucrarse con el estado emocional de los pacientes	Grunfeld et al., 2005
Medicina paliativa (enfermeros)	✓ enseñar a los familiares habilidades para cuidar a los pacientes ✓ no poder dedicar tiempo a trabajar la aceptación de la muerte con pacientes y familiares	Abma, 2005

Cuadro 2. Estresores detectados en diversas especialidades, servicios de salud y en profesionales recién graduados (continuación).

Especialidad	Estresores	Referencia
Emergencias (enfermeros)	✓ número de horas trabajadas ✓ incomprensión de las parejas de los enfermeros acerca de este tipo de servicios ✓ falta de titulación universitaria ✓ poco reconocimiento de superiores y gerentes	Taylor *et al.*, 2004 Patterson *et al.*, 2005
Nefrología (enfermeros)	✓ incompatibilidad de los turnos de trabajo con la vida familiar ✓ pocas oportunidades de desarrollo profesional y educación ✓ abuso verbal y físico de los pacientes	Murphy, 2004
Enfermería domiciliaria	✓ interrupciones frecuentes ✓ obligación de tomar decisiones críticas "sobre la marcha" ✓ problemas con el tráfico y el clima para hacer traslados a los domicilios ✓ falta de apoyo del paciente y su familia	Salmond y Ropis, 2005
Médicos y enfermeros recién graduados	Médicos: ✓ dificultades económicas propias ✓ tipo de programa de entrenamiento de la residencia ✓ exceso de trabajo ✓ mala alimentación y pocas horas de sueño ✓ agresiones verbales de los enfermeros Enfermeros: ✓ desconfianza en sus habilidades ✓ incapacidad para tomar decisiones ✓ distancia entre la teoría aprendida en la formación y la práctica ✓ sufrimiento por la muerte de los pacientes	Hillhouse, Adler y Walters, 2000 Collier, McCue, Markus y Smith, 2002 Cohen y Pattern, 2005 Martínez-Lanz, Medina-Mora y Rivera, 2005 Charnley, 1999; Murphy, 2004

Una situación de particular tensión se produce en las épocas en que los trabajadores de la salud deben enfrentarse a riesgos de contagio por epidemias de enfermedades infecciosas. Recientemente, Shiao, Koh, Lo, Lim y Guo (2007) han informado que los factores que predijeron con más fuerza la intención de dejar el trabajo durante el brote del síndrome respiratorio agudo severo (SARS) en Taiwán fueron el incremento de la carga laboral y el estrés, la fatalidad percibida de la enfermedad y el abandono social del entorno de los enfermeros debido al temor al contagio.

Estresores más comunes entre médicos y enfermeros argentinos

Por tratarse de una problemática escasamente estudiada en el país, sólo se han encontrado tres trabajos, publicados en revistas de la Municipalidad de Rosario y de la Universidad de Buenos Aires, acerca de las fuentes de estrés laboral en hospitales públicos en esas ciudades. Camponovo Meyer y Morín Imbert (2000), Zaldúa y Lodieu (2000) y Di Liscia *et al.* (2000), evaluando médicos y enfermeros encuentran que los riesgos de mala praxis, la desprotección social, el maltrato y el abordaje de pacientes terminales y patologías infectocontagiosas generan mayor nivel de estrés en ambos grupos de profesionales. También detectan estresores específicos para cada uno de ellos:

Figura 7. Estresores detectados en servicios de salud de las ciudades de Rosario y Buenos Aires.

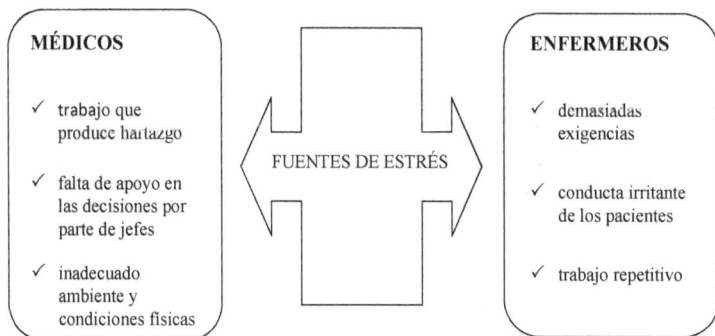

MÉDICOS
- ✓ trabajo que produce hartazgo
- ✓ falta de apoyo en las decisiones por parte de jefes
- ✓ inadecuado ambiente y condiciones físicas

FUENTES DE ESTRÉS

ENFERMEROS
- ✓ demasiadas exigencias
- ✓ conducta irritante de los pacientes
- ✓ trabajo repetitivo

Fuentes de estrés extraorganizacionales

Como estresores extraorganizacionales se han identificado tanto variables individuales como sociales. Con
respecto a los indicadores individuales, numerosos estudios han encontrado asociaciones entre el estrés laboral
y ciertas variables sociodemográficas y psicológicas.
Género, edad, estado civil, número de hijos, nivel educativo, años de experiencia, carga horaria y tipo de institución en la que se desempeña el profesional (pública o
privada) son las principales variables sociodemográficas
que se han vinculado con esta problemática.

Con respecto al nivel educativo y la cantidad de
horas de trabajo, la evidencia empírica es coincidente.
En el primer caso, se ha observado que, entre los profesionales de la salud, un mayor nivel educativo se asocia
con más estrés laboral (Lee & Wang, 2002 y Peterson &
Wilson, 1996). En el segundo caso, tanto Lert *et al.* (2001)
como Salmond y Ropis (2005) observan mayores niveles de estrés entre médicos y enfermeros que trabajan
tiempo completo. A su vez, las investigaciones revelan
resultados controversiales acerca de las asociaciones
entre el estrés laboral y variables sociodemográficas,
tales como edad, género, estado civil, número de hijos,
antigüedad laboral y tipo de institución en la que se
trabaja. Al respecto, las principales diferencias pueden
resumirse de la siguiente manera:

Edad: si bien la mayoría de los investigadores han
encontrado que tanto los médicos como los enfermeros
más jóvenes tienen más estrés laboral, menos satisfacción en el trabajo y más problemas de salud (Lee
& Wang, 2002; Martínez Lanz *et al.*, 2005 Salmond &
Ropis, 2005; Zambrano Plata, 2006), algunos han observado relaciones inversas (Brodaty, Draper & Low, 2003;

Kluger *et al.*, 2003), en tanto que otros (Ferraz Bianchi, 2004; Hays *et al.*, 2006; Muhonen & Torkelson, 2004) no han encontrado ninguna asociación entre la edad y el estrés laboral.

Género: se registran similares tendencias a las descritas frente a la variable edad. Vale decir que, aunque la mayoría de los autores (Aasland, Olff, Falkum, Schweder & Ursin, 1997; Benbow & Jolley, 1999; Cohen & Pattern, 2005; Kluger *et al.*, 2003; Lert *et al.*, 2001; Oginska-Bulik, 2006; Verhaeghe *et al.*, 2003) coinciden en afirmar que los niveles de estrés son mayores en mujeres, tanto en médicas como en enfermeras, existe cierta evidencia que contradice tales hallazgos (Falkum, 1996). A su vez, otro cuerpo de estudios (Hays et al, 2006; Kirkcaldy & Siefen, 2002; Taylor *et al.*, 2004; Oginska-Bulik, 2005) señalan que no existen diferencias entre los perfiles de estrés ocupacional atribuibles al género.

Estado civil: aunque para algunos investigadores el estrés laboral no se relaciona con el estado civil (Peterson & Wilson, 1996; Lee & Wang, 2002), otros encuentran mayor riesgo de suicidio por estrés entre médicos varones solteros (Aasland *et al.*, 2001). Sin embargo, recientemente, Zambrano Plata (2006) señala mayores niveles de estrés entre enfermeros que viven en pareja.

Número de hijos: mientras que para Collier *et al.* (2002) los médicos que son padres tienen menos estrés laboral y más sentimientos humanistas que los profesionales sin hijos, para Peterson y Wilson (1996) no hay ninguna relación entre ambas variables.

Antigüedad laboral: frente a la evidencia de asociaciones consistentes entre mayor antigüedad y estrés (Charnley, 1999; Sawatzky, 1996), otros autores informan la relación inversa (Hillhouse *et al.*, 2000; Lee & Wang,

2002; Zambrano Plata, 2006) o la falta de vinculación
entre ambas variables (Ferraz Bianchi, 2004; Muhonen
& Torkelson, 2004).

Tipo de institución: en este sentido la evidencia es
exigua y contradictoria. Zambrano Plata (2006) señala
que los niveles de estrés son mayores en los profesionales
de instituciones privadas colombianas, mientras que
Enberg, Stenlund, Sundelin y Ohman (2007) observan
menores niveles de satisfacción laboral entre los trabajadores de instituciones públicas de Suecia.

Con respecto a las variables psicológicas, se han
abordado diversos aspectos de la personalidad de los
trabajadores y otras diferencias individuales, tales como
locus de control, benevolencia e inteligencia emocional.
En lo que hace a los rasgos de personalidad, se ha sugerido (Peiró & Salvador, 1993) que la valoración que hace
un individuo acerca de la amenaza que puede significar
un estresor en su vida depende de una serie de variables
disposicionales, tales como la personalidad tipo A, tipo
D, neuroticismo, introversión y pesimismo.

Personalidad tipo A: este patrón de personalidad
fue inicialmente identificado por Friedman y Rosenman
(1959, citado por Peiró & Salvador, 1993) a partir de
ciertas características comunes en personas con enfermedades coronarias: impaciencia, competitividad,
hostilidad, urgencia temporal y compromiso excesivo
con el trabajo. Al respecto, en las investigaciones consultadas los resultados son confusos, dado que así como
Kirkcaldy y Siefen (2002) señalan menos salud física
en médicos con este perfil, Boey (1999) no encuentra
ninguna relación en enfermeros.

Personalidad tipo D: este constructo fue introducido
en 1995 por Denollet (citado en Oginska-Bulik, 2006)

para referirse a las tendencias a experimentar emociones negativas, tales como ansiedad, irritabilidad, visión negativa de sí mismo sin poder expresarla, acompañadas por un elevado monto de inhibición social, que se traduce en altos niveles de tensión e inseguridad en las interacciones interpersonales. Los sujetos con personalidad D perciben su ambiente de trabajo como más estresante y manifiestan más síntomas del síndrome de *burnout* (Oginska-Bulik, 2006).

Neuroticismo: esta tendencia a experimentar emociones negativas se ha vinculado tradicionalmente con el aumento del estrés. En lo que hace al estrés laboral, De Gucht, Fischler y Heiser (2003), estudiando una muestra de enfermeros, observan su asociación con somatizaciones sin causa médica aparente y con síndromes tales como el de colon irritable. Por otra parte, Luceño Moreno, Martín García, Jaén Díaz y Díaz Ramiro (2006) señalan que la ansiedad (rasgo característico del neuroticismo) se erige como un buen predictor de la percepción de estrés laboral entre empleados fabriles.

Introversión: la evidencia empírica sugiere que las personas introvertidas son menos resistentes al estrés laboral que las extravertidas (Huang, 2006; Omar, 1995).

Pesimismo: aparentemente los pesimistas experimentan más ansiedad y depresión que los optimistas ante las demandas laborales (Oginska-Bulik, 2006).

Locus de control externo: como ya fuera adelantado, el concepto de *locus* de control supone dos posibles atribuciones frente a los acontecimientos cotidianos: externa (los sucesos de la vida son controlados por factores como la suerte o el destino) o interna (es el propio sujeto el que ejerce el control). Los especialistas (Boey, 1999; Kirkcaldy & Siefen, 2002) coinciden en señalar que las personas "internas" tienen mayor resistencia al estrés y mayor sentido de control percibido, aun en situaciones "incontrolables", lo que contribuye a mantener su bienestar psicológico. En cambio, se ha observado (Muhonen & Torkelson, 2004; Naswall, Sverke & Hellgren, 2005) que las personas "externas" experimentan más estrés laboral, posiblemente como reflejo de su incapacidad para controlar eventos y sucesos.

Benevolencia: se trata de una mayor motivación moral a hacer "el bien" y una tendencia a construir relaciones de confianza con los pacientes (orientación interpersonal), que según Severinsson y Kamaker (1999) favorecen el aumento del estrés laboral.

Inteligencia emocional: definida como la habilidad para adquirir y aplicar el conocimiento proveniente de la esfera emocional para afrontar más exitosamente los problemas vitales (Mayer & Salovey, 1997), se ha postulado que a mayor nivel de inteligencia emocional existen una mayor percepción de autonomía y mejores vínculos interpersonales. Estudios efectuados en ámbitos laborales (Oginska-Bulik, 2005) apoyan tales postulaciones, desde el momento que se han observado mayores niveles de estrés entre quienes poseen escasa capacidad para reconocer y manejar los sentimientos propios y ajenos.

Además de los indicadores individuales que se acaban de analizar, en los últimos años los especialistas han identificado importantes asociaciones entre la emergencia del estrés laboral y un conjunto de variables de índole social, tales como:

Incompatibilidad entre el trabajo y la vida familiar: las dificultades de conciliación entre la vida familiar y laboral son indicadas como una fuente muy importante de estrés tanto en médicos como enfermeros (Benbow & Jolley, 1997; Hopkinson *et al.*, 1998; Kluger *et al.*, 2003; Grunfeld *et al.*, 2005) y muy especialmente entre las mujeres (Wainer, 2004).

Pobre valoración social de la tarea: en Argentina, Zaldúa y Lodieu (2000) se refieren a la caída del valor social de la profesión médica como un estresor que afecta la salud laboral. En este sentido, estudios transculturales realizados entre países europeos con enfermeros suecos e ingleses han concluido que cuando las organizaciones que nuclean a los profesionales tienen prestigio social, como es el caso de los suecos, aumenta la autoestima de sus miembros y disminuyen las consecuencias del estrés laboral (Thomsen *et al.*, 1999). Otro aspecto relacionado con la percepción social de las profesiones es la imagen pública de la enfermería como una actividad que supone adaptación y tolerancia hacia las actitudes de los pacientes, aun cuando éstos sean agresivos y violentos. De acuerdo con investigaciones muy recientes (Ferns, 2006), la preservación de esta imagen pública y del sentido de autoeficacia podría explicar la renuencia de los enfermeros a denunciar la violencia que sufren por parte de muchos pacientes.

Falta de apoyo social: el apoyo social ha sido conceptualizado y medido en forma cuantitativa como el número y frecuencia de contactos sociales, y cualitativamente, como la calidad percibida de esos vínculos (Bellman, Forster, Still & Cooper, 2003). House (citado por Peiró & Salvador, 1993) señala que el apoyo social puede influir en la relación estrés-salud de tres formas diferentes: a) puede mejorar la salud directamente porque satisface necesidades importantes de la persona, como son las de afiliación, seguridad, pertenencia y aprobación. Incluso se ha intentado vincularlo con la tendencia a tener hábitos saludables, aunque las evidencias (Callaghan, 1998) no lo confirman; b) puede reducir las experiencias de estrés laboral, mejorando indirectamente la salud. Por ejemplo, compañeros y supervisores proveedores de apoyo pueden minimizar las presiones y conflictos interpersonales, disminuyendo el estrés y la ansiedad percibida (Harrison *et al.*, 2002; Ito *et al.*, 2001) o aumentando la sensibilidad moral (Severinsson & Kamaker 1999), y c) puede amortiguar los efectos negativos de las experiencias de estrés sobre la salud y el bienestar psicológico. Al respecto, Boey (1999) encuentra que los enfermeros más resistentes a altos niveles de estrés son los que perciben más apoyo por parte de sus familiares directos.

Contexto laboral general: Zaldúa y Lodieu (2000) refieren algunos factores propios del contexto socioeconómico argentino que agravan la situación laboral, tales como el desmantelamiento de los servicios hospitalarios, el exceso de demandas de pacientes en los hospitales por el empobrecimiento económico de la población y la crisis salarial que afecta al sector salud.

La medición del estrés laboral

La bibliografía consultada para la elaboración de esta tesis proviene de las bases de datos Medline, Currents Contents, Fuente Académica, Medic Latina, Academic Search Premier y Psychology and Behavioral Sciences Collection, durante el período 1997-2007. Del análisis de la metodología implementada en cada investigación se desprende que las formas utilizadas para medir el estrés laboral se pueden agrupar en tres modalidades: a) principalmente a través de cuestionarios y escalas; b) en menor medida, a través de enfoques cualitativos, y c) enfoques de dos etapas y mixtos. En el Cuadro 3 se describen algunos de los inventarios y escalas más frecuentemente empleados para explorar estrés laboral.

Cuadro 3. Instrumentos de medición del estrés laboral.

Instrumento	Autores	Aspectos explorados
CMHQ Consultant Mental Health Questionnaire (en Lert *et al.*, 2001)	Graham y Ramirez (1996)	58 ítems. Mide estresores laborales, fuentes de satisfacción y respuestas al estrés laboral
PMI Pressure Management Indicator, derivado del OSI: Occupational Stress Indicator (en Kirkcaldy & Siefen, 2002)	Cooper, Sloan y Williams (1988)	120 ítems. Mide satisfacción organizacional y laboral, seguridad y compromiso organizacional, bienestar físico y mental, y variables subjetivas de estrés
JCQ Job Content Questionnaire (en Verhaeghe *et al.*, 2003)	Karasel y Theorell (1990)	26 ítems. Mide demandas, amplitud en las decisiones, apoyo social
NSEQ Nurses Stress Evaluation Questionnaire (en Ferraz Bianchi, 2004)	Bianchi (1990)	51 ítems. Mide relaciones en el servicio, funcionamiento, coordinación, condiciones laborales, cuidados de enfermería y administración del personal.
JSS Job Stress Survey (en Salmond & Ropis, 2005)	Spielberger y Vagg (1991)	30 ítems. Mide presión del trabajo y falta de apoyo organizacional.

Cuadro 3. Instrumentos de medición del estrés laboral (continuación).

Instrumento	Autores	Aspectos explorados
DECORE Demanda, Control, Recompensa (en Luceño Moreno, Martín García, Tobal & Jaén Díaz, 2005)	Luceño Moreno, Martín García, Tobal y Jaén Díaz (2005)	44 ítems. Mide recompensas, apoyo organizacional, demandas cognitivas y control
EEE Escala de Estrés en Enfermería Cuestionario adaptado de la NSS (Nursing Stress Scale, de Graytoft & Anderson, 1981) (en Herrera Sánchez & Cassals Villa, 2005)	Herrera Sánchez y Cassals Villa (2005)	54 ítems. Mide agonía y muerte, relación con los médicos, preparación inadecuada, carencia de sostén, conflicto con otros enfermeros, sobrecarga de trabajo, incertidumbre respecto al tratamiento, vulnerabilidad, satisfacción y autoestima
CDPE Cuestionario de Desgaste Profesional en Enfermería (en Moreno-Jiménez, Garrosa Hernández & González Gutierrez, 2000)	Moreno-Jiménez, Garrosa Hernández y González Gutiérrez (2000)	62 ítems Escala antecedentes del estrés: mide interacción conflictiva, sobrecarga, contacto con la muerte y el dolor, ambigüedad de rol, monotonía de la tarea, falta de cohesión y supervisión
SWSI Sources of Work Stress Inventory (Bruin & Taylor, 2005)	Bruin y Taylor (2005)	79 ítems Escala de fuentes de estrés: ambigüedad de rol, relaciones, ambiente de trabajo, herramientas y equipamiento, equilibrio trabajo-hogar, carga laboral, burocracia, autonomía, desarrollo de carrera y seguridad laboral.

<u>Inventarios y escalas</u>: la mayoría de las investigaciones utilizan diversos modelos de cuestionarios construidos para medir estrés laboral. Hurrell, Nelson y Simmons (1998) cuestionan la utilización de estos inventarios y escalas, argumentando que focalizan únicamente en aspectos negativos del trabajo, que refieren características muy generales del ambiente laboral y que utilizan estresores que han sido conceptualizados muchos años atrás a partir de las vivencias de empleados de oficina,

desconociendo que cada ambiente laboral es único y dinámico.

Entrevistas, *focus group* y estudios de casos únicos: algunos trabajos utilizan únicamente técnicas cualitativas, empleando entrevistas en profundidad y grupos de discusión (Hopkinson *et al.*, 1998; McNeese-Smith, 1999; Murphy, 2004; Novoa Gómez *et al.*, 2005; Patterson *et al.*, 2005; Roberts Perry, 2005) o estudios de caso desde el enfoque de la narrativa relacional (Abma, 2005).

Enfoques mixtos: pocas investigaciones combinan instrumentos propios de los enfoques cualitativo y cuantitativo. Al respecto, Niven y Knussen (1999) utilizaron cuestionarios y posteriormente entrevistas con el mismo grupo de sujetos, mientras que Lert *et al.* (2001) inicialmente entrevistaron a médicos que atendían pacientes con HIV/Sida, y, en una segunda etapa, les solicitaron que completaran cuestionarios estandarizados. Kluger *et al.* (2003) implementaron una versión modificada del proceso Delphi vía e-mail, a través de la que invitaron a un grupo de médicos a identificar las áreas de estrés en su trabajo, al tiempo que le ofrecieron la oportunidad de agregar relatos sobre los mismos. La información reunida mediante esta metodología fue luego codificada para la elaboración de un cuestionario con preguntas cerradas. Grunfeld *et al.* (2005) también optaron por una triangulación metodológica, combinando el empleo de cuestionarios postales con grupos focales (*focus group*).

Limitaciones de los estudios y sugerencias para futuras investigaciones

Para capitalizar el conocimiento desarrollado en otros contextos socioculturales, se comentarán las debilidades y recomendaciones enumeradas por los autores frente a sus propios trabajos de investigación. Las principales limitaciones citadas han sido:

a) estudio de grupos específicos de una única institución o especialidad en medicina, no pudiendo, en otros casos, establecer diferencias de género por recolectar datos sólo de mujeres (Janssen, de Jonge y Bakker, 1999; Muhonen & Torkelson, 2004; Naswall *et al.*, 2005; Roberts Perry, 2005; Salmond & Ropis, 2005);

b) utilización de enfoques únicos, cuali o cuantitativos, sin complementarlos (Bellman *et al.*, 2003; Jamal & Baba, 2000; Makinen, Kivimaki, Elovainio, Virtanen, 2003; McNeese-Smith, 1999; Patterson *et al.*, 2005);

c) baja confiabilidad de los ítems de los cuestionarios empleados (Boey, 1999; Severinsson & Kamaker, 1999);

d) reducido número de variables en los modelos que se ponen a prueba (Janssen *et al.*, 1999),

e) y falta de homogeneidad en las muestras, por evaluar conjuntamente, por ejemplo, profesionales y administrativos del área salud (Calnan *et al.*, 2000).

Finalmente, entre las sugerencias realizadas para futuros trabajos sobre estrés laboral (y que han sido adoptadas en esta tesis) se destacan las siguientes:

a) vincular la problemática del estrés con los estilos de afrontamiento (Benbow & Jolley, 1997; De Gucht *et al.*, 2003; Naswall *et al.*, 2005);

b) profundizar en el tema del apoyo social como moderador del estrés (Benbow & Jolley, 1997; Ito *et al.*, 2001);

c) implementar técnicas cualitativas (Niven & Knussen, 1999);

d) utilizar la triangulación como estrategia metodológica (Hurrell *et al.*, 1998);

e) explorar los vínculos entre médicos y enfermeros (Alves, 2005);

f) articular el estrés laboral con el bienestar en el hogar (McNeely, 2005),

g) y evaluar las condiciones sociodemográficas de los trabajadores (Novoa Gómez *et al.*, 2005).

Capítulo III.
Afrontamiento del estrés

Definición y características

La acumulación del estrés puede vulnerar el equilibrio físico y psicológico de las personas, obligándolas a realizar esfuerzos cognitivos y conductuales para enfrentar las demandas que evalúan como desbordantes de sus recursos (Lazarus & Folkman, 1984). Los mecanismos cognitivo-comportamentales que le permiten reajustarse y reducir la probabilidad de desórdenes psicofisiológicos han sido descritos en la literatura científica como estrategias de afrontamiento o *coping*. Se llama así al conjunto de conductas o pensamientos tendientes a manejar, tolerar, reducir o minimizar situaciones que el individuo percibe como estresantes (Omar, 1995).

Los hallazgos generales en esta área de investigación indican que el enfoque más frecuentemente adoptado por los especialistas y, por lo tanto, más citado en la bibliografía científica sobre el tema, es el modelo fenomenológico cognitivo propuesto por Lazarus y Folkman (1984), que focaliza sobre la interacción entre las demandas estresantes y la evaluación que de ellas hace la persona. El modelo postula que el proceso de afrontamiento se caracteriza por dos clases de evaluaciones de la situación demandante: una primaria, en la que el individuo determina si es relevante o no para su bienestar y una secundaria, en la que considera las posibles respuestas para hacerle frente. A su vez, dado que puede haber cambios en los pensamientos y acciones a medida que la interacción con el suceso estresante va desarrollándose, el modelo asume que continuamente se realizan reevaluaciones cognitivas.

Lazarus y Folkman diferencian tres etapas en el proceso de afrontamiento: a) anticipación: el aconteci-miento no ha ocurrido todavía y los aspectos principales a evaluar incluyen, por un lado, la posibilidad de que suceda, el momento y la forma en que ocurrirá y, por otra parte, si se puede manejar la amenaza y de qué manera (evaluación secundaria); b) impacto: sucedido el evento, el individuo comprueba si es igual o peor de lo que anticipaba. Si encuentra diferencias inesperadas en cuanto al control que puede ejercer sobre el mismo, puede reevaluar su importancia y, finalmente, c) post impacto: se agregan nuevas consideraciones, tales como las reacciones después del daño, las nuevas demandas que traerá y la posibilidad de volver al estado anterior.

Funciones del afrontamiento

Lazarus y Folkman (1984) distinguen dos tipos o funciones principales del afrontamiento, que general-mente coexisten: a) el manejo o alteración del suceso que causa el malestar. Este tipo de afrontamiento está dirigido a la definición del problema, a la búsqueda de soluciones alternativas y a su aplicación. Posiblemente se utilice cuando las condiciones resultan evaluadas como susceptibles de cambio. También es llamado *coping* de acción directa (Omar, 1995), y b) la regulación de la respuesta emocional que el evento genera. Este tipo de afrontamiento está orientado a disminuir el grado de trastorno emocional o modificar la forma de vivir la situación sin cambiarla objetivamente, atenuándose así la percepción de amenaza. Según Omar (1995), se trata de una estrategia de *coping* paliativo o de acciones indirectas, en las que el sujeto regula sus propias emociones sin solucionar el problema. En términos generales, existe amplio consenso entre los especialistas en la consideración de dos tipos básicos de afrontamiento: focalizado en el problema y focalizado en la emoción (Figura 8)

Figura 8. Tipos de afrontamiento del estrés (Sandín, 1995).

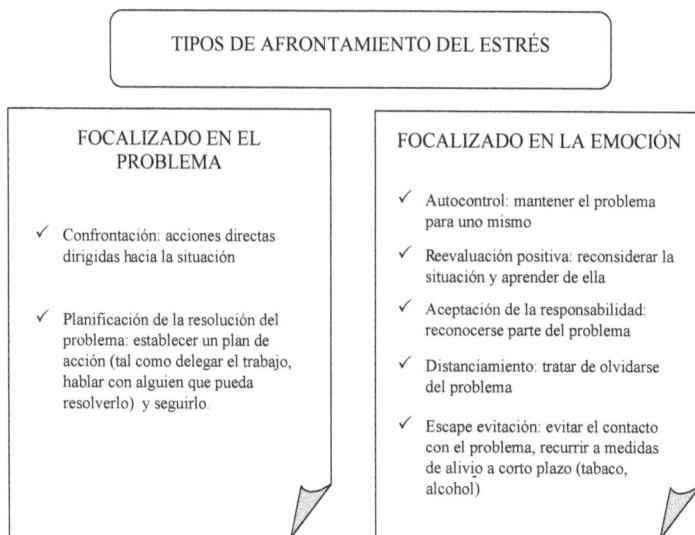

TIPOS DE AFRONTAMIENTO DEL ESTRÉS

FOCALIZADO EN EL PROBLEMA

✓ Confrontación: acciones directas dirigidas hacia la situación

✓ Planificación de la resolución del problema: establecer un plan de acción (tal como delegar el trabajo, hablar con alguien que pueda resolverlo) y seguirlo.

FOCALIZADO EN LA EMOCIÓN

✓ Autocontrol: mantener el problema para uno mismo

✓ Reevaluación positiva: reconsiderar la situación y aprender de ella

✓ Aceptación de la responsabilidad: reconocerse parte del problema

✓ Distanciamiento: tratar de olvidarse del problema

✓ Escape evitación: evitar el contacto con el problema, recurrir a medidas de alivio a corto plazo (tabaco, alcohol)

Si bien la búsqueda de apoyo social ha sido identificada como un tercer tipo de afrontamiento, algunos autores la consideran como una modalidad intermedia (Sandín, 1995), ya que incluye componentes de ambos tipos, mientras que otros la clasifican como una estrategia focalizada en el problema (McVicar, 2003).

Desde la perspectiva de Lazarus y Folkman (1984), cuanto mayor es la amenaza, más primitivos y desesperados tienden a ser los modos de afrontamiento dirigidos a la emoción y más limitado el abanico de los modos de afrontamiento dirigidos al problema. En este sentido, si bien algunas investigaciones más recientes confirman que al aumentar los niveles de estrés disminuyen los recursos de afrontamiento centrados en la solución del problema (Mann Layne, Hohenshil & Singh, 2004), otros encuentran que, por ejemplo, cuando los enfermeros experimentan altos niveles de estrés, tienden a usar el afrontamiento focalizado en el problema, aun percibiendo la situación como inmodificable (Boey, 1998; 1999).

A la luz de estos nuevos aportes, Folkman y Moskowitz (2004) señalan que, si bien la distinción entre ambos tipos de estrategias fue un buen punto de partida, actualmente ya no son suficientes, habida cuenta de que podrían enmascarar importantes diferencias entre sus categorías. A modo de ejemplo, estos autores indican que así como la estrategia de distanciamiento (la persona reconoce un problema, pero hace esfuerzos deliberados por alejarlo de su mente) y la de escape-evitación (que puede incluir conductas socialmente desajustadas, como la drogadicción y el alcoholismo) son agrupadas como estrategias enfocadas en la emoción (Figura 8), también existen sustanciales diferencias entre ambas. Mientras que el distanciamiento es una estrategia adaptativa cuando nada puede hacerse, la evitación (aun ante el mismo tipo de situación) en cambio es usualmente desadaptativa. Similares observaciones han sido realizadas por otros autores (Alexander & Klein, 2001; Shakespeare-Finch, Smith & Obst, 2002), lo que ha llevado a concluir que un afrontamiento exitoso dependería más de la flexibilidad en el uso de las estrategias según cada demanda, que de la aplicación rígida de unos pocos recursos.

Eficacia del proceso de afrontamiento

¿Existe alguna estrategia más eficaz que otra? Lazarus y Folkman (1984) han sugerido que el afrontamiento supone los esfuerzos necesarios para manejar las demandas estresantes, independientemente del resultado, y que su eficacia se determina tanto por el grado en que resulte apropiada a las demandas internas y/o externas de la situación como por el mantenimiento de una imagen positiva de uno mismo. En este sentido, pareciera que el mejor afrontamiento no necesariamente es el que logra el dominio del ambiente, ya que no todas las fuentes de estrés son susceptibles de ser dominadas, y que los procesos utilizados para soportar situaciones irremediables son tan importantes como los que se dirigen a conseguir un control del estímulo estresante.

Por otra parte, en cualquier interacción con el entorno, el problema clave del individuo es formarse una serie de juicios realistas sobre las implicaciones que la interacción tendrá para su bienestar. El desajuste entre la evaluación y el suceso real puede adoptar la forma de una valoración del daño en una situación en la que no se da, o un fracaso en su reconocimiento (en los casos en que aparezca). Ahora bien, es probable que la mayoría de las evaluaciones no coincidan perfectamente con la forma en que se dan los eventos en la realidad, debido al grado de su vulnerabilidad selectiva y a su ambigüedad (ya que suele faltar información o ser confusa) o a la facilidad de cada persona para reaccionar exageradamente frente a las situaciones vitales. Estas circunstancias han llevado a Lazarus y Folkman (1984) a concluir que cuanto mayor sea la ambigüedad y la vulnerabilidad de un individuo, mayor será la probabilidad de un desajuste entre la demanda real y la percibida.

Se ha propuesto, además, que para que el afrontamiento sea efectivo, debe existir un correcto ajuste o adaptación entre los esfuerzos del individuo y los demás factores que condicionan su posición, tales como sus creencias, valores y objetivos. Esto significa que la evaluación del resultado de una interacción estresante incluye la correspondencia percibida entre expectativas y logros. Cuanto menos espere controlar la situación, mayores serán los déficits cognitivos (no darse cuenta que su respuesta puede dar lugar a resultados favorables), emocionales (ansiedad, desesperanza) y motivacionales (pasividad frente a una situación). A partir de tales supuestos, Catanzaro y Mearns (1999) estudian cómo las expectativas relacionadas con los estados de ánimo, consideradas como evaluaciones secundarias, influyen en las experiencias emocionales subsiguientes. Observan que la falta de confianza en las propias estrategias se traduce en intentos de afrontamiento poco exitosos. E, inversamente, las creencias en la habilidad personal para aliviar estados de ánimo negativos aumentan el uso de estrategias de afrontamiento activo y disminuyen el de estrategias evitativas. En esta misma línea argumental se inscribe el estudio realizado con docentes por Carmona, Buunk, Peiró, Rodríguez & Bravo (2006), con el propósito de explorar si las comparaciones personales que se hacen con colegas están relacionadas con los estilos de afrontamiento. Como resultado de su estudio, encuentran que el afrontamiento de acción directa es más característico de aquellos docentes que tienden a identificarse con compañeros que consideran como más exitosos, sin por eso percibirlos como competidores amenazantes, ni experimentar sentimientos de inferioridad frente a ellos.

Folkman y Moskowitz (2004) enumeran algunos otros elementos a tener en cuenta para evaluar la eficacia del proceso de afrontamiento del estrés, a saber: a) la diferenciación entre resultados distales (a largo plazo, como la posibilidad de retornar a las actividades propias del período anterior al suceso) y proximales (durante la situación estresante); b) la posibilidad de que una estrategia pueda, al mismo tiempo, tener un impacto positivo en un aspecto y negativo en otro. Por ejemplo, los médicos que aceptan la responsabilidad por sus errores hacen cambios constructivos en sus prácticas, pero al mismo tiempo experimentan mayor malestar subjetivo (Wu, Folkman, McPhee & Lo, 1993, citados por Folkman & Moskowitz, 2004); c) el rol del criterio para evaluar la efectividad, ya que la resolución del problema no es posible en el campo del estrés crónico y, por lo tanto, no sería un indicador de eficacia y, por último, d) el papel de la persona a cargo de la evaluación del proceso, que habitualmente es el investigador.

Finalmente, hay que destacar que, específicamente en el área de la investigación sobre afrontamiento del estrés laboral en médicos y enfermeros, un gran número de estudios ha señalado asociaciones entre el empleo de estrategias focalizadas en el problema con consecuencias positivas para el bienestar, tales como menor cantidad de enfermedades (Falkum, Olff & Aasland, 1997), mayor bienestar psicológico (Daniels & Harris, 2005; Promecene & Monga, 2003; Thomsen *et al.*, 1999), mayor resistencia al estrés (Boey, 1998; 1999; Elfering *et al.*, 2005; McGowan; Gardner & Fletcher, 2006; Sand, 2003) y menor *burnout* (Carmona et al, 2006). Así como asociaciones entre el empleo de estrategias focalizadas en la emoción con consecuencias negativas, tales como más estrés (Firth-Cozens, 2001; McGowan *et al.*, 2006), más insatisfacción laboral (Bennett, Lowe, Matthews, Dourali & Tattersall, 2001; Boey, 1998), más depresión (Goodwin, 2006; Taylor *et al.*, 2004) y más *burnout* (Dorz, Novara, Sica & Sanavio, 2003; Gueritault-Chalvin, Kalichman, Demi & Peterson, 2000; McVicar, 2003), tal como se esquematiza en la Figura 9.

Figura 9. Consecuencias en médicos y enfermeros del empleo de cada uno de los dos tipos de estrategias de afrontamiento del estrés.

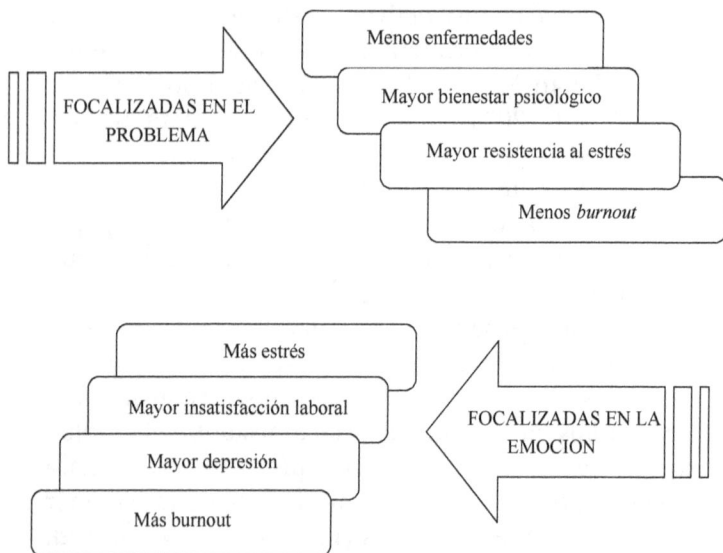

Aspectos biológicos del afrontamiento

A pesar de que hasta hace unos pocos años se consideraba al afrontamiento exclusivamente como una interacción entre factores ambientales y de personalidad –y de hecho, existe amplio consenso en señalar que la estrategia de evitación asienta sus bases en el interjuego entre la personalidad y los procesos de socialización–, Kozak, Strelau y Miles (2005) presentan evidencias de la existencia de un componente genético en el afrontamiento orientado a la tarea o *coping* activo. Explican su hallazgo a partir de la necesidad de supervivencia del individuo y señalan que el núcleo sobre el que se desarrolla este recurso de afrontamiento se transmitiría generacionalmente. Resultados que están en sintonía con otras investigaciones (Omar, 1995), que confirman la heredabilidad de factores genéticos para explicar el empleo de estrategias de búsqueda de apoyo social y solución activa del problema.

Afrontamiento y variables sociodemográficas

Numerosos estudios sobre afrontamiento del estrés laboral entre médicos y enfermeros han examinado la asociación entre las preferencias por determinadas estrategias y variables sociodemográficas, tales como género y edad, encontrando evidencias empíricas contradictorias.

En cuanto al género, las mujeres parecen optar con más frecuencia que los varones por la búsqueda de apoyo social (incluido apoyo profesional), pensamientos positivos y relajación (Falkum *et al.*, 1997; Lert *et al.*, 2001). En el caso de los varones jóvenes, pareciera que, para afrontar emociones como la ira, tienden a hacer más ejercicio físico y consumir alcohol o drogas (Goodwin, 2006). Sin embargo, otros investigadores (Hays *et al.*, 2006; Mann Layne *et al.*, 2004; Promecene & Monga, 2003), no encuentran ninguna asociación entre estilos de afrontamiento y el género de los profesionales de la salud.

En lo que hace a la edad, algunos estudios han constatado que los médicos y enfermeros mayores utilizan con más frecuencia el afrontamiento focalizado en la emoción y, en menor medida, el apoyo social (Falkum *et al.*, 1997; Gueritault-Chalvin *et al.*, 2000), y que entre los profesionales más jóvenes prevalece un estilo más indefinido (Yayli, Yaman & Yaman, 2003). No obstante, de acuerdo a la perspectiva de otros estudiosos (Lert *et al.*, 2001; Hays *et al.*, 2006), la edad de los profesionales no surge como una variable asociada con alguna estrategia de afrontamiento en particular.

Afrontamiento y variables psicológicas

Otras líneas de investigación han explorado la asociación entre ciertas características de personalidad, tales como la extraversión, el neuroticismo y el patrón tipo A, con la tendencia a un determinado estilo de *coping*. En cuanto a la dimensión de personalidad introversión-extraversión, la evidencia indica (Omar, 1995) que los extravertidos, por su mayor disposición a la sociabilidad y a mantener contactos interpersonales, se inclinan preferentemente por la búsqueda de apoyo social y, en menor grado, por la solución activa del problema. Mientras que los introvertidos, posiblemente por la timidez y el retraimiento que los caracteriza, privilegian la estrategia de evitación. Con respecto a la dimensión neuroticismo-control, se ha observado que entre las personas con una mayor tendencia al descontrol emocional prevalece la evitación de las fuentes de amenaza, teniendo además dificultades para decidir qué estrategia emplear y descartando enfrentar activamente el problema, estrategia que, en cambio, es preferida por las personas emocionalmente más controladas (Omar, 1995; Sandín, 1995).

El patrón de conducta tipo A, como ya fuera adelantado, se caracteriza por una intensa competitividad, hostilidad, tendencia a trabajar en exceso y un sentido apremiante del tiempo y la urgencia. Se ha observado (Omar, 1995) que, cuando tales características se combinan con alta incapacidad para controlar adecuadamente las emociones, disimular los sentimientos y baja asertividad, prevalece la estrategia de evitación. En cambio, cuando tal patrón comportamental se acompaña por un alto compromiso laboral, autosuficiencia y un gran sentido de realización personal a través del rendimiento, predominan las estrategias de enfrentamiento activo y frontal.

Diferencias culturales en el proceso de afrontamiento

En la revisión de la literatura más reciente, se ha encontrado sólo una comparación transcultural sobre estilos de afrontamiento entre profesionales de la salud. Se trata del estudio realizado por Scherer, Hwang, Yan & Li (2005), quienes observaron que los médicos y enfermeros chinos, al igual que sus pares occidentales, utilizan más estrategias objetivas y focalizadas en el problema, que subjetivas y focalizadas en la emoción. No obstante, los profesionales chinos se diferencian de sus colegas occidentales por un mayor uso de enfoques pasivos, con énfasis en la armonía y la estabilidad (característicos de la filosofía oriental y las sociedades colectivistas), y por la ausencia de búsqueda de ayuda especializada para enfrentar el estrés.

Afrontamiento del estrés laboral en médicos y enfermeros

Del análisis de los numerosos estudios orientados a la identificación de las estrategias de afrontamiento utilizadas por médicos y enfermeros, surge que las empleadas con mayor frecuencia son las siguientes:

Apoyo social: hablar con colegas, familiares, amigos (Bennett *et al.*, 2001; Ferraz Bianchi, 2004; Kluger *et al.*, 2003; Murphy, 2004; Roberts Perry, 2005; Taylor *et al.*, 2004; Thomas, 2005).

Escape-evitación y distanciamiento: recurrir al alcohol, cigarrillos y drogas (Alves, 2005; De Araújo, Da Silva & Francisco, 2004; Cohen & Pattern, 2005; Kluger *et al.*, 2003; Taylor *et al.*, 2004).

Planificación de resolución del problema: intentar organizarse, determinando pasos y acciones a seguir, suponiendo que las consecuencias de la situación se pueden prever (Dorz *et al.*, 2003; Ferraz Bianchi, 2004; Kalichman, Gueritault-Chalvin & Demi, 2000; Sand, 2003; Shakespeare-Finch *et al.*, 2002; Taylor *et al.*, 2004).

Humor: recurrir a las bromas, sarcasmo, e, incluso, al humor "negro" (Alexander & Klein, 2001; Dorz *et al.* 2003; Roberts Perry 2005; Thomas, 2005).

Reevaluación positiva: reconsiderar el suceso crítico mediante una nueva interpretación positiva o atribución de otro significado a la situación crítica. Supone un aprendizaje a partir de la experiencia a la vez que un crecimiento personal (Ferraz Bianchi, 2004; Kalichman *et al.*, 2000; Lert *et al.*, 2001; Thomas, 2005).

Realizar actividades en el tiempo libre: tales como hobbies, viajes, ejercicios físicos o yoga (Kluger *et al.*, 2003; Roberts Perry 2005; Thomas, 2005).

Automedicación: autoprescribirse tranquilizantes e hipnóticos (Verger et al, 2004).

Específicamente, entre los médicos y enfermeros que trabajan con pacientes terminales o patologías que ponen en riesgo la vida, como el VIH/Sida, se han detectado algunas estrategias particulares que apuntan, por un lado, a poner distancia con el paciente, viéndolo sólo en términos de su diagnóstico ("medicalización") y usando eufemismos y, por el otro, a reciclar el impacto emocional a través de la espiritualidad, la religión o la búsqueda de apoyo profesional (De Araújo *et al.*, 2004; Dorz *et al.*, 2003; Kalichman *et al.*, 2000; Lert *et al.*, 2001; Schulman-Green, 2003).

Nuevos desarrollos en torno a la investigación sobre afrontamiento

En base al cúmulo de la evidencia reunida, en los últimos cinco años se han señalado un conjunto de aspectos que deberían ser atendidos en el marco de las futuras investigaciones sobre afrontamiento:

a) Afrontamiento orientado al futuro: una problemática que sugieren investigar es la forma en que las personas afrontan la prevención o modificación de eventos que son potenciales estresantes, tales como un posible despido. En este sentido, se puede distinguir entre *coping* reactivo, que hace referencia a daños o pérdidas sufridos en el pasado; *coping* anticipatorio, para afrontar eventos críticos que son probables en un futuro cercano; *coping* preventivo, que encara el potencial amenazante de eventos que se darían en un futuro distante y *coping* proactivo, que involucra los desafíos futuros que podrían ser autopromovidos (Schwarzer y Knoll, 2003, citado por Folkman y Moskowitz, 2004).

b) Afrontamiento pro-social: discusiones recientes incluyen el impacto que las estrategias de afrontamiento individual pueden tener en las relaciones sociales de una persona, dado que lo beneficioso para el bienestar del individuo puede no serlo para su entorno (Folkman & Moskowitz, 2004). Así, el afrontamiento en función del contexto puede ser antisocial o pro-social y, en este último caso, un concepto con el que se lo ha vinculado es el de orientación comunitaria, entendido como una marcada preocupación por la influencia de las acciones personales en el entorno, junto con la necesidad de ayudar a los demás. Si bien esta característica puede funcionar como una estrategia de afrontamiento en sí misma, amortiguando los efectos del estrés laboral, sólo beneficia a los profesionales que creen que sus pacientes deben adoptar una actitud pasiva ante su enfermedad, dejando todo en manos del especialista (Truchot & Deregard, 2001).

c) Afrontamiento religioso: el *coping* religioso ha sido definido por Ano y Vasconcelles (2005) como el uso de creencias o conductas místicas que facilitan la resolución de problemas o alivian las consecuencias emocionales negativas del estrés. Estos autores identifican dos formas de afrontamiento religioso: estrategias positivas (incluyen ayuda religiosa, búsqueda de apoyo de los miembros de la iglesia, afrontamiento colaborativo, y conexión espiritual, entre otras) y estrategias negativas (reevaluación demoníaca, postergación pasiva, castigo de Dios, ruego por la intercesión directa, etc.). En su meta-análisis, encuentran que las personas que recurren al afrontamiento religioso positivo evidencian un mejor ajuste psicológico al estrés; en cambio, las que optan por el afrontamiento religioso negativo protagonizan cuadros asociados con depresión, culpa, desesperanza, hostilidad y afectos negativos.

d) Afrontamiento y emociones: recientes investigaciones han permitido profundizar los conocimientos acerca del afrontamiento focalizado en la emoción, a la luz de los conceptos de regulación emocional y emociones positivas.

Regulación emocional: las personas reconocen sus emociones e influyen en la forma y el momento de expresarlas. Uno de los temas que está recibiendo creciente interés en la bibliografía especializada es el manejo de las emociones en el ámbito laboral para que coincidan con lo que se espera que los empleados expresen (aunque no sea lo que están sintiendo). Esto se ha definido en la literatura científica como trabajo emocional ("emotional labor") e implica un esfuerzo por simular emociones que no se sienten, ocultar las que se están sintiendo o desarrollar alguna forma de "manejo emocional" para cumplir con los requerimientos del ambiente laboral. En este sentido, las posibles consecuencias para los trabajadores que señala Mann (2004) son las siguientes: armonía emocional (cuando hay coincidencia entre las emociones que se muestran, que se sienten y que el trabajo demanda), disonancia emocional (cuando las emociones que se muestran y que el empleador requiere no coinciden con las que genuinamente se sienten), y divergencia emocional (cuando coinciden las que se muestran y sienten pero no son las requeridas en el trabajo).

En el caso de los profesionales de la salud, es habitual tener que disimular las emociones genuinas. Por ejemplo, De Araújo *et al.* (2004) señalan que los enfermeros que trabajan con pacientes terminales, no deben darles falsas esperanzas ni engañarlos sobre el pronóstico real, pero al mismo tiempo tienen que alentarlos y promover su autonomía. En este sentido, Brotheridge y Grandey (2002) encuentran que mostrar emociones positivas ante los pacientes y controlar internamente sus pensamientos y sentimientos contribuye a la percepción de autoeficacia y, si lo logran, aumenta su sentido de realización personal en el trabajo. Las estrategias de afrontamiento que, según Mann (2004) parecen aliviar el estrés que genera el trabajo emocional son escapar de la rutina por un breve lapso de tiempo, reestructurar las cogniciones acerca de la actividad laboral, compartir con compañeros los estados emocionales, recurrir al humor o buscar ayuda fuera de la organización.

Emociones positivas: otro aspecto que tiene importantes implicaciones para el estudio del proceso de afrontamiento es la co-ocurrencia de emociones positivas y negativas en contextos estresantes. En este sentido, Folkman y Moskowitz (2004) señalan que las personas conscientemente buscan dotar a las experiencias vividas de un significado positivo, como por ejemplo, la percepción de crecimiento individual y de beneficios, aun ante eventos estresantes muy severos acompañados por elevados niveles de depresión.

e) Ocio como afrontamiento: los individuos que tienden a usar como forma de afrontamiento el ocio se adaptan con mayor facilidad al estrés, generando un impacto positivo en la salud, independientemente del nivel de estrés experimentado (Iwasaki, 2003).

La medición del afrontamiento

Paralelamente a los esfuerzos por comprender esta problemática, se han ido desarrollando instrumentos para evaluarla. Actualmente se utilizan técnicas y herramientas muy diversas, pudiendo resumirse las mismas en tres modalidades: escalas autodescriptivas, entrevistas en profundidad y enfoques mixtos, los que se detallan a continuación.

Escalas autodescriptivas: el afrontamiento desde la perspectiva de Lazarus y Folkman se ha operacionalizado y estudiado a través de escalas autodescriptivas, consistentes en listados de estrategias ante los cuales las personas deben indicar la frecuencia o intensidad de su uso. Los más utilizados en las investigaciones de los últimos años se describen en el Cuadro 4. Sin embargo, en la literatura científica más reciente, se pueden encontrar numerosas limitaciones adjudicadas a estas tradicionales formas de evaluación. La propia Folkman (Folkman & Moskowitz, 2004) señala las siguientes dificultades: a) excesiva extensión, lo que resulta fatigoso para los que deben responderlas; b) confusión en el valor adaptativo de las estrategias, según el momento en que se emplean (por ejemplo, el análisis lógico antes de la aparición de un problema puede ser visto como pensamiento constructivo, pero después sería una estrategia desadaptativa, ya que se transforma en "rumiación"); c) disminución de la precisión del recuerdo acerca de los pensamientos y conductas usadas una semana o un mes antes de la evaluación, y d) pérdida de la posibilidad de rastrear problemas más complejos o abstractos (por focalizarse en eventos muy concretos y sencillos). Frente a tales observaciones, Briner, Harris y Daniels (2004) argumentan que el punto de partida debería ser considerar a las personas desde su historia, como activas constructoras de sus propios significados y aun de su ambiente de trabajo, ya que éste es percibido de forma estresante o desafiante, según el sentido particular que cada uno le otorgue.

Entrevistas en profundidad: Dewe (2003, 2004) sugiere que otras medidas más sensibles ecológicamente serían más apropiadas para medir la complejidad del fenómeno. Estas deberían incluir la dimensión espiritual en la vida de las personas y los aspectos positivos del trabajo, tales como las oportunidades de crecimiento que supone. Según este autor, para que emerja verdaderamente el patrón de afrontamiento propio de cada persona, se deben usar entrevistas en profundidad, enfoques narrativos y/o la construcción de mapas individuales, incluyendo la descripción de los sucesos estresantes, las emociones experimentadas, las consecuencias a corto y largo plazo, apreciaciones coincidentes con lo sugerido por otros autores (Briner *et al.*, 2004; Folkman y Moskowitz, 2004; Schulman-Green, 2003).

Enfoques mixtos: a partir de una primera aproximación desde la narrativa o con técnicas como *Delphi* con una pequeña muestra, se sugiere la construcción de cuestionarios o escalas para ser aplicados, posteriormente, a poblaciones más numerosas (Folkman & Moskowitz, 2004; Kluger *et al.*, 2003).

**Cuadro 4. Escalas autodescriptivas desarrolladas
para la medición del afrontamiento.**

Instrumentos	Autores	Aspectos explorados
WCQ Ways of Coping Questionnaire (en Morán Astorga, 2006)	Lazarus y Folkman (1988)	✓ estrategias focalizadas en el problema (planificación y confrontación) ✓ estrategias focalizadas en la emoción (distanciamiento, autocontrol, escape-evitación, reevaluación positiva) ✓ búsqueda de apoyo social (que posee ✓ componentes de ambas escalas)
COPE Cope Inventory (en Krzemien, Monchietti y Urquijo, 2005)	Carvey, Scheier y Weintraub (1989)	✓ afrontamiento cognitivo ✓ afrontamiento conductual ✓ afrontamiento emocional ✓ afrontamiento evitativo ✓ uso de sustancias
CISS Coping Inventory for Stressful Situations (en Kozak *et al.*, 2005)	Endler y Parker (1994)	Tres tipos de *coping* ✓ orientado a la tarea ✓ orientado a la emoción ✓ evitación: con dos dimensiones que son diversión social y distracción.
EEC-M Escala de Estrategias de *Coping* Modificada (en Londoño et al, 2006)	Londoño *et al.* (2006)	Doce factores: solución de problemas, apoyo social, espera, religión, evitación emocional, apoyo profesional, reacción agresiva, evitación cognitiva, reevaluación positiva, expresión de la dificultad de afrontamiento, negación, autonomía.

Limitaciones de los estudios y sugerencias para futuras investigaciones

Del análisis de la bibliografía consultada surgen algunas limitaciones de los estudios señaladas por sus propios autores, tales como el carácter transversal de los diseños (Shakespeare-Finch *et al.*, 2002; Ano & Vasconcelles, 2005), bajos porcentajes de respuestas (Kalichman *et al.*, 2000) y fallas en los niveles de confiabilidad de las escalas de afrontamiento utilizadas (Dorz *et al.*, 2003). Por otra parte, las direcciones futuras sugeridas por los investigadores se orientan a evaluar la efectividad de las estrategias implementadas para manejar los estresores (Kalichman *et al.*, 2000), a revisar las dimensiones de los inventarios de *coping*, según las diferentes culturas y lenguajes (Scherer *et al.*, 2000), y a mejorar la conceptualización y medición del afrontamiento focalizado en la emoción (Elfering *et al.*, 2005).

Capítulo IV.
Satisfacción laboral

Definición y características

La satisfacción laboral ha sido conceptualizada como la evaluación personal que el sujeto efectúa entre su realidad cotidiana y un estándar ideal construido a lo largo del tiempo (Omar, 1995). Según Martínez Selva (2004), implica una sensación de bienestar derivada de las condiciones del trabajo actual y de todas las experiencias acumuladas a lo largo de la vida laboral, tendientes a conseguir objetivos y logros profesionales (en este último caso, se trata de satisfacción con la carrera en general). Se la considera una actitud compuesta por sensaciones, ideas e intenciones de actuar, por la cual las personas evalúan en forma afectiva y/o cognitiva sus experiencias laborales (Davis & Newstrom, 1999).

Factores vinculados con la satisfacción laboral en profesionales de la salud

Los hallazgos generales en esta área de investigación muestran un conjunto de factores vinculados con los distintos aspectos del trabajo, que se asocian a la satisfacción laboral en médicos y enfermeros. En la Figura 10, en base a la clasificación propuesta por Brooks y Anderson (2005), se presentan los indicadores más representativos de la satisfacción con el trabajo asociados con cada factor laboral. Si bien estos autores estudian la calidad de vida laboral en enfermería, indicando que éste es un constructo más amplio y complejo que la satisfacción con el trabajo, sus dimensiones facilitan la exposición de los factores que en la bibliografía especializada se asocian al bienestar laboral y corresponden tanto a la realidad ocupacional de enfermeros como de médicos. Así, se pueden diferenciar cuatro dimensiones: equilibrio entre la vida laboral y familiar, diseño del trabajo, contexto laboral y mundo del trabajo.

Figura 10. Dimensiones e ítems de satisfacción laboral en médicos y enfermeros.

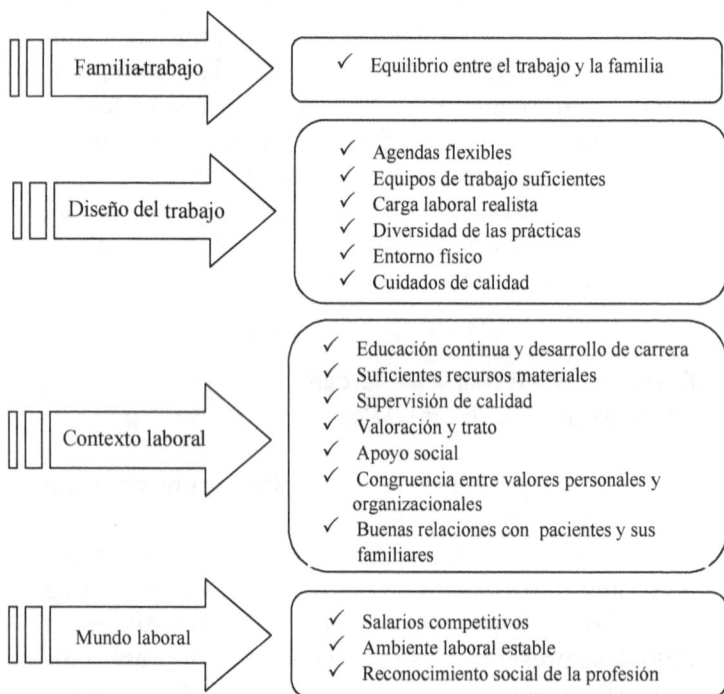

Familia-trabajo
- ✓ Equilibrio entre el trabajo y la familia

Diseño del trabajo
- ✓ Agendas flexibles
- ✓ Equipos de trabajo suficientes
- ✓ Carga laboral realista
- ✓ Diversidad de las prácticas
- ✓ Entorno físico
- ✓ Cuidados de calidad

Contexto laboral
- ✓ Educación continua y desarrollo de carrera
- ✓ Suficientes recursos materiales
- ✓ Supervisión de calidad
- ✓ Valoración y trato
- ✓ Apoyo social
- ✓ Congruencia entre valores personales y organizacionales
- ✓ Buenas relaciones con pacientes y sus familiares

Mundo laboral
- ✓ Salarios competitivos
- ✓ Ambiente laboral estable
- ✓ Reconocimiento social de la profesión

La dimensión <u>familia-trabajo</u> se define como la interfaz entre las experiencias de la vida de los profesionales en sus hogares y en su actividad laboral. La satisfacción con el trabajo también está influida por la compatibilidad de los requerimientos laborales con otros roles relevantes para la persona, especialmente, el cuidado de la familia. Si uno de ellos interfiere con el otro, la fuente de desequilibrio será evaluada en forma negativa. Grandey, Cordeiro y Crouter (2005) encuentran que cuando el trabajo es el que interfiere con la familia, éste es visto como una amenaza, siendo mayor la insatisfacción resultante entre las mujeres. Según Netemeyer, Brashear-Alejandro y Boles (2004), cuando se percibe que es la familia la que interfiere en el trabajo, disminuye el desempeño. Por otra parte, los profesionales que trabajan en organizaciones que favorecen la integración entre la vida laboral y familiar tienen más satisfacción laboral, de carrera y más altos niveles de bienestar físico y emocional, (Burke, Oberklaid & Burgess, 2005; Wilson, 2006). También se ha relacionado este equilibrio trabajo-hogar con la dedicación laboral, encontrándose que las médicas que trabajan a tiempo parcial y evalúan su rol matrimonial y parental como insatisfactorio, tienen más probabilidad de dejar su empleo que las que trabajan tiempo completo (Barnett, Gareis & Carr, 2005). Por último, entre los médicos que tienen un pariente cercano con alguna enfermedad incapacitante o que tienen hijos a cargo (sin pareja) se evidencia un mayor consumo de tranquilizantes e hipnóticos (Verger *et al.*, 2004).

La dimensión <u>diseño del trabajo</u> incluye los aspectos que componen el trabajo y describen lo que actualmente hacen médicos y enfermeros, a saber:

a) Agendas flexibles o autonomía, es decir, la posibilidad de planificar e influir en las decisiones laborales, tanto vertical (coordinación conjunta de supervisores y subordinados acerca de las tareas y actividades) como horizontalmente (con los pares), se asocia con un aumento de la satisfacción en médicos y enfermeros (Arnetz, 2001; Brodaty el al., 2003; Campbell, Fowles & Weber, 2004; Lepnurm, Dobson, Backman & Keegan, 2006; Morrison, Cordery, Girardi & Payne, 2005). Particularmente en enfermería, un aspecto de la agenda laboral que genera insatisfacción es la modalidad de trabajo en turnos rotativos (Lee, Hwang, Kim & Daly, 2004).

b) Equipos de trabajo adecuados a las demandas. Contar con los recursos humanos suficientes para equilibrar la carga de trabajo es otro de los factores más vinculados con la satisfacción laboral, ya que, precisamente, hay una disminución alarmante de profesionales en los servicios. La Organización Mundial de la Salud indica que se necesitan más de cuatro millones de médicos y enfermeros para satisfacer la escasez mundial. En Argentina, la cantidad de médicos por habitante es de 1 cada 33 para la Capital Federal, mientras que en las provincias la relación es de 1 cada 800 habitantes (Roses Periago, 2006, en *Advierten sobre la escasez de enfermeras en Latinoamérica*). Además, en el caso de enfermería –y particularmente en Rosario–, hay un enfermero por cada dos médicos, cuando la relación debería ser 4 a 1 (Bazzoni, 2006). La evidencia empírica indica que uno de los factores que contribuyen a la escasez de profesionales es la falta de satisfacción laboral (Arroyo de Cordero & Jiménez-Sánchez, 2005; Hassmiller & Cozine, 2006; Laschinger & Finegan, 2005). Esta situación provoca migraciones de los profesionales, generando consecuencias tales como inequidad en la provisión de los servicios de salud, pérdidas financieras, pocos recursos de educación para enfermeros recién egresados y pobre calidad de atención a la población (Aluwihare, 2005). Este fenómeno se acrecienta a través de un círculo vicioso: pocas personas están trabajando en los sistemas sanitarios, lo que implica una sobrecarga para los profesionales, debiendo atender más pacientes en condiciones más difíciles, provocando finalmente su renuncia (Hassmiller & Cozine, 2006). En Argentina, la problemática descrita se agrava en el caso de enfermería por el déficit de formación, ya que son pocos los enfermeros profesionales. Las consecuencias que supone esta situación para el sistema de salud generan aumentos de errores en el suministro de medicamentos, infecciones y accidentes intrahospitalarios, mayor promedio de días de estadía en el hospital e índice de mortalidad en las salas (Bazzoni, 2006).

c) Carga laboral realista; las investigaciones sugieren que, a menor exceso de trabajo y presión del tiempo, mayor satisfacción laboral percibida por médicos y enfermeros (Brodaty *et al.*, 2003; Cox *et al.*, 2006; Khowaja, Merchant & Hirani, 2005).

d) Diversidad en la práctica, vale decir, la variedad de tareas y situaciones con las que se enfrentan cotidianamente los médicos y enfermeros es uno de los aspectos de su práctica profesional que más disfrutan de su trabajo (Grunfeld *et al.*, 2005; Wilson, 2006).

e) El entorno físico de trabajo es otra de las fuentes de satisfacción reconocidas por psiquiatras, ginecólogos, neurólogos y enfermeros (Nilsson, Hertting, Petterson & Theorell, 2005; Nylenna, Gulbrandsen, Forde & Aasland, 2005; Saint *et al.*, 2003; Spear, Wood, Chawla, Devis &

Nelson, 2004). Pareciera que trabajar fuera de los hospitales, en entornos comunitarios, en forma independiente o en departamentos pequeños en los que se facilita la comunicación y se reducen las distancias entre compañeros y superiores, contribuye a aumentar la sensación de satisfacción laboral.

f) Proveer cuidados de calidad, buenos servicios a los pacientes y una óptima calidad de atención, aumentando los estándares en las prácticas en salud, aumenta la satisfacción y la percepción de autoeficacia en los profesionales (Friese, 2005; Khowaja *et al.*, 2005; Stoddard, Hargraves, Reed & Vratil, 2001).

La dimensión contexto del trabajo se refiere al encuadre en que se dan las prácticas en salud y explora el impacto del ambiente laboral sobre los profesionales. Los principales indicadores de esta dimensión son los que se presentan a continuación:

a) Educación continua y desarrollo de carrera. Algunos beneficios como las facilidades que tanto médicos como enfermeros reciben para realizar cursos o aprender nuevas habilidades es otro factor de satisfacción laboral, documentada por ejemplo en neonatología (Archibald, 2006), psiquiatría (Lepnurm *et al.*, 2006), ginecología y neurología (Nilsson *et al.*, 2005). Por la importancia que le atribuyen los profesionales de la salud, las oportunidades para el crecimiento profesional parecen ser un aspecto del trabajo asistencial altamente satisfactorio (Albaugh, 2005; Khowaja *et al.*, 2005; Wilson, 2006).

b) Recursos materiales suficientes. Una adecuada estructura organizacional, que cuente con los recursos suficientes, tales como acceso a camas, equipos o tecnología, contribuye a la satisfacción laboral en enfermeros y médicos especialistas, cirujanos, psiquiatras y personal de emergencias (Arnetz, 2001; Khowaja *et al.*, 2005; Lepnurm *et al.*, 2006).

c) Supervisión de calidad. Al respecto, Hyrkäs (2005) observa más satisfacción laboral en enfermeros de psiquiatría que están conformes con sus supervisores.

d) Valoración y trato. La confianza generada por un trato justo y respetuoso tiene un efecto directo sobre la satisfacción laboral en anestesistas y enfermeros de cuidados intensivos (Kluger *et al.*, 2003; Laschinger & Finegan, 2005). En este sentido, un aspecto negativo que se ha detectado entre las médicas es la discriminación de género. Carr, Szalacha, Barnett, Caswell e Inui (2003) señalan que las profesionales que son objeto de este tipo de discriminación tienden a experimentar disminución de su autoconfianza, autoestima y satisfacción laboral, lo que termina generando aislamiento, desesperanza y malestar.

e) Apoyo social (administración, médicos, otros profesionales de la salud). Un gran número de estudios recientes ha señalado que los vínculos interpersonales, caracterizados por respeto, apoyo, colaboración, cohesión y espíritu de equipo entre médicos, enfermeros y supervisores, se asocian con un aumento de la satisfacción laboral, incluso a lo largo del tiempo, tal como lo han probado estudios longitudinales (Archibald, 2006; Bradley & Cartwright, 2002; Cox et al, 2006; Khowaja *et al.*, 2005; Luceño Moreno *et al.*, 2006; Nilsson *et al.*, 2005; Spear *et al.*, 2004; Ter Doest & de Jonge, 2006).

f) Congruencia entre los valores personales y los de la organización. Erdogan, Kraimer y Liden (2004) encuentran que un factor que influye en la satisfacción es la congruencia entre los valores personales con los de la organización. Esto es particularmente evidente en cirujanos, quienes, según Knight, Richardson y Kalbfleisch (2002), señalan como muy insatisfactorio de su práctica la supremacía de los aspectos económicos de la medicina por encima de los humanísticos. Otros autores han demostrado que los conflictos entre las inclinaciones y creencias personales (a las que llaman conciencia) y las demandas externas generan "estrés de conciencia" experimentado como tensión moral. Se produce cuando los trabajadores de la salud sienten que, por la falta de tiempo o por las demandas incompatibles con sus valores, no pueden cumplir su rol como desearían (Glasberg *et al.*, 2006).

g) Buenas relaciones con pacientes y sus familiares. Un buen vínculo con los pacientes es un aspecto imprescindible para la satisfacción personal (Arnetz, 2001; Stoddard *et al.*, 2001). Muchos enfermeros son objeto de agresión (física y verbal) por parte de los enfermos y sus familiares, pero no las denuncian por falta de evidencias o porque sienten que como parte de su rol deben comprender la situación del abusador, provocando aumentos en sus niveles de estrés y una fuerte sensación de insatisfacción (McNeese-Smith, 1999; Pejic, 2005). Un aspecto a destacar de esta relación es que, en determinadas ocasiones, los profesionales que atienden a personas con discapacidades mentales o demencias tienen una percepción negativa de los pacientes, sintiéndose insatisfechos porque consideran sus conductas como deliberadas (Brodaty *et al.*, 2003). En un sentido similar, otro factor de conflicto que se ha señalado es la irritación y la disminución de la voluntad de ayudar a un paciente cuando el profesional comprueba que se ha intentado dañar en repetidas ocasiones (intentos de suicidio, por ejemplo) o por motivos que el personal de emergencias percibe como controlables (Mackay & Barrowclough, 2005).

La dimensión <u>mundo del trabajo</u> trata acerca del efecto de las influencias sociales sobre la práctica profesional. Los principales indicadores que conforman esta dimensión son los siguientes:

a) Salarios competitivos. La percepción de equidad en los aspectos económicos (salarios justos, incentivos financieros) se vincula con mayor satisfacción laboral en psiquiatras, oncólogos, neonatólogos y enfermeros (Archibald, 2006; Campbell et al, 2004; Garfinkel, Bagby, Schuller, Dickens & Schulte, 2005; Shanafelt *et al.*, 2005). En Argentina, específicamente en la ciudad de Rosario, los médicos municipales durante los años 2006-2007 han realizado huelgas garantizando sólo guardias mínimas, reclamando un aumento salarial.

b) Seguridad laboral. La estabilidad del empleo es una fuente de satisfacción laboral aun más importante que otros factores (Hyrkäs, 2005). Este es uno de los aspectos (junto con los bajos salarios) que en Argentina motivan la migración de profesionales. En las huelgas realizadas en Rosario (mencionadas en el punto anterior), uno de los principales reclamos es el pase a planta permanente en los hospitales municipales para lograr así estabilidad laboral, ya que alrededor de 300 profesionales trabajan "en negro", sin aportes previsionales, licencias, ni cobertura social (Carafa & Faravel, 2006).

c) Reconocimiento social de la profesión. El estatus profesional en médicos, el reconocimiento público del trabajo de enfermería y el valor intrínseco percibido

generan satisfacción entre los profesionales de la salud (Albaugh, 2005; Arnetz, 2001; Garfinkel *et al.*, 2005;
Williams, 2005; Wilson, 2006). En Argentina, es común
que los estudiantes universitarios de enfermería denun-
cien el desprestigio social que esta profesión tiene en
la comunidad, señalando que es considerada como un
trabajo menor dentro del contexto sanitario.

Satisfacción laboral y variables demográficas

Del análisis de la bibliografía especializada surgen
algunas vinculaciones (y contradicciones) entre la satisfacción laboral y ciertas variables demográficas, tales
como edad, género, estado civil y años de experiencia.
En lo que hace a la edad, un número importante de estudios coinciden en afirmar que a mayor edad, mayor
satisfacción laboral (Davis & Newstrom, 1999; Nylenna
et al., 2005; Peterson & Dunnagan, 1998; Shanafelt *et al.*,
2005). Sin embargo, otros autores encuentran la asociación inversa (Brodaty *et al.*, 2003), observando que los
más jóvenes son los que experimentan mayores niveles
de satisfacción laboral.

Con respecto al género, mientras que Rondeau y
Francescutti (2005) señalan que las mujeres parecen
más satisfechas con su trabajo que los varones, Lepnurm
et al. (2006) observan relaciones inversas. Por su parte,
Nylenna *et al.* (2005) y Shanafelt *et al.* (2005), presentan
evidencias que apoyan la inexistencia de relaciones
entre el género de los profesionales de la salud y su
satisfacción laboral. La motivación laboral es otro aspecto vinculado con las diferencias debidas al género.
En este sentido, Wright y Beasley (2004) observan que

entre los médicos, las mujeres se sienten especialmente estimuladas por brindar ayuda a los demás, a través de su práctica diaria, mientras que los varones se sienten más motivados por las recompensas extrínsecas que se derivan de su trabajo profesional.

Con respecto al estado civil, numerosos autores han coincidido en que los profesionales casados (o en pareja) están más satisfechos con su trabajo que los solteros (Davis & Newstrom, 1999; Peterson & Dunnagan, 1998) y suelen permanecer más tiempo en sus empleos (Brown *et al.*, 2002). En tanto que en lo referente a los años de experiencia, si bien existe consenso que entre los empleados administrativos, fabriles y de empresas en general, los más satisfechos con su trabajo son los que registran mayor antigüedad en el puesto (Muhonen & Torkelson, 2004), en el ámbito de los profesionales de la salud, tanto Cox *et al.* (2006) como Wilson (2006) señalan mayor satisfacción entre los profesionales (especialmente enfermeros) recién graduados.

Satisfacción laboral y variables psicológicas

La satisfacción laboral también se ha asociado con algunos rasgos de personalidad, tales como extraversión, control emocional, baja sensibilidad a las agresiones, empatía, *locus* interno, optimismo y actitudes positivas hacia la diversión en el trabajo (Muhonen & Torkelson, 2004; Peluchette & Karl, 2005; Sand, 2003; Williamson, Pemberton & Lounsbury, 2005). Asimismo, se ha explorado su vinculación con el uso de estrategias de afrontamiento y existe evidencia que los médicos con mayor satisfacción laboral son los que tienden a emplear *coping* más exitoso, tales como delegar tareas, organizar mejor la carga laboral, evaluar las posibilidades de manera más realista (Arnetz, 2001), mientras que los más insatisfechos recurren a la negación y al uso de alcohol y drogas (Bennett *et al.*, 2001).

Consecuencias de la satisfacción laboral

En términos generales, los especialistas coinciden en señalar el impacto positivo y las consecuencias benéficas de la satisfacción con el trabajo. Las evidencias indican que, cuando la satisfacción laboral aumenta, se desarrollan actitudes positivas tanto hacia la organización (mayor compromiso, menor ausentismo y rotación) como hacia uno mismo (más satisfacción con la vida personal). A continuación, se presentan los hallazgos más recientes sobre tales aspectos.

Mayor compromiso con la organización. El compromiso organizacional es la aceptación de los objetivos y valores de la organización como propios y un fuerte deseo de seguir siendo miembro de la misma, esforzándose para su bienestar (Ferreira *et al.*, 2006; Way & MacNeil, 2006). Numerosos estudios coinciden en afirmar que la satisfacción laboral en médicos y enfermeros conduce a un aumento del compromiso organizacional (Chiu & Chen, 2005; Khowaja *et al.*, 2005; Laschinger & Finegan, 2005; Williams, 2005).

Disminución del ausentismo y de la rotación laboral. Se ha encontrado también una relación positiva entre la satisfacción laboral y la permanencia en el lugar de trabajo en médicos y enfermeros (Hayhurst, Saylor & Stuenkel, 2005; Ito *et al.*, 2001; Wilson, 2006). Dado que la escasez de profesionales de la salud es un problema que aqueja a la mayoría de los países, se han evaluado aquellas organizaciones sanitarias que son exitosas para atraer y retener personal de enfermería. Tales organizaciones, conocidas como "hospitales magnetos" (Aiken, Clarke & Sloane, 2002), se caracterizan por tener estructuras organizacionales horizontales, toma de decisiones descentralizadas, inclusión de jefes de enfermería en la administración para organizar y flexibilizar las agendas laborales, e inversión en educación continua. Entre los profesionales que integran este tipo de organizaciones, Capuano, Bokovoy, Hitchings y Houser (2005) encuentran altos niveles de satisfacción laboral, equipos de trabajo cohesionados y menos migración.

Menor cantidad de síntomas de estrés y *burnout*. La acumulación del estrés crónico y la vivencia constante de insatisfacción laboral puede llevar a las personas a una situación de agotamiento. Este estrés producto de la actividad laboral asistencial aparece descrito en la bibliografía con el nombre de "burnout" o "síndrome del quemado" (Maslach & Jackson, 1997), indicando que la situación ha sobrepasado los recursos disponibles. Este síndrome se caracterizaría por, al menos, tres notas distintivas: cansancio emocional (el que se traduce en la disminución creciente de la capacidad de entrega a los demás, tanto a nivel personal como psicológico); despersonalización (caracterizada por la aparición de sentimientos y actitudes negativas acerca de las personas a las que presta atención y servicios), y reducción de la autorrealización personal (entendida como la tendencia a evaluarse negativamente, sentirse infeliz y descontento con el trabajo y consigo mismo). Diversos estudios han examinado las relaciones entre estrés, *burnout* y satisfacción. Si bien para un gran número de investigadores, la satisfacción laboral en médicos y enfermeros representa un factor protector contra las otras variables (Bradley & Cartwright, 2002; Le Blanc, de Jonge, de Rijk & Schaufeli, 2001; Renzi, Tabolli, Ianni, Di Pietro & Puddu, 2005; Spear *et al.*, 2004; Visser, Smets, Oort & De Haes, 2003), otras investigaciones describen sus asociaciones sin poder explicar sus vínculos causales, sugiriendo profundizar el tema y relacionarlo con el bienestar personal (Aiken *et al.*, 2002; Maslach, 2001; Lert *et al.*, 2001).

Satisfacción con la vida. Las relaciones entre la satisfacción laboral y la satisfacción con la vida en general no han sido claramente establecidas hasta el momento. Lee *et al.* (2004) y Martinez Selva (2004) postulan que la felicidad con el trabajo influiría positivamente en la satisfacción con la vida en general, conjugándose ambos aspectos. Sin embargo, la teoría de la compensación remarca que una persona que no está satisfecha con su trabajo buscará compensar en otras áreas de su vida.

La medición de la satisfacción laboral

Del análisis de la bibliografía surgen dos modelos de medición de la satisfacción laboral. Se trata del modelo unidimensional, que explora la actitud hacia el trabajo en general (evaluándola en forma única por persona y actividad laboral), y del modelo multidimensional, que evalúa cada uno de los aspectos concretos del trabajo en forma independiente de los demás (Guillén Gestoso & Gil Bozal, 2000).

En el primer caso, se pide a las personas que respondan a preguntas tales como "¿qué tan satisfecho está con su trabajo?", en base a una escala tipo Likert de 5 puntos, que va desde 1 (muy satisfecho) hasta 5 (muy insatisfecho). En el segundo caso, se identifican los elementos constituyentes de un trabajo (sueldo, nivel de autonomía, vínculos con los compañeros, satisfacción con los superiores, etc.) y se pide la opinión del trabajador frente a cada uno de ellos (Robbins, 1994). Algunos de los instrumentos que se han diseñado en el marco de esta segunda perspectiva se detallan en el Cuadro 5.

Cuadro 5. Instrumentos de evaluación de la satisfacción laboral.

Instrumentos	Autores	Aspectos evaluados
SNCW Swedish Satisfaction with Nursing Care and Work Assessment Scale	Hallberg y Norberg (1995) (en Brodaty *et al.*, 2003)	✓ cooperación ✓ desarrollo ✓ calidad de cuidados ✓ carga laboral y conocimiento de los pacientes
IWS Index of Work Satisfaction	Stamps (1997) (en Williams, 2005)	✓ pago ✓ autonomía ✓ estatus profesional ✓ interacción ✓ requerimientos de la tarea ✓ políticas organizacionales
PMI Pressure Management Indicator	Williams y Cooper (1998) (en Laschinger & Finegan, 2005)	✓ satisfacción con respecto al tipo de trabajo en términos de tareas y funciones

Intervenciones y sugerencias para promover la satisfacción laboral

La insatisfacción laboral impacta negativamente sobre la calidad de vida y el desempeño, circunstancias que han llevado a algunas organizaciones sanitarias de los países más desarrollados a implementar programas para reducir el estrés entre sus trabajadores, así como para aumentar el bienestar subjetivo y la consiguiente satisfacción. A partir del análisis de 153 artículos sobre programas organizacionales tendientes a reducir el estrés laboral, Ong, Linden y Young (2003) observan que, en general, tales intervenciones se encuadran en alguno de los siguientes tres enfoques prioritarios: a) enfoque cognitivo conductual con entrenamiento en habilidades de afrontamiento; b) enfoque de relajación e imaginación, y c) enfoque sistémico (Cuadro 6).

Cuadro 6. Programas de intervención para aumentar la satisfacción laboral.

Programa de intervención	Resultados obtenidos
Intervención individual (Molassiotis & Haberman, 1996) Provisión de consultas individuales y consejería para que los enfermeros expresen sus sentimientos, identifiquen y enfrenten el estrés. Foros para resolver problemas como comunicación, cuidados del paciente, dilemas éticos. Educación y orientación a los nuevos miembros del equipo. Investigación y comunicación en Congresos.	Los que participan del programa experimentan menos *burnout* y más satisfacción laboral.
Intervención individual (Peterson & Dunnagan, 1998) Programas de promoción de la salud en los lugares de trabajo. Incluyen: clases de gimnasia, nutrición, control del peso, manejo del estrés e intervenciones para dejar de fumar.	La participación no está vinculada a la satisfacción laboral, aunque el programa es percibido por todos los empleados como un beneficio para su salud.
Intervención individual (Häggström, Skovdahl, Fläckman, Kihlgren & Kihlgren, 2005) Provisión de educación, apoyo y supervisión clínica a enfermeros y terapeutas ocupacionales que trabajan con ancianos, durante un período de dos años.	La intervención facilita los sentimientos de satisfacción laboral en los participantes, generando además cambios positivos en el clima de trabajo.

Programa de intervención	Resultados obtenidos
Intervención individual (Rowe, 2006) Dos grupos experimentales recibieron entrenamiento en manejo del estrés y afrontamiento adaptativo, con la diferencia que en el segundo grupo se hicieron sesiones de revisión de las estrategias, brindando un espacio adicional para que los trabajadores de la salud pudieran comentar y reflexionar acerca de sus experiencias.	A los dos y seis meses posteriores al entrenamiento, los participantes de los grupos experimentales evidenciaron menos *burnout* que los del grupo control. A más largo plazo (dos y cuatro años de seguimiento), sólo los del grupo experimental que tuvieron sesiones de revisión tenían más bajos niveles de *burnout*.
Intervención grupal (Rabow, 2001) Desarrollo de grupos de discusión con médicos para compartir historias personales, explorando el significado y las emociones que les genera la práctica de la medicina. Cada participante escribe una narrativa personal sobre un tema propuesto por el coordinador que se comparte después con todo el grupo.	Se detecta un fortalecimiento de la identidad profesional, aumento del sentido de conexión entre colegas, permitiendo mantener el equilibrio y mejorar su bienestar.
Intervención individual y grupal (Innstrand, Espnes & Mykletun, 2004) Programas de ejercicios físicos y seminarios con lecturas sobre diversos temas de la práctica profesional. A nivel organizacional, se llevan a cabo evaluaciones de desempeño, reorganizaciones en las agendas laborales y mejoras en las rutinas.	El grupo experimental muestra una significativa reducción del estrés y cansancio emocional, y un aumento importante en la satisfacción laboral.

Las técnicas más usualmente implementadas para reducir el estrés laboral dentro del enfoque cognitivo conductual son entrenamiento en habilidades de afrontamiento focalizado en el problema y en la emoción, automonitoreo de la intensidad de estrés, reevaluación cognitiva, manejo del tiempo, entrenamiento en asertividad y desensibilización sistemática. El enfoque de relajación e imaginación se basa en el empleo de técnicas tales como meditación, yoga y masajes. El enfoque sistémico, que es el usado con menor frecuencia, supone alterar los factores sociales, ambientales y políticos externos que contribuyen al estrés. A pesar del intenso trabajo taxonómico realizado por Ong *et al.* (2003), concluyen advirtiendo que es muy difícil conocer realmente la eficacia de estos enfoques, ya que la mayoría de los estudios no presentan definiciones explícitas de estrés, no detallan claramente el tipo de estrategias usadas y se deduce cierta falta de consenso entre los especialistas en cuanto a la denominación de las técnicas.

Finalmente, existe un importante cuerpo de investigaciones dedicadas a describir y explicar programas tendientes a aumentar el bienestar subjetivo y la consiguiente satisfacción laboral. Con el propósito de clarificar las principales tendencias dentro de las que se inscriben estas contribuciones, en el Cuadro 7 se presenta una clasificación elaborada en base a los criterios propuestos por Leiter y Maslach (1998). En este sentido, se clasifican como estrategias focalizadas en el individuo aquellas que tratan de enseñar a manejar las situaciones vitales conflictivas (Maslach y Goldberg, 1998; Medland, Howard-Ruben & Whitaker, 2004; Murphy, 2004; Oginska-Bulik, 2005; Omdahl & O´Donnell, 1999; Schulman-Green, 2003). Bajo el rótulo de estrategias focalizadas en el grupo, se nuclean aquellas que tienden a fomentar los vínculos más saludables dentro del equipo de trabajo (Friese, 2005; Hassmiller & Cozine, 2006; Gullatte & Jirasakhiran, 2003; Khowaja *et al.*, 2005; Maslach & Goldberg, 1998; Medland *et al.*, 2004 Murphy, 2004; Peluchette & Karl, 2005). En tanto que bajo el rubro de estrategias focalizadas en la organización, se nuclean las que proponen aumentar la satisfacción mediante la introducción de mejoras en aspectos propios del trabajo (Burke *et al.*, 2005; Camponovo Meier & Morín Imbert,

2000; Cox *et al.*, 2006; Fritz & Sonnentag, 2005; Salmond & Ropis, 2005; Way & MacNeil, 2006).

Cuadro 7. Estrategias para aumentar el bienestar subjetivo y la satisfacción laboral.

Focalizadas en el individuo	Focalizadas en el grupo	Focalizadas en la organización
✓ aprender habilidades de negociación y resolución de conflictos ✓ aprender a disfrutar del trabajo ✓ hacer meditación y masajes ✓ mejorar la nutrición y hacer ejercicio físico ✓ ajustar las aspiraciones y expectativas con las condiciones laborales reales ✓ mejorar la comunicación con los pacientes ✓ diferenciar preocupación empática de contagio emocional, identificar este último y aprender cómo evitarlo ✓ fomentar el compartir más actividades con familiares y amigos ✓ aprender a tener tiempo para sí mismo ✓ incrementar habilidades de control de impulsos e inteligencia emocional ✓ aprender a aceptar la muerte como natural ✓ entrenarse en conductas de autocuidado	✓ construir redes sociales, reduciendo los conflictos en el equipo ✓ realizar actividades que impliquen diversión (festejo de cumpleaños, juegos grupales) ✓ fomentar encuentros multidisciplinarios que se focalicen en los problemas de los pacientes ✓ aumentar la comunicación entre los miembros del equipo ✓ optimizar las relaciones entre médicos y enfermeros	✓ fomentar la autonomía, el involucramiento en la toma de decisiones ✓ promover supervisiones clínicas ✓ proveer tutores para los recién graduados ✓ construir un sistema de registros computadorizados para evitar el excesivo trabajo con papeles ✓ realizar evaluaciones periódicas de satisfacción laboral a través de grupos de discusión, escuchando necesidades y estableciendo prioridades ✓ establecer mecanismos sólidos de educación permanente ✓ estimular la planificación con el establecimiento de metas y objetivos alcanzables ✓ promover mayor integración y equilibrio entre el trabajo y el hogar ✓ restringir los requerimientos fuera del tiempo de trabajo, permitiendo la recuperación durante el fin de semana o días no laborales

Si bien estas estrategias se enumeran en forma independiente, las evidencias indican que para ser eficaces las organizaciones deben tener un acercamiento a esta problemática que reconozca la interacción entre el individuo, el ambiente de trabajo y su cultura. En este sentido, Cartwright y Cooper (1999) destacan que cualquier estrategia de intervención debería combinar elementos de prevención primaria (por ejemplo, reducir las fuentes de estrés), secundaria (intervenciones educativas y de formación, potenciando los recursos físicos y psicológicos de la persona) y terciaria (asesoramiento experto y programas de asistencia a los afectados por estrés laboral). Por su parte, Schaufeli (1999) propone una aproximación por fases, consistente en la preparación de un proyecto de intervención con la participación de los directivos y jefes de la organización, la identificación de problemas y evaluación de los riesgos, basándose en un enfoque de múltiples fuentes, la elección de medidas y planificación de las intervenciones, su implementación y evaluación a largo plazo. En síntesis, pareciera que la puesta en marcha de estas estrategias en forma aislada o como iniciativas puntuales conduce al fracaso, debiendo ser consideradas como una actividad organizacional estable y permanente que incluya, si es necesario, la posibilidad de incrementar el nivel de participación y control de los trabajadores sobre el diseño de tales actividades (Amutio Kareaga, 2004).

Capítulo V.
Bienestar subjetivo

Bienestar psicológico y bienestar subjetivo

El abordaje de la problemática del bienestar se complejiza debido a los diferentes modelos construidos para dar cuenta de sus características y componentes. La diversidad de perspectivas impide obtener consenso sobre su conceptualización, ya que se han utilizado como sinónimos términos que aluden a tradiciones diferentes, tales como bienestar subjetivo, bienestar psicológico, satisfacción con la vida y salud mental. Por tal motivo, se comenzará este capítulo con la diferenciación entre sus dos principales tradiciones.

Bienestar hedónico o subjetivo. Según Diener, Oishi y Lucas (2003), el campo del bienestar subjetivo comprende el análisis científico de la evaluación que las personas hacen de sus vidas. Esta percepción incluye las reacciones emocionales a los eventos y juicios acerca de la satisfacción con la vida en general y, en particular, con el trabajo o la familia. El bienestar se iguala con el placer y la felicidad subjetiva. Desde esta perspectiva, los objetivos a través de los cuales se logra el bienestar son específicos para cada cultura, variando entre ellas y a través de las diferentes circunstancias de la vida (Ryan & Deci, 2001). El concepto "bienestar subjetivo" incluye dos dimensiones empíricamente distintas pero vinculadas entre sí. La primera, cognitiva, se refiere a los juicios acerca de la satisfacción con la vida, mientras que la segunda, emocional, está comprendida entre los polos de la afectividad positiva-afectividad negativa.

En relación con la dimensión cognitiva, Pavot, Diener, Colvin y Sandvik (1991) señalan que la satisfacción con la vida es la evaluación global que las personas hacen, construyendo un estándar de lo que perciben como apropiado para sí mismos, con el cual comparan las circunstancias de su vida actual. No se trataría entonces de un patrón objetivo externamente impuesto, sino de un juicio subjetivo. Si las personas están satisfechas con su vida, tienen un mejor ajuste con el medio y más bienestar (Diener, Emmons, Larsen & Griffin, 1985).

La dimensión emocional, por su parte, explicaría la mayor tendencia a experimentar emociones positivas entre los que poseen alto bienestar subjetivo y satisfacción con la propia vida. Algunas investigaciones recientes (Cheng, 2004; Norlander, Johansson & Bood, 2005) han demostrado además que quienes tienen estas características experimentan menos ansiedad y estrés. En el marco de esta conceptualización del bienestar subjetivo, Cotton y Hart (2003) proponen el concepto de bienestar ocupacional, que incluye los mismos componentes. El primero, cognitivo, que se refiere a la satisfacción laboral y refleja los juicios del empleado acerca de su nivel de satisfacción con el trabajo. Y el segundo, emocional, que incluye tanto afectos negativos (distrés, operacionalizado como ansiedad, culpa, tristeza y angustia) como afectos positivos (moral, entendida como el reflejo de un estado emocional placentero, caracterizado por energía, entusiasmo y orgullo). Ambos afectos son ortogonales (independientes) e influenciados por distintos factores.

Eudaimonia o bienestar psicológico. Desde esta perspectiva, el bienestar se concibe como el esfuerzo por la perfección que representa la realización del propio potencial (Lent, 2004). Una de las teorías dominantes dentro de este enfoque es la de Ryff y Singer (1998), quienes plantean dudas acerca de la unidimensionalidad del constructo, señalando que implica algo más que la estabilidad de los afectos positivos a lo largo del tiempo. Se trata de la valoración del resultado logrado a través de la forma en que las personas han vivido y está compuesto por seis dimensiones universales e independientes de los valores culturales: autonomía e independencia, crecimiento personal, autoaceptación, propósito en la vida (objetivos), dominio del ambiente y relaciones positivas con los demás. Otra conceptualización dentro de esta perspectiva está representada por Ryan y Deci (2001) con su teoría de la autodeterminación, quienes señalan que la autonomía, la competencia y los vínculos son tres necesidades básicas, cuya satisfacción favorece el crecimiento psicológico, la integridad y el bienestar.

La medición del bienestar

El concepto de bienestar ha sido tradicionalmente considerado tanto desde una perspectiva clínica como psicológica (Hattie, Myers & Sweeney, 2004). Paralelamente, se han desarrollado instrumentos para evaluarlo desde un punto de vista temporal, ya sea en relación con contextos específicos o a través de un único ítem. Desde la perspectiva clínica, el bienestar se ha operacionalizado a través de medidas de depresión, ansiedad, o abuso de sustancias, utilizándose instrumentos como los que se describen en el Cuadro 8.

Cuadro 8. Instrumentos de medición de síntomas.

Instrumentos	Autores	Aspectos evaluados
CCEI Crown-Crisp Experiential Index	Crown y Crisp (1979) (en Rout, 2000)	24 ítems, formato Likert de 3 puntos ✓ ansiedad flotante ✓ depresión ✓ ansiedad somática
OSI Occupational Stress Indicator	Evers, Frese y Cooper (2000) (en Dijkstra, Van Dierendonck & Evers, 2005)	23 ítems, formato Likert de 5 puntos ✓ síntomas somáticos ✓ salud mental
GHQ-12 General Health Questionnaire	Goldberg (1978) (en Noor, 2004)	12 ítems, formato Likert de 7 puntos ✓ síntomas somáticos ✓ síntomas afectivos

Desde la perspectiva psicológica, ambas tradiciones en el estudio del bienestar (subjetivo y psicológico) han dado origen a la construcción de escalas y cuestionarios de autoinforme, que se ejemplifican en el Cuadro 9.

Cuadro 9. Instrumentos de medición del bienestar subjetivo y del bienestar psicológico.

Instrumentos	Autores	Aspectos evaluados
Medición del bienestar subjetivo		
SWLS Satisfaction with Life Scale	Diener, Emmons, Larsen y Griffin (1985) (en Pavot et al., 1991)	5 ítems, formato Likert de 7 puntos ✓ Grado de satisfacción global con la vida (componente cognitivo del bienestar subjetivo)
TSWLS Temporal Satisfaction with Life Scale	Pavot, Diener, y Suh (1998) (en MacLeod & Conway, 2005)	Desarrollada a partir del SWLS ✓ componente cognitivo del bienestar, diferenciando satisfacción con el pasado, presente y futuro
PANAS Positive and Negative Affect Schedule	Watson, Clark y Tellegen (1988) (en Kim & Hatfield, 2004)	✓ afectividad positiva: sentimientos de felicidad, alegría, diversión, gozo, encanto ✓ afectividad negativa: enojo, temor, frustración, ansiedad, depresión, tristeza, melancolía ✓ Las personas deben indicar con qué frecuencia han experimentado tales emociones durante las dos semanas anteriores a la administración
Medición del bienestar psicológico		
PWS Psychological Well-being Scale	Ryff (1989) (en Lent, 2004)	✓ autonomía ✓ crecimiento personal ✓ autoaceptación ✓ propósito ✓ dominio ✓ relaciones positivas
BIEPS Bienestar psicológico	Casullo (2002)	20 ítems, formato Likert de 3 puntos ✓ control de situaciones ✓ vínculos psicosociales ✓ proyectos, metas y propósitos ✓ aceptación de sí mismo

Desde el punto de vista temporal (Lent, 2004), el bienestar subjetivo puede medirse de tres maneras. En forma global, sin especificar un lapso de tiempo, solicitando a las personas que respondan cómo se sienten en términos generales; diariamente (respondiendo en términos de la semana o el mes anterior) o en forma inmediata (experimentado en el momento, siendo una evaluación menos estable y más condicionada por factores situacionales).

Otra forma de evaluarlo es desde el punto de vista del contexto. En este caso, la persona debe informar cómo se siente en general, independientemente del encuadre, o en evaluaciones específicas, según algún contexto particular, tal como el trabajo, la familia, los amigos, etc. (Lent, 2004).

Asimismo, se ha propuesto su exploración a través de un único ítem como indicador de bienestar, como por ejemplo "¿En general, usted se siente feliz?" (Abdel-Khalek, 2006). Sin embargo, algunos investigadores desaconsejan esta modalidad (Pavot *et al.*, 1991) por considerarla demasiado inespecífica.

Como conclusión, Ryan y Deci (2001) muestran evidencias de la importancia de concebir el bienestar como un fenómeno multidimensional que incluya aspectos de todos los enfoques. Recientemente Lent (2004) ha resaltado la necesidad de desarrollar y refinar medidas de bienestar, proponiendo construir una batería de instrumentos de satisfacción breves y específicos para cada dominio, agregando la percepción del progreso en el logro de los objetivos personales. En este sentido, un ejemplo de esta integración lo constituye el *Inventario de Bienestar Subjetivo* (*SUBI*) de Nacpal y Shell (1992), que explora el bienestar como indicador de calidad de vida, a través de once dimensiones: bienestar general vinculado a afectos positivos, correspondencia entre expectativas y logros, confianza en afrontar dificultades, trascendencia, apoyo del grupo familiar, apoyo social, relaciones con el grupo primario, inadecuado manejo mental, percepción de problemas de salud, contactos sociales deficientes y bienestar general vinculado a afectos negativos.

Diferencias culturales en la percepción del bienestar

Como se mencionó anteriormente, algunos referentes en este tema (como los autores de la perspectiva del bienestar psicológico) sostienen que las necesidades básicas que promueven el bienestar son universales. Sin embargo, otros investigadores (especialmente los exponentes de la tradición hedónica) concluyen que si bien hay aspectos tales como alimento, salud, control del ambiente y relaciones sociales, que son imprescindibles para el bienestar subjetivo, hay diferencias propias de cada contexto cultural. Así, desde esta última perspectiva, se describirán los hallazgos más recientes sobre las diferencias en el bienestar en culturas individualistas y colectivistas, la influencia del nivel de desarrollo económico de cada nación, la relación del bienestar con el manejo de la emocionalidad en cada país y el ajuste particular que cada individuo tiene con su cultura.

Individualismo-colectivismo

Las culturas individualistas enfatizan el papel de lo individual como elemento decisivo para el éxito, siendo una característica fundamental la organización de la experiencia social en torno a individuos autónomos. Varios estudios han sugerido que en éstas la autoestima y la satisfacción con el yo aparecen fuertemente relacionadas con la satisfacción con la vida (Diener, Sapyta & Suh, 1998; Diener, *et al.*, 2003; Lent, 2004). Sin embargo,

Díaz Llanes (2001) señala que se trata de naciones donde se evidencian altos niveles de bienestar subjetivo en general, pero también mayores tasas de divorcios y suicidios. Por el contrario, los países colectivistas son aquellos caracterizados por el establecimiento de fuertes lazos asociativos con los grupos de pertenencia, privilegiándose el funcionamiento grupal en detrimento de emociones y motivos individuales (Triandis, 1990, citado por Omar, 2006). En éstos, la armonía en las relaciones es un importante predictor de satisfacción global con la vida (Díaz Llanes, 2001).

Triandis hace, además, una distinción entre la cultura subjetiva, que se expresa a nivel de la estructura social, y los atributos de personalidad (Triandis, 2001, citado por Omar *et al.*, 2006), que en el plano individual constituyen reflejos de esa cultura. En base a esta diferenciación, prefiere preservar los términos individualismo y colectivismo para el nivel cultural y utilizar los términos idiocentrismo y alocentrismo para designar las tendencias personales más frecuentemente observadas en culturas individualistas y colectivistas, respectivamente. Los individuos alocéntricos, de acuerdo con Triandis, tienden a presentar un autoconcepto interdependiente de sus grupos de pertenencia, poseen metas personales que habitualmente coinciden con las metas grupales, dan mayor importancia al mantenimiento de las relaciones (aunque esto implique sacrificios personales), valorizan la integración de la familia y los lazos de solidaridad, y sus conductas están gobernadas prioritariamente por normas, obligaciones y deberes grupales. Los idiocéntricos, también según Triandis (1994, citado por Ferreira *et al.*, 2006) tienden a presentar un autoconcepto independiente de sus grupos de pertenencia, sus propias metas no siempre coinciden con las metas grupales, su comportamiento social es regulado principalmente por necesidades personales, derechos, contratos y análisis de costo-beneficio, privilegian sus objetivos por sobre los del grupo, se caracterizan por el distanciamiento emocional de sus grupos de pertenencia, tienden a la confrontación y no dudan en interrumpir relaciones cuando éstas implican costos personales excesivos. De acuerdo con Dutta-Bergman y Wells (2002), los idiocéntricos son más felices que los alocéntricos, evidenciando niveles más altos de autoestima y autoaceptación, fuerte compromiso con su identidad, *locus* de control interno y mayor nivel de satisfacción con su vida presente.

Riqueza y desarrollo económico

En países poco desarrollados económicamente, el bienestar subjetivo parece vinculado con los ingresos, siendo más fuerte la relación entre satisfacción financiera y satisfacción global con la vida (Diener *et al.*, 2003). En cambio, en países desarrollados los indicadores materiales pueden ser necesarios pero no suficientes para dar cuenta del bienestar subjetivo (Díaz Llanes, 2001), ya que, por ejemplo, los ingresos no parecen vinculados a los pensamientos positivos acerca del futuro (MacLeod & Conway, 2005).

Manejo de emociones

Díaz Llanes (2001) también señala diferencias entre las naciones, en términos del control y expresión de las emociones, según las normas propias de cada cultura. En los países donde se refuerza socialmente el experimentar emociones positivas, las personas señalan sentirlas con mayor frecuencia que en otros países. Sin embargo, no se encontraron asociaciones para las emociones negativas.

Ajuste del individuo a la cultura

Otro aspecto que ha sido evaluado es el ajuste individual a las normas de la cultura. Al respecto, Lu (2006) diferencia dos niveles de análisis, uno social, entendido como el contexto o ambiente general en que se vive, y uno individual, referido al nivel de participación en los valores, creencias y tendencias conductuales de cada persona en esos contextos. Cuanto mayor sea el ajuste entre la cultura individual y social que experimenta un individuo, mayor será su bienestar.

Bienestar y variables sociodemográficas

La evidencia empírica disponible indica el creciente interés por desentrañar vinculaciones entre variables demográficas y su asociación con el bienestar. En este sentido, algunos investigadores concluyen que son irrelevantes para el bienestar subjetivo (DeNeve, 1999; Lee *et al.*, 2004), en tanto que otros han demostrado asociaciones con sexo, edad y estado civil en profesionales de la salud.

Con respecto al sexo, los hallazgos generales en esta área de investigación indican evidencias contradictorias, ya que si bien algunos estudios señalan que las mujeres profesionales (incluidas médicas y enfermeras) tienen más altos niveles de satisfacción con la vida que los hombres (Taylor *et al.*, 2004; Aasland, 1996), otros no encuentran diferencias en función del sexo (Shanafelt *et al.*, 2005; Windle & Woods, 2004).

En lo que hace a la edad, tampoco hay resultados coincidentes. Si bien para Windle y Woods (2004) no hay asociación entre estas variables, otros autores encuentran que a mayor edad (y años de experiencia en la profesión), mayor bienestar psicológico (Aasland, 1996; Arafa, Nazel, Ibrahim & Attia, 2003). En relación con esto, Hattie *et al.* (2004) señalan que las personas mayores obtienen más altos puntajes en un aspecto del bienestar que es la espiritualidad, definida como la percepción del sentido de la vida y la confianza en un poder superior.

En cuanto al estado civil, la evidencia empírica disponible indica que las personas casadas o unidas consensualmente señalan mayores niveles de felicidad que las solteras (Díaz Llanes, 2001; Lent, 2004). Tener hijos también se vincula a mayor bienestar (Spector et al, 2004). Ahora bien, comparando solteros con divorciados o separados, los primeros tienen mayor satisfacción con la vida (Windle & Woods, 2004), mientras que los segundos parecen manifestar más satisfacción con el trabajo que con su vida en general (Hattie *et al.*, 2004).

Con respecto al tipo de vínculo amoroso, Kim y Hatfield (2004) diferencian entre el amor pasional (emoción intensa relacionada con la ansiedad) y el amor de compañerismo (amistoso, involucra valores compartidos, compromiso a largo plazo e intimidad). Encuentran que este último es el más fuerte predictor de satisfacción con la vida, especialmente en mujeres, mientras que el pasional predice tanto emociones positivas como negativas en varones.

Bienestar y variables psicológicas

Se han estudiado las vinculaciones del bienestar con diversas dimensiones y aspectos de la personalidad, tales como extraversión y neuroticismo principalmente (Diener *et al.*, 2003) y otras, cuyos hallazgos se detallan a continuación.

Extraversión

Las personas más felices y con mayor bienestar son más extravertidas, y tienen menos niveles de síntomas psicopatológicos. Sin embargo, experimentan también emociones displacenteras en algunos momentos y raramente sienten euforia o éxtasis (DeNeve, 1999; Díaz Morales & Sánchez-López, 2001; Diener & Seligman, 2002; Harrington & Loffredo, 2001; Lent, 2004).

Neuroticismo

Entre las personas que se caracterizan por un mayor descontrol emocional, se observa menor bienestar (Casullo, 2002; DeNeve, 1999; Diener & Seligman, 2002). En este sentido, una hipótesis que se ha intentado probar es que aquellos individuos con mayor inteligencia emocional podrían tener más bienestar; sin embargo, la evidencia empírica no lo ha confirmado (Donaldson-Feilder & Bond, 2004).

Optimismo

El bienestar se asocia con el optimismo, la tendencia a ver el lado favorable de las cosas y la anticipación de experiencias y consecuencias positivas con respecto al futuro (Díaz Morales & Sánchez-López, 2001; Lent, 2004; MacLeod & Conway, 2005; Omar, 2006). Por consiguiente, la tendencia a evitar atribuciones negativas, como el lamentarse por los objetivos no logrados y las limitaciones, favorecen el bienestar subjetivo (DeNeve, 1999; Jokisaari, 2004). Además, Fredrickson y Joiner (2002) encuentran que emociones como la alegría y la felicidad predicen futuros incrementos en ellas, permitiendo no sólo sentirse bien en el presente, sino también, mejorar el bienestar futuro.

Locus de control

Las personas con *locus* interno (creencia en la posibilidad del control personal de los eventos) y mayor autoeficacia manifiestan más bienestar, incluso en el trabajo, ya que desarrollan mejores vínculos interpersonales (Lent, 2004; Martin, Thomas, Charles, Epitropaki & McNamara, 2005; Naudé & Rothmann, 2006).

Correspondencia entre expectativas y logros

La percepción de progresar en la concreción de los objetivos personales, siempre que se correspondan con valores apreciados culturalmente, es predictora de bienestar (Lent, 2004). En este sentido, se ha observado que las dificultades en el logro de las metas disminuyen la satisfacción vital (Díaz Morales & Sánchez-López, 2001).

Autenticidad

Actuar de acuerdo con los propios intereses y valores se asocia con mayor bienestar, menor depresión y ansiedad, y más bajo estrés percibido (Ryan, LaGuardia, & Rawsthorne, 2005).

Sensibilidad

Adler y Fagley (2005) definen este concepto como el reconocimiento del valor o significado de algún evento, persona u objeto, que provoca un sentimiento de conexión emocional positiva hacia él. Se ha asociado con el bienestar subjetivo, de manera que las personas más sensibles parecen más satisfechas con la vida, con mayor afectividad positiva y menor afectividad negativa.

Bienestar y estrés laboral

El trabajo es un importante factor que contribuye a lograr un alto nivel de bienestar. Las personas que trabajan o que, luego de sufrir enfermedades graves o accidentes, vuelven a su empleo tienen mayor bienestar subjetivo que las desocupadas o las que no pueden volver a hacerlo (Hakansson *et al.*, 2005; Vestling, Tufvesson & Iwarsson, 2003). Sin embargo, también puede ser un estresor muy poderoso, como se ha demostrado en otros capítulos, que afecta además la satisfacción con la vida en general (Taylor et al, 2004). En este sentido, desde la psicología laboral, se han estudiado las características de las organizaciones que maximizan el bienestar del empleado, como por ejemplo, proveer trabajos significativos y bien diseñados, un ambiente social de contención y oportunidades accesibles y equitativas para el desarrollo de la carrera (Wilson, DeJoy, Vandenberg, Richardson & McGrath, 2004). Por el contrario, se han vinculado específicamente algunos estresores laborales con la disminución del bienestar subjetivo, tales como: conflictos interpersonales en el trabajo, control y demandas laborales, cambios en las organizaciones laborales e interferencia entre el trabajo y la familia.

Conflictos interpersonales en el trabajo

Los problemas que implican las relaciones inter-personales disminuyen la satisfacción laboral y la percepción de eficacia, afectando la salud y el bienestar de los trabajadores (De Dreu, Van Dierendonck & Dijkstra, 2004; Jex & Thomas, 2003).

Control y demandas laborales

El control laboral se puede definir como la habilidad percibida de ejercer alguna influencia sobre el ambiente de trabajo, evaluándolo en forma menos amenazante. Si bien algunos investigadores encuentran una asociación positiva entre este tipo de control y bienestar, disminuyendo el estrés (Elfering *et al.*, 2005), otros no hallan relaciones entre estas variables (Donaldson-Feilder & Bond, 2004). A su vez, se ha documentado que el exceso de demandas laborales disminuye el bienestar y la satisfacción con la vida (Lee *et al.*, 2004).

Cambios en las organizaciones laborales

Las situaciones de cambio organizacional, como por ejemplo las fusiones y las reingenierías empresariales, representan estresores muy impactantes para el bienestar de sus empleados. Al respecto, ciertas características de personalidad como mayor autoeficacia y menor reactividad emocional permiten evaluar la situación con menor percepción de amenaza, generando mayor bienestar. Asimismo, la información que la organización puede brindar antes del evento también contribuye a incrementar el bienestar psicológico en sus empleados (Idel *et al.*, 2003; Terry & Jimmieson, 2003).

Interferencias entre el trabajo y la familia

Los roles laborales y familiares suelen afectarse mutuamente. Cuando el trabajo interfiere en las obligaciones familiares, especialmente en mujeres para quienes su carrera representa un lugar sobresaliente en su vida, disminuye el bienestar y la satisfacción laboral, aumentando el distrés parental (Kinnunen, Geurts & Mauno, 2004; Noor, 2004). Otro aspecto vinculado con esta problemática es el cumplimiento de turnos rotativos y vespertinos, práctica muy común en médicos y enfermeros, provocando mayor insatisfacción con la vida (Lee *et al.*, 2004). Por último, y evaluando diferencias culturales, se han llevado a cabo comparaciones entre trabajadores chinos, angloparlantes y latinoamericanos, observándose que los primeros señalan más alto nivel de presión por el desequilibrio entre trabajo y familia y más bajo bienestar físico y mental que los otros (Spector *et al.*, 2004).

Bienestar y afrontamiento del estrés

Un gran número de estudios han señalado recientemente vinculaciones entre los diversos tipos de afrontamiento y el bienestar subjetivo y psicológico, a saber:

Coping focalizado en el problema

El uso de estrategias adaptativas (activas, de planificación de resolución de problemas) y la flexibilidad para responder a las demandas situacionales cambiantes, se asocia con menos estrés y mejor bienestar psicológico (De Dreu *et al.*, 2004; Díaz Morales & Sánchez-López, 2001; McConaghy y Caltabiano 2005; Rout, 2000; Taylor *et al.*, 2004; Tugade, Fredrickson & Barret, 2004). Ahora bien, los efectos positivos del afrontamiento focalizado en el problema sobre el bienestar aumentan en situaciones de alta controlabilidad, es decir, cuando hay oportunidades de cambiar una situación aversiva o, simplemente, tener un mayor control sobre las demandas laborales (Daniels & Harris, 2005; Elfering *et al.*, 2005).

Coping focalizado en la emoción

Para Elfering *et al.* (2005) el *coping* focalizado en la emoción es poco útil en situaciones con altos niveles de estrés. Sin embargo, hay autores que destacan el papel del humor como favorecedor del bienestar, contribuyendo a la disminución de los niveles de estrés, impactando en el bienestar físico y psicológico, al promover evaluaciones cognitivas positivas y control sobre eventos potencialmente amenazantes (Kuiper, Grimshaw, Leite & Kirsh, 2004; Godfrey, 2004). Ahora bien, no todos los estilos de humor cumplen esta función, ya que el sarcasmo, las bromas agresivas y la ridiculización de otros se asocian con menor bienestar y más bajos niveles de autoestima social y global.

Por otra parte, el uso de estrategias de evitación en situaciones de estrés laboral parece estar vinculado con bajos niveles de bienestar psicológico (Díaz Morales & Sánchez-López, 2001; Dijkstra, et al, 2005; Terry & Jimmieson, 2003). Por el contrario, la aceptación, que supone una disposición a enfrentar los pensamientos o sensaciones negativas, se asocia con mejor salud mental general y bienestar físico (Donaldson-Feilder & Bond, 2004).

Apoyo social

La mayoría de los autores, entre ellos los que estudian poblaciones de médicos y enfermeros, encuentran que las personas más felices tienen mejores y más satisfactorios vínculos y pasan poco tiempo solas. Concluyen que las relaciones sociales (percepción de apoyo de colegas, familiares y amigos) son predictores de bienestar subjetivo (Arafa *et al.*, 2003; Cole, Scott & Skelton-Robinson, 2000; Díaz Morales & Sánchez-López, 2001; Diener & Seligman, 2002; Gardiner, Sexton, Durbridge & Garrard, 2005; Lent, 2004; MacLeod & Conway, 2005).

Ocio

El ocio o manejo del tiempo libre es visto en la bibliografía especializada como una estrategia de afrontamiento del estrés, considerándolo un factor protector por los efectos acumulativos benéficos que conlleva involucrarse en actividades interesantes y significativas. Contribuye al bienestar físico, mental, social y emocional, aun independientemente de los niveles de estrés experimentados (Caldwell, 2005; Hermon & Hazler, 1999; Iwasaki, 2003; Shanafelt *et al.*, 2005). En este sentido, Trenberth y Dewe (2005) argumentan la necesidad de incorporar estas actividades en el diseño de estrategias de intervención para afrontar el estrés laboral. Además, Heintzman y Mannell (2003) explican que los que dedican más tiempo al ocio y se involucran más frecuentemente en actividades culturales y hobbies parecen desarrollar mayor espiritualidad, aumentando así esta dimensión tan importante de la calidad de vida de las personas.

Bienestar y satisfacción laboral

La satisfacción laboral general, se ha asociado con un aumento del bienestar (Arafa *et al.*, 2003; Díaz Llanes, 2001; Hermon & Hazler, 1999). Del análisis de la bibliografía especializada surgen diversos aspectos del trabajo que lo favorecen, tales como un buen clima organizacional (Cotton & Hart, 2003), y la relación entre supervisor y subordinado (Gilbreath & Benson, 2004; Van Dierendonck, Haynes, Borril & Stride, 2004). Específicamente en el contexto laboral asistencial, la satisfacción con la carrera y con la especialidad en profesionales de la salud (Shanafelt *et al.*, 2005), y el diseño físico de los hospitales (luz, ventilación, música) contribuyen a aumentar el bienestar en médicos y enfermeros (Mroczek, Mikitarian, Vieira & Rotarius, 2005).

Capítulo VI.
Estrategia de abordaje empírico

Con el propósito de explorar empíricamente las posibles asociaciones entre las variables en estudio, se diseñó una investigación descriptiva, de tipo correlacional, con tres aproximaciones metodológicas. La primera aproximación estuvo orientada a la elaboración de dos instrumentos de exploración psicológica para identificar las principales fuentes de estrés (estresores) y las estrategias de afrontamiento más frecuentemente empleadas por médicos y enfermeros de la ciudad de Rosario. La ejecución de esta primera etapa se fundamentó en la necesidad de contar con reactivos que reflejaran con suficiente fidelidad la realidad laboral argentina, habida cuenta de que los instrumentos disponibles en la literatura científica son de origen extranjero, desarrollados en base a contextos laborales muy diferentes. La segunda aproximación metodológica tuvo como objetivo la validación de dos instrumentos construidos en otros países, que exploran satisfacción laboral y bienestar subjetivo, para su aplicación en el contexto laboral local. Por último, la tercera aproximación estuvo reservada a la verificación empírica propiamente dicha de las posibles asociaciones entre los constructos en estudio. En esta oportunidad, se aplicó la batería seleccionada (incluyendo los dos instrumentos desarrollados en la primera etapa y los dos validados en la segunda etapa) a una muestra de profesionales del medio.

Aproximación metodológica I.
Desarrollo de las *Escalas de Estresores Asistenciales* *y de Afrontamiento de Estrés Asistencial*

La muestra en estudio. Su descripción

En esta etapa se trabajó con un grupo por disponibilidad integrado por 22 profesionales de la salud (17 mujeres y 5 varones), de los cuales 9 eran médicos (de diversas especialidades tales como psiquiatría, ginecología, oncología, dermatología y clínica) y 13, enfermeros. Sus edades oscilaron entre 25 y 56 años, teniendo la mayoría menos de 45 años. Su antigüedad en la profesión era variada, ya que se entrevistaron profesionales recientemente recibidos, así como otros con más de 20 años de antigüedad. En cuanto a su lugar de inserción profesional, algunos trabajaban en ámbitos públicos, otros en privados, y la mayoría se desempeñaba en ambos tipos de instituciones sanitarias. El contacto con tales profesionales se efectuó mediante el empleo de redes personales con el propósito de indagar las construcciones que los sujetos hacen de su realidad laboral.

Entrevistas en profundidad

Se llevaron a cabo entrevistas en profundidad, explorando las situaciones generadoras de estrés en el ámbito asistencial, así como las estrategias más comúnmente empleadas por este grupo profesional para afrontarlas, con el fin de construir instrumentos adaptados a la realidad laboral de los médicos y enfermeros de la ciudad de Rosario. Las entrevistas se realizaron tanto en los lugares de trabajo de los profesionales, en momentos de descanso, como en sus domicilios particulares. La duración aproximada fue de 30 minutos cada una, siendo efectuadas personalmente por la autora del presente estudio, con la colaboración de un licenciado en enfermería que facilitó algunos contactos en esta instancia. Los ejes que guiaron las entrevistas fueron los aspectos del trabajo que generan más insatisfacción y estrés, las estrategias de afrontamiento, los cambios en la relación con los pacientes, el conflicto trabajo-familia, la percepción de discriminación en el trabajo, los síntomas de estrés que padecen o han sufrido y otros factores similares que pudieran afectar su desempeño profesional.

El material reunido a partir de las entrevistas, caracterizado por una enorme riqueza conceptual, fue inicialmente analizado con el auxilio del paquete estadístico Nudist. A partir de este análisis preliminar del contenido manifiesto del discurso, emergió un amplio espectro de situaciones laborales identificadas como estresoras, una variada gama de estrategias para afrontarlas, así como información complementaria asociada a insatisfacción laboral, sintomatologías, malestares y problemática laboral cotidiana. A título de ejemplo, se transcriben fragmentos ilustrativos de los estresores y de las estrategias para enfrentarlos, ordenados según su frecuencia, separadamente para médicos y enfermeros.

Entre los estresores más frecuentemente vivenciados por los médicos, se destacan los bajos salarios, falta de medios y recursos en el sistema de salud, incompatibilidad con la vida familiar, relación con los familiares de los enfermos, situación económica y social de los pacientes, sobrecarga laboral, multiempleo, relaciones conflictivas con los enfermeros y desvalorización social de la profesión.

Bajos salarios

La percepción de inequidad al sentir que el trabajo realizado no se corresponde con una retribución económica justa es uno de los estresores que se menciona con más frecuencia entre los médicos: *"no poder tener la paga correspondiente a tu trabajo, por ejemplo, tengo una paciente de alto riesgo y siento que estoy poniendo muchísimo esfuerzo y no tengo recompensa alguna en esta cosa del pago. Cuando Pami estuvo cortado, yo me chupé meses atendiendo sin cobrar un mango y hasta el día de hoy que retomó Pami sus prestaciones en Casilda me están debiendo 8 meses. Esas cosas me ponen loca"* (psiquiatra, mujer, 30 años, práctica privada); *"(...) considero que económicamente no es rentable, y voy y me planteo si esto realmente va a seguir siempre así"* (oncóloga, 54 años, hospital y práctica privada); *"(...) supera con creces lo que hago en relación con lo que recibo"* (psiquiatra, varón, 57 años, práctica privada). Esta situación trae aparejada otros problemas como, por un lado, la dificultad para pagar los costos de la formación de posgrado que necesitan tener: *"tampoco nuestra situación actual nos permite llevar adelante una formación porque eso hay que pagarlo y actualmente los sueldos no dan para nada. Yo gano lo suficiente para mantenerme a mí y a mi familia, y si quiero tener algo de formación o pagar algún curso, lo tengo que pensar con mucha anticipación para ir reservando dinero para eso"* (clínico, 35 años, hospital y práctica privada). Por otro lado, la imposibilidad de realizar actividades que les permitan reponerse de su trabajo, tales como psicoterapia, vacaciones, etc.: *"yo todas las semanas voy a mi analista y me cobra 40 mangos. Para poder mantener uno medianamente su azotea en paz, invierte guita, o también en formación, en supervisar un caso, y esa guita no te entra por otro lado, entonces ahí es como que uno se desgasta"* (psiquiatra, mujer, 30 años, práctica privada); *"la retribución es injusta. Al ser injusta, la retribución no me permite tener cosas que son importantes para mí, como tener vacaciones dos veces por año, ir a un analista, tener una casa de fin de semana, o comprarme un auto para ir a pasear"* (oncóloga, 43 años, hospital y práctica privada).

Falta de medios y recursos en el sistema de salud

Los médicos se refieren a los déficits de insumos, medicamentos, tecnología y escasez de personal que dificultan su tarea, estresándolos: *"tratar de manejarse con los pacientes cuando no tenés medios, un antibiótico, un antitérmico, y los chicos se van a su casa sin la medicación adecuada y con la indicación de comprarlo y no pueden"* (pediatra, mujer, 28 años, hospital y centro de salud); *"la situación económica que está pasando la salud pública, la falta de insumos para trabajar, principalmente".* (ginecóloga, 32 años, hospital y práctica privada); *"los casos, no tener los medios materiales ni humanos en la guardia"* (dermatóloga, 34 años, hospital y práctica privada); *"en los lugares donde hay carencias, que tengo que estar cubriendo, poniendo el cuerpo: como están estructurados los servicios no funcionan, se hace cargo uno de situaciones económicas que no puede hacerse cargo la institución"* (psiquiatra, varón, 57 años, práctica privada). Otro aspecto mencionado en relación con el sistema de salud es la prevalencia de los intereses económicos en la medicina: *"avaricia, lo perverso del sistema, la avaricia de los que manejan los sistemas de salud, que ponen lo económico muchísimo más adelante de cualquier cosa asistencial, que hasta que no se caiga todo no mueven un dedo"* (psiquiatra, varón, 57 años, práctica privada).

Incompatibilidad con la vida familiar

El ejercicio de la medicina es uno de los trabajos que más conflictos generan en la vida personal del profesional, por la interferencia que producen, situación que supone altos niveles de estrés tanto en mujeres como en hombres: *"es paciencia por parte de mi señora, porque el médico trabaja feriados, en todo momento, hay que charlarlo mucho con la familia y manejar los tiempos libres. Así y todo, de dos años a la fecha que estoy casado, eso fue causa de separación durante unos meses con mi señora"* (clínico, 35 años, hospital y práctica privada); *"no es fácil tener una vida normal cuando tenés guardias, pasás noches fuera de tu casa, lejos de tu familia, lejos de tu novio, para uno es difícil dejar eventos familiares, de a poco uno se siente ajeno a todo eso"* (pediatra, mujer, 28 años, hospital y centro de salud); *"es muy difícil, porque a la velocidad que voy yo no va la gente que tengo cerca, son tiempos absolutamente distintos. Fue uno de los problemas más grandes, he dejado pasar cosas en aras de mantener la familia"* (psiquiatra, varón, 57 años, práctica privada); *"laburo mucho y eso tiene un costo, me queda muy poco tiempo libre"* (psiquiatra, mujer, 30 años, práctica privada).

Relación con pacientes oncológicos y/o sus familiares

La oncología es una especialidad que implica el trato con pacientes que tienen en riesgo su vida. Por lo tanto, un estresor que mencionan frecuentemente los profesionales que trabajan en esta área es brindar diagnósticos o información sobre el curso de la enfermedad a pacientes y familiares: *"el estrés que yo noto es en los momentos decisivos cuando uno tiene que dar una información precisa, no tanto en el trato diario, sino cuando uno tiene que dar un diagnóstico, tiene que decir algún resultado o hablar con la familia sobre un tema específico o con el paciente, más que en el resto del trato con el paciente"* (clínico, 28 años, hospitales); *"todo lo que se relaciona en oncología al trato con el paciente genera tensión. El paciente viene a buscar soluciones que a veces no le podemos dar, y no solamente el paciente, a mí particularmente me genera mucha tensión el trato con los familiares. Algunos vienen buscando solución total del problema y por ahí no lo entienden, y demanda mucho tiempo explicarles estadísticas, partes del cuadro clínico del paciente, el comportamiento individual de cada tumor"* (oncóloga, 54 años, hospital y práctica privada); *"en función de mi especialidad, la relación con algunos familiares de pacientes es dura, por ahí es muy difícil explicar ciertas cosas que no quieren escuchar"* (clínico, 35 años, hospital y práctica privada).

Situación económica y social de los pacientes

Las carencias socioeconómicas, educacionales y afectivas de los pacientes, junto con la problemática del maltrato a la mujer, se evidencian como estresores tanto en contextos laborales públicos como privados: *"los pacientes que no pueden seguir un tratamiento, y yo me debato entre seguir tratándolos y no cobrar un mango o derivarlos a la asistencia pública"* (psiquiatra, mujer, 30 años, práctica privada); *"estar de asistente social, escuchar a las madres, uno tiene que internar un chico y que la madre te diga 'mi marido me mata, después la que recibe los golpes soy yo*" (pediatra, mujer, 28 años, hospital y centro de salud).

Sobrecarga laboral

Este estresor alude en este caso al exceso de pacientes, constituyendo una sobrecarga de tipo cuantitativa: *"cuando me ponen pacientes en horarios muy seguidos, cuando hago un consultorio de Pami y la secretaria me pone pacientes cada 15 minutos, me genera una sensación de no poder hacer las cosas bien, no poder mantener los horarios como corresponde, que me queden pacientes en espera"* (psiquiatra, mujer, 30 años, práctica privada); *"por la cantidad de gente que uno tiene que llegar a ver, no se le dedica el tiempo o la atención necesaria. Si a uno le dicen tal paciente o tal otro, y por el nombre uno a veces en el momento no recuerda quién es el paciente, qué es lo que tiene, qué tratamiento está haciendo, y no es el hecho que uno tenga que recordar todo, pero sí la cantidad hace que uno pierda calidad en la atención personalizada y eso se da un poco por la situación general que cada vez hay más pacientes pero menor cantidad de médicos por la parte económica"* (clínico, 35 años, hospital y práctica privada).

Multiempleo

Si bien la mayoría de los médicos entrevistados tiene varios trabajos, muchos de ellos están insatisfechos y se refieren al multiempleo como otro factor estresante: *"me gustaría tener mi consultorio para mí sola y todos los días atender ahí. Tengo cinco consultorios y tengo que ir a todos esos lugares, corriendo de un lado al otro y adaptarme a las reglas de cada uno, y en cada uno hay cosas que me molestan"* (dermatóloga, 34 años, hospital y práctica privada); *"trataría de trabajar a lo mejor menos tiempo, tratar de concentrar la actividad, estoy trabajando en muchos lugares porque tengo deudas económicas"* (oncóloga, 54 años, hospital y práctica privada).

Vínculos conflictivos con enfermeros

La relación entre médicos y el servicio de enfermería suele ser fuente de estrés, especialmente cuando se trata de interacciones entre mujeres: *"las enfermeras siempre han sido muy buenas, como yo tengo buen carácter, si no tenés buen carácter eso es otra, acá va que seas de buen carácter, sumisa, muchas cosas hay que tragarlas, entonces ahí vamos a ir bien, ahora si vos vas con la pata izquierda, tenés mal carácter, o querés imponerle a ellas cosas, ahí vamos mal"* (dermatóloga, 34 años, hospital y práctica privada); *"pero a veces, por parte del sector enfermería, el enfermero siempre tiene buena relación, pero cuando hay mujeres (en enfermería) hemos notado y charlado con otras médicas, si no te conocen y logran asimilarte, te cuesta un poco la relación con ellas"* (oncóloga, 54 años, hospital y práctica privada).

Desvalorización social de la profesión

La falta de reconocimiento social hacia la profesión es un estresor mencionado por una médica: *"en los pacientes noto una pérdida del rol del médico, del equipo de salud. Hay una especie de desvalorización, de desmitificación y hay un cambio en el rol de médico, la gente se acerca con una mirada crítica, a priori, como que el rol de médico brujo, la parte mágica, la parte de respeto, eso se diluyó, ahora uno vende un servicio"* (oncóloga, 43 años, hospital y práctica privada).

Las estrategias de afrontamiento a las que recurren los médicos para soportar o manejar el estrés laboral se pueden agrupar de la siguiente manera:

Separar el trabajo de la vida personal o familiar

Mantener una clara división entre los problemas de su vida laboral y personal es una forma de evitar que los conflictos del trabajo impidan al profesional reponerse: *"uno trata de disociar, pero pasan varios días y uno sigue dándole vueltas en la cabeza. Trato de cerrar un poco la ventana entre mi vida y mi vida profesional, pero es muy difícil"* (pediatra, mujer, 28 años, hospital y centro de salud); *"cuando yo salgo del lugar donde estoy trabajando y entro en mi casa, no existe más la medicina, los pacientes, los colegas, algo así como tener una puerta, un compartimiento estanco, al punto tal que si me llama por teléfono un paciente o un colega para preguntarme algo, me saca de quicio"* (oncóloga, 43 años, hospital y práctica privada); *"yo personalmente lo que trato de hacer, y que generalmente lo logro, es tratar de separar las cosas y una vez que termino mi trabajo específico de acá, trato de olvidarme, pero no siempre sucede eso porque hay casos especiales que a uno le llegan más"* (clínico, 28 años, hospitales).

Descargar la tensión en otros

Una estrategia bastante utilizada suele ser transferir el estrés en otras personas, tanto familiares como pacientes: *"si venía preocupada, cansada, con mi marido o con mi mamá me la descargo, pero una vez cada tanto, tiene que ser que me colme mucho"* (dermatóloga, 34 años, hospital y práctica privada); *"uno se vuelve menos tolerante, uno transporta todo lo económico y todo lo que vive en el trabajo al paciente, y no es justo porque uno reacciona mal, atiende con menos tiempo al paciente, lo escucha menos, todo eso"* (ginecóloga, 32 años, hospital y práctica privada); *"pérdida de interés de lo que pasa con mis pacientes, discusiones familiares. Lo más preocupante es que cuando uno está estresado, se desinteresa de lo que pasa con el paciente"* (clínico, 35 años, hospital y práctica privada).

Destinar tiempo para hobbies, actividades placenteras

El ocio parece ser una estrategia de afrontamiento muy elegida por los profesionales para manejar las demandas estresantes del trabajo cotidiano: *"trato de gratificarme con algunas cosas mínimas: depende la época, en un momento fue estudiar filosofía o Antiguo Testamento; me gustan mucho las plantas, sacar los yuyos"* (psiquiatra, varón, 57 años, práctica privada); *"tiendo a pensar en las cosas placenteras que voy a hacer, por ejemplo, durante las vacaciones"* (psiquiatra, mujer, 30 años, práctica privada); *"(...) actividad al aire libre, vida social, todo eso me ayuda a tener mi conducta para el trabajo, los pacientes y mi familia. Juego al tenis, ando en bicicleta, camino. Me he creado un horario y una obligación contra viento y marea. Me hace bien, física y psíquicamente"* (oncóloga, 54 años, hospital y práctica privada).

Ser paciente y esperar

Otra estrategia de tipo pasivo o de acción indirecta es no reaccionar ante la situación de estrés directamente: *"mi forma de ser hace que me las trague. Yo tomo todo como que 'bueno, qué va a hacer'"* (dermatóloga, 34 años, hospital y práctica privada); *"paciencia"* (clínico, 35 años, hospital y práctica privada). Son estrategias que suponen posponer la reacción ante los eventos estresantes: *"el diferir, el poner los ojos allá y pensar que esto pase"* (psiquiatra, mujer, 30 años, práctica privada).

Hablar con colegas

La búsqueda de apoyo social con la posibilidad de obtener contención emocional es otra importante estrategia que en estas entrevistas aparece referida por varones: *"se charla entre todos"* (clínico, 35 años, hospital y práctica privada). En relación a esto, es habitual recurrir al humor: *"a lo mejor hacer algún comentario o tratar de distender el momento haciendo algún comentario que a lo mejor está un poco fuera de lugar o fuera de lo habitual, pero que uno busca una forma de descarga del trauma psicológico que puede producir estar hablando de un tema que repercute tanto sobre la vida de una persona o una familia, uno busca hacer chistes o crear situaciones para aflojar la tensión"* (clínico, 28 años, hospitales). Cuando los profesionales están casados con colegas, hablar entre los cónyuges es otra forma de afrontar el estrés: *"en mi caso particular, que mi mujer sea médica y trabaje en lo mismo muchas veces comentamos los casos, hablamos de eso, de cómo nos afecta y nos influye, a veces en el estado de ánimo, pero también influye en las decisiones que uno va a tomar a futuro, saber valorar más ciertas cosas, yo creo que eso es positivo"* (clínico, 28 años, hospitales).

Tratar de trabajar en equipo

Generar buenos equipos de trabajo es una de las estrategias de afrontamiento más adaptativas, y así lo comentan varios entrevistados: *"trabajar en equipo es lo mejor que hay, un equipo de enfermeros y médicos. En este momento no me cuesta establecer buenas relaciones"* (pediatra, mujer, 28 años, hospital y centro de salud)*; "antes trabajaba solo y era más difícil de llevar. Cuando empezamos a trabajar en equipo el tema se diluye un poco y se hace más fácil"* (clínico, 35 años, hospital y práctica privada)*; "yo quisiera poder sentirme menos expuesta, menos frágil, a mí me parece que donde menos expuesta y frágil me siento es en el hospital porque es el único ámbito donde tengo verdaderamente un equipo, que me falta la parte de salud mental, esa pata, pero en otros lugares yo trabajo sola, con el cáncer y todos los quilombos que significa. Acá dentro de todo somos un equipo y se diluye"* (oncóloga, 43 años, hospital y práctica privada).

Detenerse y revisar mentalmente la situación estresante

Dos entrevistados señalan amortiguar los eventos estresantes, tratando de organizarse mentalmente, estableciendo prioridades y evaluando opciones: *"normalmente trato de frenar, cuando me siento desbordado paro, trato de ordenar, desconectarme, ver dónde estoy, pongo un sistema de valorización para ver cómo organizarme de nuevo y sigo. Normalmente no me escapo, sigo inmerso en el lío, pero freno mentalmente y acomodo, me pongo a escribir, pongo prioridades y veo por dónde puedo arrancar"* (psiquiatra, varón, 57 años, práctica privada)*; "yo la afronto por racionalización, trato de esqueletizar, de analizar, de llevar a la conciencia el disturbio que me genera, cuando puedo"* (oncóloga, 43 años, hospital y práctica privada).

Automedicarse

En una de las entrevistadas se evidencia la automedicación con psicofármacos como forma de reducir el estrés: *"a veces tomo un cuarto de algún ansiolítico"* (oncóloga, 54 años, hospital y práctica privada).

Compensar

Otra entrevistada recurre a la compensación a través del cariño que recibe de los pacientes: *"trato de equilibrar lo duro y lo feo del trabajo o los inconvenientes del trabajo con la remuneración afectiva por parte de los pacientes, con el bienestar que uno siente al ayudar a otra gente y va compensando"* (ginecóloga, 32 años, hospital y práctica privada).

Entre los estresores más frecuentemente vivenciados por los enfermeros, se destacan la sobrecarga laboral, dificultades interpersonales, escasez de personal de enfermería, agresión de los pacientes, falta de medios y recursos en el sistema de salud, urgencias, incompatibilidad con la vida familiar, bajos salarios y desvalorización social de la profesión, tal como se infiere de los fragmentos de las entrevistas que se transcriben a continuación:

Sobrecarga laboral

El exceso de pacientes y tareas es el estresor mencionado más frecuentemente por los entrevistados: *"se hacen muchas tareas a la vez, hay muchas responsabilidades, se las hace lo mejor que se puede. Pero uno dice, me hubiera gustado dedicarme más a ese paciente o a eso que tenía que hacer. En seis horas se cumplen muchas actividades y somos pocas, además de las faltantes que siempre hay en los servicios. Hay que correr mucho y esto es muy grande"* (enfermera, 40 años, hospital público); *"hay mucha persecución, porque los jefes exigen más de lo que se puede dar. Hay un 50% de urgencias para dos personas, es mucho, se tiene mucho trabajo"* (enfermera, 45 años, hospital público); *"muy agobiante, porque son muchas más personas, más los requerimientos de muchos más pacientes, son mucho más demandantes. Lo que me cansa más es la cantidad, cuanto más son, más las actividades"* (enfermera, 46 años, hospital y práctica privada); *"se hace lo imposible por cumplir aunque haya mayor demanda, lo que pasa es que por ahí es tanta la demanda que uno puede llegar a terminar muy, muy cansado, pero se trata de cumplir y de llegar'* (auxiliar de enfermería, 30 años, hospital).

La sobrecarga de tareas se agrava por la necesidad de cumplir con actividades que no pertenecen a enfermería: *"no llegamos con el personal, para mí tendría que haber más personal porque estamos sobrecargados, porque tenemos que hacer el trabajo del hemoterapista, porque no sabe tomar una vena a un bebé, porque tenemos que extraer sangre, cosa que no nos corresponde en la terapia, muchísimas tareas desvirtuantes que por ahí, las tareas huérfanas que andan por ahí las toma enfermería, es así. Porque cada uno tendría que hacer su labor, y nos sobrecargan a nosotras"* (enfermera, 29 años, hospital); *"los fines de semana, los servicios de internación quedan nada más atendidos por el enfermero asistencial y tenés que resolver problemas no solamente asistenciales, sino problemas de horarios, falta de personal, a veces que llaman y el que tiene que tomarte la guardia no viene, llamás al supervisor y no hay telefonista, no sabés a quién dirigirte"* (enfermera, 51 años, hospital y práctica privada).

Dificultades interpersonales

Los conflictos vinculares en el trabajo constituyen una fuente de estrés muy usual entre los entrevistados, evidenciándose, por un lado, las dificultades en la relación de los enfermeros con los médicos: *"yo trabajo en el sector de neonatología, así que me estresa mucho, por ejemplo, el médico de cabecera da una indicación para un bebé, luego viene el médico de guardia y la cambia, o viceversa, entonces hay que volver a programar todo de nuevo, teniendo que afectar al paciente (...) estamos agrediéndolos permanentemente y es algo que se puede evitar (...) el sufrimiento innecesario del bebé"* (enfermera, 29 años, hospital); *"la discriminación la tenemos por ser enfermeros, somos muy manejables y por ahí vos no sabés hasta qué punto poner límites. Lo que pasa es que acá los médicos que vienen habitualmente son jefes, que son jefes de sus propios concurrentes, están acostumbrados al alto mando"* (enfermera, 40 años, hospital); *"entonces yo veo como que seguimos sometidos ante el ojo médico, el médico por más que vos tengas un título, por más que te hayas recibido de master o lo que sea, el médico te da una orden y vos discutías, y tiene razón el médico"* (enfermera, 51 años, hospital y práctica privada). Por otra parte, los entrevistados se refieren también a las relaciones conflictivas entre enfermeros: *"las relaciones interpersonales dentro de la enfermería, con los mismos enfermeros, porque no tenemos la misma formación, no hay una distribución de trabajo de acuerdo a la función que desempeñás"* (enfermero, 40 años, hospital); *"la relación interdisciplinaria, tanto sea de nuestros pares con los superiores, las presiones que se ejercen en línea vertical u horizontalmente son las que te generan malestar y por ahí no te da muchas ganas de venir a trabajar.*

Que no haya unión entre nosotros mismos. Hay muchos caciques y pocos indios" (enfermera, 47 años, hospital).

Escasez de personal de enfermería

La falta de enfermeros es otro de los estresores que sobrecarga a los profesionales: *"poco personal, se va incrementando el trabajo, cada vez más pacientes. Dos enfermeras para cada piso sería lo ideal"* (enfermera, 40 años, hospital); *"implementar, no sé, una nueva forma de que haya más personal, de ingreso para más personal, que traten de hacerlo, el presupuesto también influye, y bueno que las tareas por ahí estuvieran un poquitito más repartidas, y no fuera responsabilidad de unos pocos, tanto. Al haber más personal por ahí se puede afrontar de otra forma"* (auxiliar de enfermería, 30 años, hospital); *"en la facultad te dicen que si hace falta más gente, que la coloquen. Pero cuando vos entrás a trabajar acá y te presionan con que son dos y no se puede más, te ponen dos personas por turno, las cosas no cambian. Hace falta más personal, siempre hemos trabajado corriendo y después trabajás como un autómata, no tenés tiempo para pensar, para resolver, para atender un paciente y resolver bien todas las necesidades. Hacés lo justo para curarlo y nada más"* (enfermera, 44 años, hospital); *"falta de personal, uno no puede hacer, trabajar cómodamente con los pacientes como quisiera trabajar. Lo que nosotros pedimos es más enfermeros, tendríamos que tener 27 enfermeros y estamos trabajando con 19, pero a raíz de la situación económica no es posible. Por ese motivo uno trabaja tan mal, se está prácticamente haciendo la mitad de lo que se tiene que hacer"* (enfermera, 45 años, hospital).

Agresión de los pacientes

Los entrevistados hacen referencia también a la agresión de los pacientes, tanto física (en el caso de patologías severas) como verbal: *"llegan pacientes heridos, te pueden insultar o alguno te quiere pegar, pero siempre estás rodeado de médicos, de alguien que va a sacar la cara. Siempre sé que cuento con los compañeros varones"* (enfermera, 39 años, hospital); *"la chica me dijo que me iba a denunciar, que iba a ir al Canal 5, que iba a ir a la Dirección. Toda esa situación me produjo un estado de impotencia, porque llamé al docente, no estaba, llamé a la supervisora, no estaba, al jefe de Departamento, no estaba, y quedé con esa carga emotiva, y me fui mal, nerviosa. Una situación que al final la asumí yo y podría haberlo compartido"* (enfermera, 51 años, hospital y práctica privada); *"la agresión que estamos recibiendo el personal de enfermería, ser descargo del paciente o el familiar directamente, vos ves que la tensión la descargan hacia vos, la falta de trabajo, gente que no consigue su medicación"* (enfermero, 49 años, hospital); *"si yo te llego a contar las cosas que me dicen los pacientes... Toca el timbre un paciente y me llama: 'enfermera, ahora me tiene que venir a lavar, para eso a usted le pagan, para lavarme el culo'. Mientras que vos capaz estás atendiendo otras cosas más importantes, como por ejemplo un paciente que está disneico, asmático o a lo mejor colocando la vía y no podés asistirlo en el momento"* (enfermera, 45 años, hospital).

Falta de medios y recursos en el sistema de salud

La carencia de recursos materiales es otro estresor al que se refieren los entrevistados: *"otra vez un paciente que había sufrido un robo y lo hirieron, y el paciente se estaba shockeando, y no venía la ambulancia, que no vinieran rápido, a mí me agarró una cosa que me iban a tener que atender a mí, y que cuando llegó la ambulancia no tenían la camilla, porque se la habían robado o se la dejaron en algún lado"* (enfermera, 51 años, hospital y práctica privada); *"brindarle la mejor atención al paciente y tener los recursos adecuados, porque hoy en día faltan muchos recursos, vos podés tener todo el material a tu disposición pero faltan medicamentos y eso te pone mal porque vos sabés que te debés a ese paciente"* (enfermero, 49 años, hospital); *"acá en el CEMA es el manejo del SIES, no viene a la media hora, te puede llegar a demorar de cuatro a seis horas, vos seguís haciendo tus actividades, y pasás y le preguntás a cada rato '¿estás bien?', no te podés quedar con el paciente, como tendría que ser"* (enfermera, 40 años, hospital).

Urgencias

Las situaciones que se generan en las guardias, particularmente las urgencias, son mencionadas por varios entrevistados como una gran fuente de estrés: *"cuando estoy en una guardia, o cuando se generan imprevistos, ahí es cuando pongo todo de mí, pero después cuando termina veo que me genera una tensión, porque quedo como cansada, como extenuada, cuando viene un accidente, salen de vos todas tus reservas, y entonces lo hacés"* (enfermera, 54 años, hospital); *"los aspectos que generan más tensión son las urgencias"* (enfermero, 49 años, hospital; enfermera, 36 años, hospital); *"la urgencia. La situación de que por ahí no se pueda responder bien con el paciente, que pierda la vida y yo formo parte de eso. Entonces me agarra como una desesperación, En la parte pública estuve en la guardia, y la guardia sí, me desesperaba porque veía que por ahí aparecía una mamá con un chico corriendo en brazos, entonces esa situación de observación ya me producía estrés"* (enfermera, 51 años, hospital y práctica privada).

Incompatibilidad con la vida familiar

Otro estresor es la dificultad para compatibilizar la vida laboral con los roles familiares: *"cuando estaba en la sala era muy difícil, cuando toda la familia estaba en casa yo estaba trabajando, cuando los otros salían, yo entraba a trabajar en la noche y es difícil para un enfermero"* (enfermera, 54 años, hospital); *"no tenemos sábados y domingos, tenemos uno en el mes, o sea que estamos como de contramano de todo el mundo, cuando viene sábado y domingo para descansar, yo tengo que venir a trabajar, y muchas veces doble guardia"* (enfermera, 29 años, hospital); *"vos fijate que el enfermero en su vida personal, en sus afectos personales, no se respetan tiempos, horarios, te cambian a otro turno, te ponen de noche, de mañana, un sábado, un domingo, un feriado. Nadie contempla la vida de esa persona, que está exigido siempre a dar, a responder, ¿y en nosotros, alguien piensa, alguien se acerca a ver cómo nos sentimos?"* (enfermera, 51 años, hospital y práctica privada).

Bajos salarios

También refieren la injusta retribución económica que perciben por su trabajo: *"pero la parte económica y la agresión que estamos recibiendo el personal de enfermería, no sólo por los malos sueldos que tenemos..."* (enfermero, 49 años, hospital); *"yo creo que la mejor manera de mantener a un trabajador en buenas condiciones físicas y psicológicas es la cuestión económica, que tenga un salario acorde a la función que desempeña. Eso al tipo le da seguridad y tranquilidad"* (enfermero, 49 años, hospital).

Desvalorización social de la profesión

La sensación de falta de reconocimiento, pese a las exigencias de formación universitaria que actualmente tiene enfermería es otro factor de estrés: *"a mí me faltan pocos años para jubilarme, y en este momento yo ya pediría la jubilación porque estoy agotada, pero no agotada en brindar mi trabajo hacia los pacientes, sino agotada de todo el sistema en el que estamos insertos los enfermeros, poco reconocimiento, vos estudiás y toda tu jerarquización no brilla, no reluce. El poco reconocimiento te genera como impotencia, ¡qué poco que valemos como enfermeros!"* (enfermera, 51 años, hospital y práctica privada).

Entre las estrategias de afrontamiento a las que recurren los enfermeros para soportar o manejar los estresores asistenciales mencionados, se destacan las siguientes:

Somatizar

Muchos entrevistados reconocen responder al estrés comprometiendo su organismo: *"yo somatizo mucho, me agarra taquicardia y es como que en ese momento me bloqueara. Y busco la ayuda, quiero compartir ese momento con alguien, pero cuando vos estás sola, no tenés con quién compartirlo. Yo resuelvo con mi organismo"* (enfermera, 51 años, hospital y práctica privada); *"la espalda, la cintura, contracturas, ciático, eso ya lo tomo como de todos los días. No sé si entra dentro del estés el olvidarse, vos hacés una cosa, y no sabés ¿lo hice hoy, mañana, ayer?"* (enfermera, 46 años, hospital y práctica privada); *"vemos muchos partes de enfermo, por psicología, por estrés, faltan mucho o por ahí, enfermedades o cosas somáticas pero que empiezan por una cuestión mental"* (enfermera, 29 años, hospital); *"los primeros síntomas que empecé a tener fueron a nivel de piel, eczemas que no le encontraban más diagnóstico que el estrés. Pero tengo compañeras que han llegado a trastornos de alopecías, hepáticos, neurológicas. Yo hace 10 años que tengo trastornos en la piel"* (enfermera, 47 años, hospital).

Hablar con familiares y amigos

La contención emocional que brinda el poder hablar con otras personas (amigos y familiares) de los problemas laborales es una estrategia frecuentemente utilizada por los enfermeros: *"cuando salgo de la maternidad, trato de no sobrecargar a nadie, pero a veces no puedo, tengo que descargarme de alguna manera y se me quedan mirando como diciendo 'y que querés que haga o por qué me contás semejante horror'. Noto que no es la mejor forma"* (enfermera, 29 años); *"charlo con alguna amiga que es psicóloga, con mis compañeros, tratamos de tranquilizarnos"* (enfermera, 25 años, hospital); *"lo canalizo hablando con mi marido, que es enfermero, trabaja en una terapia intensiva y hablamos bastante, yo llego cargada y le comento a mi nena de 14 y no sé si le afecta: 'no me contés, mami, no ves que me amargás el día'* (enfermera, 40 años, hospital).

Separar el trabajo de la vida personal y familiar

Mantener una clara división entre el trabajo y los otros roles de la vida de una persona es una estrategia de afrontamiento que comentan tres entrevistados: *"a veces creamos una barrera que trata de separar lo familiar de lo profesional, yo creo que compatibilizo las situaciones creando una barrera entre lo profesional y lo familiar o privado. Yo no traigo problemas laborales a mi casa, creo una barrera"* (enfermero, 40 años, hospital); *"yo de acá salgo y me voy a hacer mi actividad deportiva, que es gimnasia. O sea que ahí bajé el telón del hospital. Y ya me integro a otro grupo, tengo otros temas. Y de ahí salgo y bajo el telón del gimnasio, y me integro a mi hogar donde tengo que ir a hacer la comida"* (enfermera, 51 años, hospital y práctica privada); *"todo muy separado. Tengo la ventaja de poder dejar el trabajo, cuando salgo, me voy y cruzo la puerta y ya el trabajo no existe más y ya es mi vida privada, y cuando entro trato de hacer lo mismo"* (auxiliar de enfermería, mujer, 30 años, hospital).

Revisar mentalmente la situación estresante

Dos entrevistados señalan que al finalizar la situación estresante, vuelven a pensar en lo sucedido y lo analizan mentalmente: *"en el caso de las urgencias, la única manera es tranquilizarte un poco, tomarte tu tiempo, una vez que pasó la urgencia, recapacitar, rebobinar todo lo que has hecho, elaborarla a ver si actuaste bien o mal"* (enfermero, 49 años, hospital); *"yo lo canalizo mucho de una manera bastante particular, trato de recordar todo lo que me dijeron y todo lo que dije, y la situación, como que proyecto la película para despejar las nubes o las dudas que tengo y cómo seguir adelante, cómo planificar nuevas actividades"* (enfermera, 46 años, hospital). En algunas instituciones, esto se lleva a cabo en forma grupal: *"en el momento uno no se da cuenta, se da cuenta después de que pasa todo, al caer en medio de una urgencia no resolvés nada. Después se reflexiona en grupo sobre el caso en particular, de lo que ocurrió, y si hubo alguna falla, se charla"* (enfermera, 36 años, hospital).

Tratar de llegar a acuerdos

Dado que las dificultades personales son uno de los estresores mencionados por los enfermeros, una estrategia a la que recurren con mucha frecuencia es establecer acuerdos entre los miembros del equipo: *"en cuanto a las relaciones interpersonales con los compañeros, normalmente es discutiendo la problemática que se nos presenta. Estar o no estar de acuerdo y llegar a un punto medio, a un equilibrio"* (enfermero, 40 años, hospital); *"intercambiando con el grupo cuando no funciona algo"* (enfermera, 36 años, hospital).

Hacer psicoterapia o cursos de manejo de estrés

Dos entrevistadas refieren recurrir a ayuda profesional, ya sea en forma de psicoterapia o tomando cursos de manejo de estrés: *"estoy haciendo psicoterapia. Charlo con la doctora, para tratar de pasarla lo mejor que pueda las 6 horas. Estoy hace tres años, por una situación laboral"* (enfermera, 44 años, hospital); *"hice un pequeño curso de estrés, cómo manejar el estrés, cuando estaba en la Martin hicimos reuniones para manejar el estrés"* (enfermera, 54 años, hospital).

Destinar tiempo para *hobbies* y actividades placenteras

El ocio es una estrategia de afrontamiento adaptativa que se refleja en las respuestas de los enfermeros: *"me despejo mucho con la música, las caminatas, si por ahí puedo ir al gimnasio, me voy al río"* (enfermera, 29 años, hospital); *"trato, en lo posible, durante los días que salgo de franco, olvidarme totalmente de que existe el hospital, trato de salir, distraerme"* (enfermera, 45 años, hospital).

Trabajar en forma mecánica

Otra forma de tolerar el estrés es trabajar mecánicamente, sin involucrarse, resultando en una pobre calidad de servicios: *"trabajás como un autómata. Hacés lo justo y nada más"* (enfermera, 44 años, hospital); *"se está haciendo la mitad de lo que se tiene que hacer"* (enfermera, 45 años, hospital).

Elaboración de la *Escala de Estresores Asistenciales* (versión prototípica)

Se detectaron en total 76 estresores, que fueron aplicados a un grupo de 52 sujetos pertenecientes a la población en estudio (profesionales de la salud que se desempeñan en instituciones sanitarias de la ciudad de Rosario), bajo un formato tipo Likert de 4 puntos (variando de 0 = nada a 3 = mucho), constituyendo la prueba piloto. Al finalizar la aplicación de la escala, se mantuvo una entrevista informal con alguno de los participantes, a efectos de evaluar los aspectos que, a su juicio, le resultaron confusos o le generaron ambigüedades. Tales observaciones fueron capitalizadas para mejorar la redacción y/o facilitar la comprensión de alguno de los ítems, así como para definir la información sociodemográfica a solicitar en la segunda etapa. En este sentido, por ejemplo, los entrevistados sugirieron excluir de los datos sociodemográficos la ubicación jerárquica dentro del servicio de salud, por tratarse de una información que conspiraría contra el anonimato, permitiendo identificar rápidamente al respondiente e, incluso, generando la falta de colaboración y/o sinceridad en las respuestas tanto entre profesionales de instituciones públicas como privadas.

Los datos reunidos en esta prueba piloto fueron sometidos a un análisis factorial de componentes principales, rotación Varimax, mediante el programa estadístico SPSS.13. Del conjunto de posibles soluciones, se optó por la que explicó un 52,38% de la varianza total del constructo estresores laborales y agrupó 33 ítems en 5 factores, los que fueron rotulados de la siguiente manera:

Factor 1. Integrado por 6 ítems, fue denominado "falta de apoyo organizacional". Los ítems que lo saturan más fuertemente implican una percepción de escasa cohesión grupal entre superiores y subordinados e incluso entre pares (Peiró, 2005), configurando una matriz vincular poco cooperativa (Barreiro, 2000), caracterizada por el desinterés y la apatía, sin la interacción necesaria para que los médicos y enfermeros puedan evaluar su desempeño ni generar lazos emocionales que les permitan disfrutar de su trabajo (Martinez Selva, 2004; Salmond y Ropis, 2005). Este factor se corresponde con la descripción realizada recientemente por Dolan, García y Díez Piñol (2005) de los "estresores de nivel grupal", integrados por la falta de cohesión o unión entre las personas en el trabajo, y un clima caracterizado por desequilibrios, donde las relaciones son desconfiadas y poco solidarias, generando elevados niveles de estrés entre los miembros de una organización. En este sentido, Herrera Sánchez y Cassals Villa (2005) elaboran un instrumento basado en la *Nursing Stress Scale* (desarrollado por Graytoft & Anderson, 1981), incluyendo un factor que denominan "carencia de sostén" (diferenciado de "conflictos con médicos, enfermeros y superiores"), integrado por ítems que suponen la falta de oportunidades para hablar y compartir experiencias con los compañeros. A su vez, Moreno-Jiménez *et al.* (2000) en la escala de antecedentes de su Cuestionario sobre Desgaste Profesional en Enfermería (CDPE) designan uno de los factores como "falta de cohesión" (diferenciándolo también de "interacción conflictiva"), compuesto por ítems que hacen referencia al nivel de unión y armonía existente entre los miembros del servicio.

Factor 2. Fue rotulado como "sobrecarga laboral". Está integrado por 7 ítems que se refieren de manera considerable al aspecto cuantitativo de la sobrecarga (Martínez Selva, 2004; Peiró, 2005) y que se evidencia en los ítems relativos al exceso de tareas, pacientes y demandas. Este factor se corresponde con denominaciones similares presentes en otras escalas, tales como *Nursing Stress Scale* (*NSS*, en Herrera Sánchez & Cassals Villa, 2005) y *Cuestionario de desgaste profesional en enfermería* (*CDPE*, construido por Moreno-Jiménez *et al.*, 2000).

Factor 3. Fue identificado con el nombre de "dificultades interpersonales". Comprende 7 ítems relativos a los conflictos de relación entre médicos, enfermeros, pacientes y sus familiares, resumiendo las categorías que aparecen en otros inventarios discriminadas en diversos factores tales como Herrera Sánchez y Cassals Villa (2005), que utilizan dos dimensiones para medir este estresor. El factor corresponde al denominado "relaciones" del *Inventario de Fuentes de Estrés Laboral* (*Sources of Work Stress Inventory, SWSI*, de Bruin & Taylor, 2005) o el designado como "interacción conflictiva" por Moreno Jiménez *et al.* (2000) en la escala de antecedentes de su *Cuestionario sobre Desgaste Profesional en Enfermería* (*CDPE*), incluyendo ítems relativos a problemas y contrariedades surgidas en la interacción con médicos, pacientes y familiares.

Factor 4. Fue denominado "fuentes extrínsecas de insatisfacción". Consta de 8 ítems y abarca aquellos aspectos del contenido del trabajo que suponen beneficios externos provistos al profesional por la organización donde trabaja, tales como sueldos, posibilidades de desarrollo de carrera o estabilidad laboral (Randolph, Doisy & Doisy, 2005). Es muy similar al primer grupo de factores determinantes del estrés laboral del modelo cognitivo y condicional de Dolan y Arsenault, propuesto en 1980 (Dolan, García & Díez Piñol, 2005).

Factor 5. Fue rotulado como "falta de justicia organizacional". Abarca 5 ítems y se corresponde en general con el concepto de justicia organizacional, que se refiere a las percepciones que los trabajadores tienen sobre lo que es justo o injusto dentro de las organizaciones a las que pertenecen. Los ítems abarcan uno de los cuatro ejes en que se ha desdoblado este concepto, la justicia distributiva, referida al contenido de las distribuciones y fines alcanzados (Omar, 2006). Las proposiciones iniciales de Homans (1961) sobre justicia distributiva y de Adams (1965) sobre las consecuencias de la injusticia (citados por Omar, 2006) constituyen las bases formales de la teoría de la equidad, que parte del presupuesto que las personas hacen comparaciones entre sí (equidad intrapersonal) y con los demás (equidad interpersonal), evaluando el equilibrio entre la dedicación e inversión que cada uno da en su trabajo y las recompensas obtenidas a cambio. Así, la percepción de inequidad aparece integrada en este factor en dos de sus ítems ("dar mucho y no ser recompensado" y "desperdicio de sus habilidades"). Por último, comprende también ítems relativos al compromiso organizacional, entendido como el grado con que las personas se identifican y están consustanciadas con sus lugares de trabajo, y están dispuestas a permanecer en ellos (Omar, 2006). La consistencia interna de la escala total ascendió a 0,916 y en la Tabla 1 se presentan los pesos factoriales de cada ítem, así como los índices de consistencia interna (*alpha* de Cronbach) correspondientes a cada factor.

Tabla 1. Pesos factoriales e índices de consistencia interna (a) de la *Escala de Estresores Asistenciales*.

Ítems	F.1	F.2	F.3	F.4	F.5
Factor 1: Falta de apoyo organizacional					
19. Escasa disposición de los pares y superiores para integrar equipos de trabajo	.721				
5. Apoyo ineficaz de los superiores y/o de la institución	.630				
26. Pobre devolución sobre su desempeño por parte de sus superiores	.624				
30. Asignación de tareas que no corresponden	.483				
22. Imposibilidad de contar con sus pares y superiores cuando hay dificultades o sobrecarga	.428				
14. Escasa autoridad para tomar decisiones	.396				
Factor 2: Sobrecarga laboral					
10. Excesivo número de pacientes a cargo		.728			
3. Sobrecarga de tareas		.696			
21. Falta de tiempo libre porque el trabajo demanda demasiado		.635			
4. Falta de medios y recursos en la/s institución/es		.514			
9. Dificultad para conocer las responsabilidades reales de cada uno		.441			
17. Demandas de los pacientes que no se pueden atender		.423			
29. No saber qué situaciones deberá enfrentar cada día		.275			

Ítems	F.1	F.2	F.3	F.4	F.5
Factor 3: Dificultades interpersonales					
2. Conflictos interpersonales con sus colegas			.731		
13. Dificultades en la relación con familiares de los pacientes			.669		
28. Relaciones problemáticas con los enfermeros/as			.668		
33. Relaciones problemáticas con los médicos/as			.634		
12. Falta de reconocimiento por parte de los pacientes y/o familiares			.459		
1. Conflictos interpersonales con sus superiores (jefes, supervisores y similares)			.387		
23. Demasiada competitividad			.270		
Factor 4: Fuentes extrínsecas de insatisfacción					
7. Bajos sueldos				.758	
11. Juicios por mala praxis				.745	
6. Inestabilidad laboral				.712	
27. Escasas posibilidades de promoción y ascenso en su carrera				.553	
25. Escaso *confort* físico en el lugar de trabajo				.497	
8. Deficiencias administrativas				.464	
15. Incompatibilidad de tareas				.357	
24. Multiempleo				.234	
Factor 5: Falta de justicia organizacional					
31. No estar involucrado con los objetivos y las metas de la organización					.446
32. Ocultar o falsear las propias emociones y sentimientos					.401
18. Sensación de dar mucho en el trabajo y no ser recompensado					.374
20. Sentir que se desperdician su capacitación y sus habilidades					.344
16. Sentir que nadie se compromete con su trabajo					.309
Porcentaje de Varianza explicada (52,38%)	13,03	12,51	9,50	9,36	7,98
Alpha de Cronbach	0,815	0,810	0,774	0,748	0,723

Por lo tanto, la versión final de la *Escala de Estresores Asistenciales* desarrollada quedó integrada por los 33 ítems precedentes.

Elaboración de la *Escala de Afrontamiento del Estrés Asistencial* (versión prototípica)

A partir del análisis del contenido de las entrevistas realizadas, se identificaron 47 ítems correspondientes a las estrategias más frecuentemente empleadas por los profesionales de la salud para afrontar el estrés asistencial. Tales ítems fueron aplicados a la misma muestra piloto descrita en el apartado anterior, bajo un formato tipo Likert de 3 puntos (variando de 0 = nunca a 2 = siempre). Los resultados obtenidos también fueron sometidos a un análisis de componentes principales con rotación Varimax, el que indicó que la solución más adecuada era la que agrupaba 24 de los 47 ítems (ya que 23 ítems no alcanzaron los pesos factoriales mínimos y debieron ser descartados) en 4 factores, explicando el 35,17% de la varianza total del constructo. Los factores identificados fueron rotulados de la siguiente manera:

El factor 1, que consta de 8 ítems, se denominó "estrategias desadaptativas". No se ha encontrado en la bibliografía otra escala que coincida con este factor en su totalidad. Abarca ítems relativos a la estrategia "consumo de sustancias", identificada por Carver, Scheier y Weintraub, (1989, citados por Krzemien *et al.*, 2005), representando un intento de evadirse de la situación crítica mediante alcohol o drogas. También coincide, en parte, con la estrategia de "escape evitación" de la escala de Lazarus y Folkman, (1988, citados por Morán Astorga, 2006), representando una forma de pensamiento que sugiere una huída del estresor. Incluye también ítems del factor "reacción agresiva", expresando ira y hostilidad hacia uno mismo o los demás, de la *Escala de Estrategias de Coping Modificada* (*EEC-M*, de Chorot & Sandín, 1993, modificada recientemente por Londoño *et al.*, 2006). Por último, incluye un ítem relacionado con un estilo negativo de humor: el cinismo. Si bien el humor es una estrategia de afrontamiento adaptativa, ya que implica considerar la situación, restándole importancia o aliviando su efecto crítico, el cinismo es una actitud caracterizada por desprecio, desinterés e indiferencia, asociado a un malestar psicológico (Kuiper *et al.*, 2004; Godfrey, 2004) y que ha sido conceptualizado como una dimensión del síndrome de *burnout* en ocupaciones no asistenciales (Maslach & Goldberg, 1998).

El factor 2 fue designado como "estrategias de resolución de problemas". Está integrado por 5 ítems que se corresponden con las siguientes dimensiones de la escala de Carver, Scheier y Weintraub (1989, citados por Krzemien *et al.*, 2005) y de Lazarus y Folkman (1984): "afrontamiento activo", entendido como las conductas dirigidas a resolver la situación y confrontar las dificultades, "planificación/planeamiento", como un intento de organizarse, determinando acciones para modificar el estresor, y "apoyo emocional", caracterizada como la búsqueda de afecto y comprensión de otras personas. En la *Escala de Estrategias de Coping Modificada* (*EEC-M*, de Chorot & Sandín, 1993, modificada por Londoño *et al.*, 2006), se corresponde con el factor "solución de problemas".

El factor 3 se rotuló "estrategias de resignación" y agrupa 6 ítems. Este factor es descripto por Dewe y Dewe (1998, citados por Dolan *et al.*, 2005) como los intentos pasivos de esperar que pase la situación. Corresponde a la categoría "abandono de resolución/renuncia" de la escala de Carver, Scheier & Weintraub, 1989, citados por

Krzemien *et al.* (2005), implicando una falta de acción, de tal forma que se deja que las cosas sigan su curso sin intentar resolver la situación crítica. Además, incluye un ítem relativo al afrontamiento religioso negativo, que supone la postergación pasiva, dejando el problema en "manos de Dios" (Ano & Vasconcelles, 2005). Incluye también ítems presentes en el factor denominado "espera" en la *Escala de Estrategias de Coping Modificada* (*EEC-M*, de Chorot & Sandín, 1993, modificada por Londoño *et al.*, 2006).

El factor 4 se denominó "estrategias de distanciamiento". Está integrado por 5 ítems, algunos de los cuales están presentes en otras escalas, designados como "autodistracción" (Carver, Scheier & Weintraub, 1989, citados por Krzemien, *et al.*, 2005) o "evitación cognitiva" (*Escala de Estrategias de Coping Modificada*, descripta en los puntos anteriores): se refieren a una forma de afrontamiento que se orienta a neutralizar los pensamientos por medio de la distracción y la actividad, enfocándose en tareas sustitutivas. La *Escala de Modos de Afrontamiento* de Lazarus y Folkman (1988, citados por Morán Astorga, 2006) contiene un factor similar, denominado "distanciamiento", referida a los esfuerzos realizados para apartarse de la situación. Por último, en entrevistas realizadas a médicos españoles Escribá-Agüir y Bernabé-Muñoz (2002) describen una categoría semejante, a la que denominan "desconexión mental", que implica separarse psicológicamente de los factores estresantes.

La consistencia interna de la escala total ascendió a 0.702, y en la Tabla 2 se presentan los pesos factoriales de cada ítem, así como los índices de consistencia interna (*alpha* de Cronbach) correspondientes a cada factor.

Tabla 2. Pesos factoriales e índices de consistencia interna (a) de la *Escala de Afrontamiento del Estrés Asistencial.*

Ítems	F.1	F.2	F.3	F.4
Factor 1: Estrategias desadaptativas				
15. Siento que el problema me desborda y que no puedo controlarlo	.619			
10. Empiezo a tener manifestaciones psicosomáticas	.598			
13. Me automedico	.598			
16. Me evado del problema, comiendo, fumando o bebiendo	.595			
19. Descargo la tensión en otras personas	.579			
8. Fumo en exceso	.359			
12. Respondo con cinismo	.260			
11. Pido traslado	.104			
Factor 2: Estrategias de resolución de problemas				
24. Busco trabajar en equipo		.640		
18. Trato de ser paciente		.538		
6. Planifico cómo resolver el problema		.517		
1. Hablo con mis colegas acerca de lo que siento		.492		
5. Trato de llegar a acuerdos		.394		
Factor 3: Estrategias de resignación				
4. Actúo como si nada pasara			.665	
2. Evito pensar en el problema			.602	
21. Decido trabajar en forma mecánica, sin involucrarme demasiado			.513	
7. Acepto el problema, porque pienso que no puedo hacer nada			.455	
20. Lo dejo en manos de Dios			.439	
17. Espero que las cosas cambien en algún momento			376	
Factor 4: Estrategias de distanciamiento				
14. Intento tomar distancia emocional del trabajo				.642
22. Hago gimnasia o actividades placenteras fuera del trabajo				.499
23. Mantengo una clara división entre el trabajo y mi vida personal				.467
9. Tomo el problema como un desafío				.432
3. Pienso en lo que haré en mi tiempo libre				.341
Porcentaje de Varianza explicada (35,17%)	10,22	8,78	8,74	7,43
Alpha de Cronbach	0,880	0,757	0,581	0,562

La versión prototípica de este instrumento fue ajustada a través de nuevas entrevistas con los propios interesados (participantes) logrando las precisiones semánticas y sintácticas, y confirmando que los ítems reflejaran las vivencias y percepciones del grupo en estudio. Dado que la consistencia interna para los factores 3 y 4 arrojó valores inferiores a 0,70 (recomendados por Nunnally, 1978), se procedió a la discusión y debate con expertos acerca de la pertinencia de excluirlos del protocolo final. Sin embargo, fueron juzgados como relevantes para la exploración de las estrategias de afrontamiento, fundamentalmente por haber surgido de las *"voces"* y vivencias de la población en estudio a través de las entrevistas llevadas a cabo en la fase metodológica I, por lo que se decidió incluirlos.

Aproximación metodológica II.
Validación de instrumentos de origen extranjero (Inventario de Bienestar Subjetivo y Escala de Satisfacción Laboral) para su empleo con muestras argentinas

Adaptación transcultural de los instrumentos

Entre las diferentes formas de adaptación disponibles, se optó por el método propuesto por Herdman, Fox-Rushby y Badía (1998), divulgado por Moraes, Hasselmann y Reichenheim (2002), que consta de una lista de pasos a seguir hasta la aceptación de la equivalencia entre los instrumentos: equivalencia conceptual, de ítems, semántica, operacional y de medición (evaluada mediante medidas de confiabilidad y validez). En esta etapa se trabajó con la misma muestra por disponibilidad (N = 52 profesionales) sobre la que se probaron los instrumentos desarrollados en la primera aproximación metodológica.

Equivalencia conceptual

Se refiere a la equivalencia de cada concepto en la cultura original (donde fue desarrollado el instrumento) con la cultura objetivo (en la que se aplicará el instrumento). En el presente estudio, el primer paso fue una exhaustiva revisión bibliográfica sobre los temas "bienestar" y "satisfacción laboral", tanto en la población original como en la argentina. La evaluación y juicio de especialistas en el área de la psicología organizacional y clínica contribuyeron para arribar a la conclusión que el dominio de cada instrumento era pertinente al conocimiento sobre las diversas dimensiones del bienestar, tanto psicológico como subjetivo, y la satisfacción con el trabajo y la vida en general.

Equivalencia de ítems

Indica si los ítems que componen un instrumento estiman el mismo constructo y si son relevantes en las dos culturas (la de origen del instrumento y la del lugar donde se empleará). Este paso demanda las mismas tareas que la equivalencia conceptual, vale decir, revisión de la literatura, consulta con especialistas y con la población objetivo. Asimismo, fue evaluada la consistencia interna de las escalas, estimada por intermedio del coeficiente *alpha* de Cronbach. Esta técnica de exploración de la consistencia interna ofrece una idea más real de la relevancia de los ítems, indicando en qué medida están explorando un determinado constructo.

Equivalencia semántica

Consiste en la traducción del instrumento original, no sólo conservando el significado entre dos idiomas diferentes, sino también buscando minimizar el efecto en culturas diversas. En este caso, el análisis de la equivalencia semántica fue realizado en cinco etapas: a) en primer lugar la versión en inglés de cada instrumento fue traducida al español; b) luego un experto en inglés retradujo el cuestionario al inglés; c) más tarde un tercer experto (traductor de inglés) comparó las dos formas del instrumento "a ciegas", para que no identificara cuáles eran los ítems originales y cuáles habían sufrido el proceso de traducción/retraducción. Este experto en inglés evaluó dos categorías de equivalencia semántica entre los ítems. Por un lado, el significado referencial, que corresponde a la concordancia en términos de traducción literal entre el ítem original y el traducido; por otro lado, el significado general, que corresponde a una concordancia más amplia, en términos de articulación de ideas e impacto entre el ítem original y su retraducción, evaluado en base a cuatro niveles de equivalencia: inalterado, poco alterado, muy alterado y completamente alterado. La cuarta etapa estuvo a cargo de la autora del presente trabajo y su directora, quienes tomando en cuenta las apreciaciones de los especialistas frente a cada ítem, discutieron y decidieron la inclusión de los que integrarían las versiones argentinas de cada instrumento. La quinta y última etapa consistió en la aplicación de los nuevos instrumentos a la muestra de la población objetivo.

Equivalencia operacional

Tiende a mantener las características operacionales del universo original, propiciando mayor confiabilidad y validez del instrumento, mediante el empleo de ciertas normas, antes y durante la aplicación de los instrumentos, tales como el mismo número de opciones de respuestas utilizado en el instrumento original, instrucciones claras para realizar la tarea, y aplicación de los reactivos a cargo de un profesional capacitado.

Equivalencia de medición

Se refiere a las propiedades psicométricas utilizadas para verificar la equivalencia de un instrumento en dos idiomas diferentes, evaluada mediante medidas de confiabilidad y validez. Se exploró la confiabilidad calculando los correspondientes coeficientes *alpha* de Cronbach, al tiempo que se determinó la validez de contenido. Ésta se refiere al grado en que el contenido de un instrumento es relevante y representativo del constructo para un objetivo particular de evaluación (Streiner y Norman, 1995). Esta forma de validez fue medida en base al juicio teórico de dos profesionales especializados en el tema. Además, se calculó un análisis factorial de los ítems. En esta oportunidad se aplicó la rotación oblicua a los ítems del *Inventario de Bienestar* Subjetivo y de la *Escala de Satisfacción Laboral y con la Vida en general*, respondidos por la totalidad de la muestra, con el objetivo de comparar los resultados obtenidos con los encontrados por Nacpal y Shell (1992) y por Shouksmith (1990), respectivamente.

Resultados de la adaptación

Inventario de Bienestar Subjetivo (Nacpal y Shell, 1992)

En cuanto a la equivalencia conceptual y de ítems, la revisión bibliográfica sobre el tema, y la discusión y debate entre los profesionales indicaron que las dimensiones sugeridas por los autores integraban las dos formas tradicionales de evaluar el bienestar, ya sea subjetivo o psicológico.

Se observó que el significado general de los ítems permanecía inalterado en ambas retraducciones con relación a los ítems originales, lo que constituyó un indicador adecuado de equivalencia semántica. En cuanto a la equivalencia de medición, la consistencia interna fue evaluada a través del cálculo de coeficientes *alpha* de Cronbach (Tabla 4), los que arrojaron valores superiores a 0,70, excepto para las dimensiones "trascendencia", "bienestar vinculado a afectos negativos" y "contactos sociales deficientes". Se recurrió a la opinión de los expertos para determinar la adecuación de los ítems para explorar el constructo, es decir, se determinó la validez de contenido de la versión argentina. En el caso de la dimensión "trascendencia", los especialistas consideraron que, dado que el instrumento es hindú, los ítems que lo componen reflejan la filosofía budista, traducida en la sensación de ser parte de la naturaleza y de la humanidad, experimentando sensaciones cercanas al éxtasis, vivencias poco frecuentes en la cosmovisión occidental, aunque no desaconsejaron su incorporación. En el caso de las dimensiones "bienestar vinculado a afectos negativos" y "contactos sociales deficientes", los especialistas los juzgaron relevantes para medir los aspectos del malestar subjetivo. Las otras dimensiones fueron consideradas pertinentes, a la luz de la revisión bibliográfica y de sus experiencias individuales en el área clínica.

El análisis de componentes principales de las respuestas indicó que los ítems saturan adecuadamente en 10 factores y explican el 63,08% de la varianza, agrupándose las dos primeras dimensiones del inventario original ("bienestar vinculado a afectos positivos" y "correspondencia entre expectativas y logros"), no reproduciéndose exactamente la solución encontrada por Nacpall y Shell. Los factores resultantes fueron rotulados como:

Factor 1: "correspondencia entre expectativas y logros", con 6 ítems referidos a elevados sentimientos de bienestar generados por el logro de éxitos y de un nivel de vida acorde a las expectativas, junto con una percepción alegre y placentera de la vida.

Factor 2: "confianza en afrontar dificultades", integrado por 3 ítems, vinculados con la autopercepción de tener una personalidad fuerte y la suficiente habilidad para manejar situaciones críticas o inesperadas.

Factor 3: "trascendencia", consta de 3 ítems y refleja sentimientos de bienestar, generados por valores espirituales y pertenencia a grupos primarios.

Factor 4: "apoyo social", integrado por 3 ítems referidos a los sentimientos de seguridad y apoyo percibido por parte del medio social en el que cada uno se desenvuelve.

Factor 5: "relaciones con el grupo primario", con 3 ítems que se vinculan con las relaciones con el grupo familiar íntimo.

Factor 6: "inadecuado manejo mental", tiene 7 ítems que indican control deficiente en el manejo de ciertos aspectos de la vida cotidiana, labilidad que puede llegar a producir desequilibrios mentales. Este factor es similar a la falta de confianza en sí mismo y está vinculado con la irritabilidad en los sujetos neuróticos.

Factor 7: "apoyo del grupo familiar", consta de 3 ítems referidos a los sentimientos positivos derivados de la percepción de la familia nuclear como fuente incondicional de apoyo, unión y contención emocional.

Factor 8: "bienestar vinculado a afectos negativos", con 3 ítems referidos a elevados sentimientos de malestar, como reflejo de una percepción negativa y pesimista de la vida

Factor 9: "contactos sociales deficientes", agrupa 3 ítems vinculados con sentimientos de preocupación, disgusto y pena por haber perdido amigos

Factor 10: "percepción de problemas de salud", integrado por 6 ítems vinculados con la preocupación por la salud y el bienestar físico.

En la Tabla 3 se presentan los resultados del análisis factorial llevado a cabo con la *Escala de Bienestar Subjetivo*:

Tabla 3. Pesos factoriales e índices de consistencia interna (a) de la _Escala de Bienestar Subjetivo_.

Ítems	F1	F2	F3	F4	F5	F6	F7	F8	F9	F10
Factor 1: Correspondencia entre expectativas y logros										
2. ¿Piensa que ha logrado el estándar de vida que esperaba?	.799									
3. ¿Cómo se siente respecto a los logros alcanzados en su vida?	.789									
4. ¿En general, ha realizado lo que quería?	.702									
6. ¿En general, está satisfecho con las cosas que ha venido haciendo en los últimos años?	.619									
1. ¿Siente que su vida es interesante?	.551									
5. ¿Cómo siente que es su vida actual, comparando con el pasado?	.550									
Factor 2: Confianza en afrontar dificultades										
8. ¿Confía en que en casos de crisis será capaz de salir adelante?		.790								
7. ¿Siente que puede manejar situaciones inesperadas?		.692								
9. De acuerdo a cómo van las cosas, ¿piensa que las podrá manejar en el futuro?		.533								
Factor 3: Trascendencia										
10. ¿A veces siente que está tan integrado a las cosas que lo rodean y que es parte de las mismas?			.758							
12. ¿Experimenta a veces sentimientos de alegría por ser parte de la gran familia de la humanidad?			.514							
11. ¿Ha tenido alguna vez experiencias de intensa felicidad, similar al éxtasis?			.316							
Factor 4: Apoyo social										
13. ¿Está seguro de que parientes y/o amigos lo ayudarán si ocurre alguna emergencia (por ejemplo, si le roban o su casa se incendia)?				.890						
28. ¿Siente que sus amigos y parientes lo ayudarían si estuviera necesitado?				.764						
15. ¿Confía en que parientes y/o amigos lo cuidarán si enferma gravemente o sufre un accidente?				.761						
Factor 5: Relaciones con el grupo primario										
14. ¿Cómo se siente respecto a la relación con sus hijos?					.922					
29. ¿Le preocupa a veces la relación que tiene con sus hijos?					.906					
27. ¿Le preocupa a veces la relación que tiene con su esposa/o?					.461					

Items	F1	F2	F3	F4	F5	F6	F7	F8	F9	F10
Factor 6: Inadecuado manejo mental										
18. ¿Siente que es fácilmente irritable?						.815				
20. ¿Considera que es un problema para Ud. el que a veces pierda la paciencia ante pequeñas cosas?						.789				
30. ¿Siente que pequeñas cosas lo disgustan más de lo necesario?						.763				
16. ¿Se disgusta fácilmente si encuentra que las cosas no resultan tal como esperaba?						.758				
31. ¿Se disgusta fácilmente cuando es criticado?						.573				
19. ¿Sufre de ansiedad?						.539				
17. ¿Se siente a veces triste sin razón?						.477				
Factor 7: Apoyo del grupo familiar										
21. ¿Considera que su familia lo ayuda a encontrar soluciones a la mayoría de sus problemas?							.760			
22. ¿Piensa que la mayoría de los miembros de su familia se sienten unidos entre sí?							.671			
23. ¿Piensa que su familia le brindaría los cuidados adecuados en caso de que Ud. tuviera una enfermedad grave?							.590			
Factor 8: Bienestar vinculado a afectos negativos										
25. ¿Está preocupado por su futuro?								.444		
24. ¿Siente que su vida es aburrida?								.377		
26. ¿Siente que su vida es inservible?								.240		
Factor 9: Contactos sociales deficientes										
32. ¿Desearía tener más amigos de los que actualmente tiene?									.645	
33. ¿A veces siente que ha perdido un verdadero amigo?									.636	
40. ¿Se preocupa a veces por no mantener una vinculación estrecha con alguien?									.557	
Factor 10: Percepción de problemas de salud										
35. ¿Sufre dolores en varias partes de su cuerpo?										.792
34. ¿Está a veces preocupado por su salud?										.684
38. ¿Siente que se cansa fácilmente?										.616
36. ¿Sufre palpitaciones?										.558
39. ¿Tiene problemas para dormir?										.419
37. ¿Sufre de mareos?										.373
Porcentaje de Varianza explicada (63.08%)	9,99	9,58	7,45	6,67	5,93	5,65	5,44	4,73	3,86	3,78
Alpha de Cronbach	.851	.700	.566	.853	.765	.843	.750	.554	.459	.767

Por lo tanto, la versión definitiva de la adaptación argentina (en médicos y enfermeros) del *Inventario de Bienestar Subjetivo* de Nacpal y Shell quedó integrada por 40 ítems, distribuidos entre los diez componentes del bienestar subjetivo.

Escala de Satisfacción Laboral y con la Vida en General (Shouksmith, 1990)

La revisión bibliográfica y el intercambio de ideas con los especialistas indicaron la equivalencia del concepto de satisfacción laboral y con la vida entre la cultura de origen y la cultura argentina (equivalencia conceptual). La relevancia de los ítems que componen la escala también quedó verificada a partir de la revisión de la bibliografía especializada, así como a través del cálculo de los correspondientes coeficientes *alpha* de Cronbach (Tabla 4). Tales coeficientes fueron superiores a 0,800, lo que constituye un indicador indubitable de la equivalencia de los ítems.

El significado general de los ítems se mantuvo inalterado luego del proceso de traducción–retraducción al que fue sometida la escala (equivalencia semántica). En tanto que el contenido de los ítems, evaluado también por profesionales expertos consultados, fue juzgado como relevante para la exploración de la satisfacción, dividida en el ámbito laboral y con la vida en general. Así, quedó demostrada la validez de contenido de la *Escala de Satisfacción Laboral y con la Vida en General.*

Finalmente, el análisis de componentes principales de las respuestas indicó que los ítems saturan adecuadamente en 2 factores y explican el 82,56% de la varianza, siendo rotulados como "satisfacción laboral" (factor 1, con 10 ítems) y "satisfacción con la vida personal" (factor 2, con 2 ítems). Esta solución reprodujo la encontrada por Shouksmith, por lo que, en la versión adaptada, se decidió mantener la denominación original de los factores: "satisfacción laboral", "satisfacción con la vida en general".

Tabla 4. Pesos factoriales e índices de consistencia interna (a) de la *Escala de Satisfacción Laboral*.

Ítems	F.1	F.2
Factor 1: Satisfacción laboral		
8. Es un trabajo cambiante y excitante.	.816	
3. Mi trabajo me da recompensas materiales satisfactorias.	.798	
7. Hago mi trabajo en buenas condiciones físicas.	.684	
5. Mis compañeros son colaboradores y solidarios.	.629	
4. Mi trabajo me permite desarrollar todo mi potencial.	.563	
9. Es un trabajo donde mi esfuerzo es apreciado.	.550	
2. Mi trabajo me da status y prestigio.	.540	
6. Mi trabajo me da seguridad laboral.	.532	
10. Considerándolo en términos generales, es un buen trabajo.	.460	
1. Mis jefes y supervisores son justos y razonables.	.410	
Factor 2: Satisfacción con la vida en general		
2. Considerándola en todos sus aspectos, la mía es una buena vida.		.896
1. Mi vida me permite desarrollar todas mis habilidades y potencialidades.		.847
Porcentaje de Varianza explicada (82,56%)	55,40	27,16
Alpha de Cronbach	0,807	0,806

La adaptación transcultural de la escala quedó integrada por 12 ítems (10 para la primera dimensión, 2 para la segunda).

Aproximación metodológica III.
La verificación empírica propiamente dicha

a. La muestra en estudio. Su descripción

La verificación empírica se realizó sobre una muestra por disponibilidad integrada por 196 profesionales (97 médicos y 99 enfermeros) de instituciones sanitarias públicas y privadas de la ciudad de Rosario. La elección de la muestra se basó en razones de factibilidad y accesibilidad. Se entregaron 721 protocolos y se recibieron 196 cuestionarios completos, estando el porcentaje de devolución de los cuestionarios (27%) dentro de los parámetros esperables, ya que, de acuerdo con la literatura especializada, los porcentajes de respuesta en la mayoría de los estudios con escalas autoadministradas oscilan entre el 18% y el 40%. Es importante destacar que en las instituciones privadas muchos profesionales se negaron a responder, debido al temor a las represalias, aun cuando se explicó personalmente la confidencialidad y el anonimato de la información. La aplicación de los reactivos se efectuó en los lugares de trabajo habituales de los sujetos en estudio, previa solicitud de autorización a las autoridades de cada uno de los hospitales, centros de salud e instituciones privadas. En todos los casos, y para no alterar el normal ritmo de trabajo, el procedimiento consistió en dejar una cierta cantidad de protocolos en los servicios y retirarlos al cabo de un tiempo. En este sentido, otra de las dificultades encontradas fue el tiempo que demandó la devolución de los cuestionarios, que en la mayoría de los casos osciló entre dos y cuatro meses. La composición definitiva de la muestra, en función de las principales variables sociodemográficas consideradas, se presenta en las tablas (y gráficos) que figuran a continuación.

Tabla 5. Distribución de los profesionales en función de su profesión.

PROFESIÓN	FRECUENCIA (%)
Médicos	97 (49,5)
Enfermeros	99 (50,5)
TOTAL	196 (100)

Tabla 6. Distribución de los profesionales en función del género.

GÉNERO	FRECUENCIA (%)
Masculino	69 (35,2)
Femenino	127 (64,8)
TOTAL	196 (100)

Tabla 7. Distribución de los profesionales en función de la edad.

EDAD	FRECUENCIA (%)
Jóvenes (20 a 40 años)	119 (60,7)
Adultos (41-60 años)	74 (37,8)
Mayores (+ 61 años)	3 (1,5)
TOTAL	196 (100)

Tabla 8. Distribución de los profesionales en función de su estado civil.

ESTADO CIVIL	FRECUENCIA (%)
Soltero	88 (44,9)
Casado	81 (41,3)
Separado	6 (3,1)
Divorciado	17 (8,7)
Viudo	4 (2,0)
TOTAL	196 (100)

Tabla 9. Distribución de los profesionales en función de la tenencia de hijos.

HIJOS	FRECUENCIA (%)
Sí	109 (55,6)
No	87 (44,4)
TOTAL	196 (100)

Gráfico 1. Relaciones entre la profesión (médicos o enfermeros) de la muestra en estudio y las variables personales precedentes (sexo, edad, estado civil y tenencia de hijos).

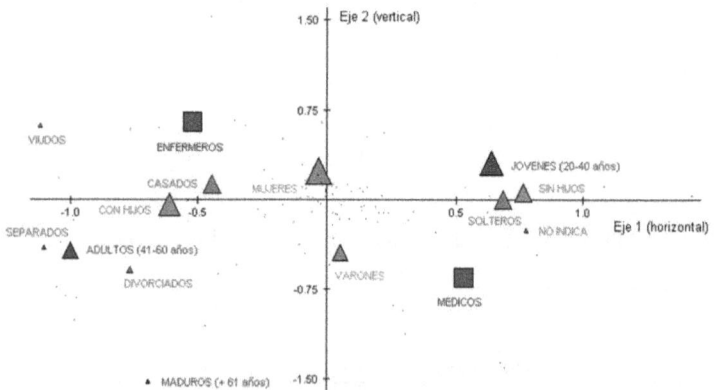

Como se desprende del Gráfico 1, la mayoría de los médicos que integraron la muestra en estudio eran jóvenes, solteros y sin hijos, mientras que la mayoría de los enfermeros estaban casados y tenían hijos. La variable género no apareció asociada de manera significativa con ninguna de las dos profesiones, lo que indica similar cantidad de hombres y mujeres en ambos grupos ocupacionales.

Tabla 10. Distribución de los profesionales según su especialidad.

ESPECIALIDAD	FRECUENCIA %
Enfermería (sin especialidad)	95 (48.5)
Vinculadas con riesgos de vida (anestesiología, cardiología, terapia)	23 (11.7)
Medicina general (generalistas, clínicos)	32 (16.3)
Cirugía	9 (4.6)
Psiquiatría	4 (2.0)
Residencias	6 (3.1)
Varias (pediatría, oftalmología, ginecología, diagnóstico por imágenes)	27 (13.8)
TOTAL	196 (100)

Tabla 11. Distribución de los profesionales en función de la antigüedad en la profesión.

ANTIGÜEDAD	FRECUENCIA (%)
Menos de 5 años	71 (36,2)
6 a 10 años	34 (17,3)
11 a 15 años	28 (14,3)
16 a 20 años	19 (9,7)
21 a 25 años	23 (11,7)
más de 26 años	21 (10,7)
TOTAL	196 (100)

Tabla 12. Distribución de los profesionales en función de la cantidad de trabajos que mencionan (hospitales, centros de salud, consultorios privados y otros).

CANTIDAD DE TRABAJOS	FRECUENCIA (%)
Un trabajo	129 (65,8)
Dos trabajos	55 (28,1)
Tres trabajos	12 (6,1)
TOTAL	196 (100)

Tabla 13. Distribución de los profesionales en función de la intención de renunciar.

INTENCION DE RENUNCIAR	FRECUENCIA (%)
Sí	21 (10,7)
No	155 (79,1)
En algunos lugares Sí y en otros No	20 (10,2)
TOTAL	196 (100)

Gráfico 2. Relaciones entre la profesión (médicos o enfermeros) y las variables laborales precedentes (especialidad, antigüedad en la profesión, número de empleos e intención de renunciar).

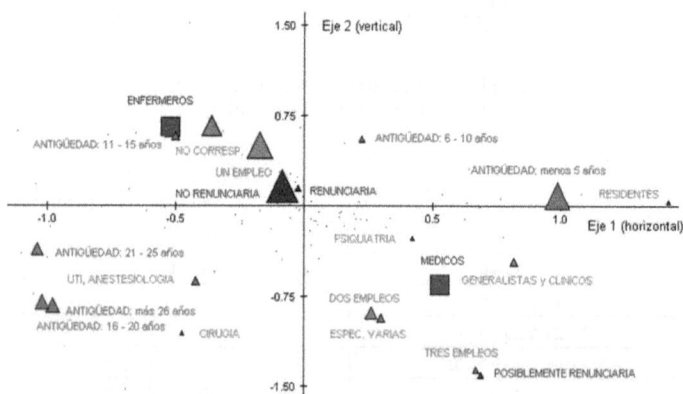

A partir del Gráfico 2, se puede observar que los médicos (clínicos, generalistas, psiquiatras y especialistas varios) ejercen más de un trabajo (multiempleo) e, independientemente de su antigüedad en la profesión, posiblemente renunciarían a alguno de ellos. Por su parte, los enfermeros (especialmente aquellos que tienen entre 11 y 15 años de antigüedad en su trabajo) desempeñan un solo trabajo y, mayoritariamente, no renunciarían.

Tabla 14. Distribución de los profesionales en función del tipo de institución sanitaria en la que se desempeñan.

TIPO DE INSTITUCIÓN	FRECUENCIA (%)
Pública	64 (32,7)
Privada	79 (40,3)
Ambas (pública y privada)	53 (27)
TOTAL	196 (100)

Tabla 15. Distribución de los profesionales en función de su desempeño en la docencia.

DOCENCIA	FRECUENCIA (%)
SÍ	42 (21,4)
NO	152 (77,6)
No contestan	2 (1,0)
TOTAL	196 (100)

Tabla 16. Distribución de los profesionales en función de la antigüedad en los lugares de trabajo que mencionan (hospitales, centros de salud, consultorios privados y otros).

ANTIGÜEDAD EN EL TRABAJO	FRECUENCIA (%)
menos de 1 año	28 (14.3)
de 1 a 5 años	57 (29.1)
de 5 a 10 años	31 (15.8)
de 10 a 15 años	32 (16.3)
más de 15 años	48 (24.5)
TOTAL	196 (100)

Gráfico 3. Relaciones entre la profesión (médicos o enfermeros) y las variables laborales precedentes (ámbito laboral público o privado, antigüedad laboral y ejercicio de la docencia).

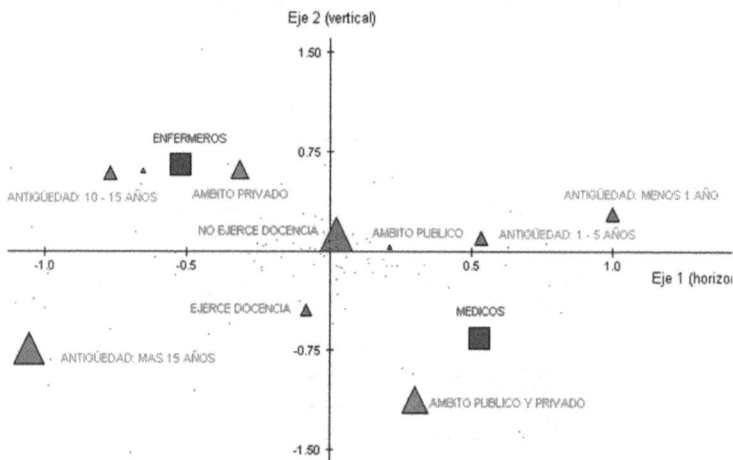

El gráfico muestra que los médicos, en su gran mayoría e independientemente de su antigüedad laboral, desempeñan sus funciones simultáneamente en ámbitos públicos (hospitales) y privados (sanatorios, consultorios particulares, etc.). Los enfermeros incluidos en la muestra en estudio, especialmente aquellos que registran una antigüedad laboral de entre 10 y 15 años, ejercen sus funciones en el ámbito privado. El ejercicio de la docencia no aparece asociado de manera particular con ninguno de los dos grupos ocupacionales.

b. Instrumentos de recolección de datos

La totalidad de la muestra respondió un cuadernillo integrado por los siguientes instrumentos de exploración psicológica:

Escala de Estresores Asistenciales. Desarrollada específicamente para esta ocasión (ver *aproximación metodológica I*) e integrada por 33 ítems, con formato tipo Likert de 4 puntos, variando desde "nada" (0) hasta "mucho" (3). Fue precedida por la consigna: *"A continuación hay una serie de enunciados sobre situaciones que pueden resultarle estresantes en su trabajo. Por favor, luego de leer cada oración, rodee con un círculo la opción que mejor representa sus sentimientos y experiencias".* Se incluyó al final una opción para agregar otras situaciones laborales no contempladas en el cuestionario.

Listado de Estrategias de Afrontamiento del Estrés Asistencial. Desarrollada específicamente para esta ocasión (ver *Aproximación metodológica I*), consta de 24 ítems, precedidos por la siguiente consigna: *"Por favor, indique con qué frecuencia recurre a algunas de las alternativas ofrecidas abajo cuando tiene problemas en su trabajo",* con 3 opciones de respuesta, variando desde "nunca" (0) a "siempre" (3). Se incluyó al finalizar la opción de agregar alguna otra estrategia no contemplada.

Inventario de Bienestar Subjetivo. Adaptado para su empleo con poblaciones asistenciales argentinas (ver *Aproximación metodológica II*). La versión final quedó integrada por 40 ítems, con tres opciones de respuesta para intensidad (poco; bastante y mucho) y tres para frecuencia (casi nunca; a veces y casi siempre). Se presentó precedido por el siguiente encabezado: *"las personas son diferentes y como tal no sienten de la misma forma acerca de la vida y del mundo que los rodea. A continuación, se presenta un conjunto de oraciones vinculadas con aspectos particulares y generales de la vida. Por favor, marque con una cruz el casillero que en cada caso representa mejor sus sentimientos. En los casos en que*

las alternativas ofrecidas no representen perfectamente
sus sentimientos, elija la que más se acerca a lo que Ud.
piensa. No existen respuestas correctas o incorrectas".

    <u>Escala de Satisfacción Laboral y de Satisfacción con</u>
<u>la Vida en General</u>. Adaptada para su empleo con pobla-
ciones argentinas (ver *Aproximación metodológica II*).
Esta escala, que mide satisfacción con diversos aspectos
del ambiente laboral, quedó integrada por 12 ítems,
con 7 opciones de respuesta que van desde "muy en
desacuerdo" (1) hasta "muy de acuerdo" (7). Se presentó
encabezada por la siguiente consigna: *"Por favor, evalúe*
su trabajo tal como es (no cómo siente que debería ser),
colocando al lado de cada oración el número de la escala
que mejor indica su opinión". Finalmente, y utilizando
el mismo formato de respuesta, se solicitó a los participantes que evaluaran dos ítem referidos a Satisfacción
con la Vida en General.

    <u>Variables sociodemográficas</u>. El protocolo de re-
colección de datos se completó con un conjunto de
preguntas orientadas a recabar información acerca de
variables sociodemográficas: edad, sexo, estado civil,
hijos, profesión, especialidad (en el caso de los médicos), antigüedad en la profesión, ámbito laboral en
que se desempeña, antigüedad en él, horas de trabajo
semanal, intención de renunciar y desempeño en el
ámbito de la docencia.

c. Procedimiento para el análisis de datos

    En primer lugar, y con el objetivo de detectar las
situaciones que son percibidas como más estresantes
por los profesionales de la salud, las estrategias de afrontamiento que emplean con mayor frecuencia, así como
su nivel de satisfacción laboral y bienestar subjetivo, se

calcularon los índices descriptivos (medias y desviaciones típicas) correspondientes a cada una de estas variables. En segundo lugar, y a efectos de analizar si las variables sociodemográficas (edad, género, especialidad y antigüedad laboral, entre otras) inciden diferencialmente en la percepción de estresores, estrategias de afrontamiento del estrés, satisfacción laboral y bienestar subjetivo, se calcularon las correspondientes pruebas de diferencias de medias ("t" de Student). Seguidamente, con el propósito de explorar las vinculaciones entre estrés percibido y *coping* con el bienestar subjetivo y el grado de satisfacción personal-laboral, se calcularon las correlaciones entre la totalidad de las variables en estudio, tanto para la muestra total como separadamente, para médicos y enfermeros.

Finalmente, a través de un conjunto de análisis de regresión múltiple se exploraron cuáles son las variables que mejor predicen la satisfacción laboral y el bienestar general en ambos grupos profesionales. El análisis de regresión múltiple es una técnica de dependencia apropiada cuando se busca "la predicción del valor de una variable dependiente (o criterio), a partir de los valores en una serie de variables independientes (o predictoras)" (Cea D´Ancona, 1998, p.339). Entre los requisitos exigibles para la aplicación de esta técnica, se requiere que la variable dependiente haya sido medida a un nivel intervalar o métrico. En este caso específico, tanto la satisfacción laboral como el bienestar subjetivo (variables que asumirán el rol de dependientes) satisfacen tal requisito a la luz de las escalas empleadas para su medición. Para el cálculo de los análisis de regresión se ingresaron en el primer paso, como un bloque, las variables sociodemográficas, con miras a controlar sus posibles efectos sobre las variables de interés (Cohen & Cohen, 1983). En los pasos sucesivos, se ingresaron las restantes variables independientes, agrupadas temáticamente (por ejemplo, estresores, estrategias de afrontamiento, etc.), a efectos de identificar el monto de su contribución en la explicación de la varianza de la variable dependiente. El orden de ingreso de estas variables en la ecuación de regresión se efectuó teniendo en cuenta tanto su relevancia teórica como la evidencia empírica publicada.

La totalidad de los análisis descritos precedentemente se efectuó con el auxilio del paquete estadístico SPSS.13 (*Statistical Package for Social Sciences*) y los resultados obtenidos se presentan en el capítulo siguiente.

Capítulo VII.
Análisis de la situación laboral de médicos y enfermeros

Para facilitar la lectura y comprensión de los análisis de datos realizados, se los presenta nucleados en tres grandes apartados: análisis descriptivos, correlacionales y multidimensionales. A su vez, dentro de cada apartado se exponen, en primer lugar, los resultados obtenidos a partir del análisis de la muestra total (médicos y enfermeros), seguidos por los análisis efectuados separadamente en función de cada profesión (médicos *versus* enfermeros). Asimismo, en algunos casos, también se analizan los datos a la luz de las principales variables sociodemográficas que caracterizan la muestra en estudio (vale decir, género, estado civil, antigüedad, entre otras). La codificación implementada en la operacionalización de la totalidad de las variables en estudio se presenta en el Cuadro 10.

Cuadro 10. Codificación empleada para la caracterización de las variables estudiadas.

VARIABLES	CÓDIGOS asignados a las modalidades de cada variable
Variables sociodemográficas	
Profesión	1 = Médicos; 2 = Enfermeros
Género	1 = Femenino; 2 = Masculino.
Grupo etáreo	1 = Muy joven (20 a 30 años); 2 = Joven (31 a 40 años); 3 = Adulto (41 a 50 años); 4 = Adulto intermedio (más de 51 años)
Estado civil	1 = Soltero; 2 = Casado; 3 = Separado; 4 = Divorciado; 5 = Viudo
Hijos	1 = Sí; 2 = No
Tipo de trabajo	1 = Público; 2 = Privado; 3 = Ambos
Antigüedad laboral	1 = Menos de 5 años; 2 = 6-10 años; 3 = 11-15 años; 4 = 16-20 años; 5 = 21-25 años y 6 = Más de 26 años
Cantidad de trabajos	1 = Uno; 2 = Dos; 3 = Tres
Intención de renunciar	1 = Sí; 2 = No
Variables en estudio	
Estresores	0 = Nada; 1 = Un poco; 2 = Bastante; 3 = Mucho.
Afrontamiento	0 = Nunca; 1 = A veces; 2 = Siempre
Satisfacción laboral-personal	1 = Muy en desacuerdo; 2 = Bastante en desacuerdo; 3 = Apenas en desacuerdo; 4 = Ni de acuerdo ni en desacuerdo; 5 = Apenas de acuerdo; 6 = Bastante de acuerdo; 7 = Muy de acuerdo.
Bienestar subjetivo	Algunas dimensiones evaluaban intensidad: 1 = Poco; 2 = Bastante; 3 = Mucho. Otras dimensiones evaluaban frecuencia: 1 = Casi nunca; 2 = A veces; 3 = Casi siempre

Análisis descriptivos

Muestra total

A continuación se presentan los índices descriptivos (medias y desviaciones típicas), correspondientes a cada una de las variables en estudio para la muestra total (N = 196).

**Tabla 17. Medias y desvíos típicos correspondientes
a las variables en estudio (Muestra total)**

VARIABLES	DIMENSIONES*	X	s
Estresores Asistenciales	Sobrecarga	1.50	0.72
	Falta de apoyo organizacional	1.35	0.73
	Falta de justicia organizacional	1.35	0.70
	Fuentes extrínsecas	1.23	0.63
	Dificultades interpersonales	0.96	0.61
Estrategias de afrontamiento	Resolución de problemas	1.49	0.35
	Distanciamiento	1.17	0.35
	Resignación	0.75	0.33
	Estrategias desadaptativas	0.47	0.30
Satisfacción laboral-personal	Satisfacción con la vida	4.92	1.59
	Satisfacción laboral	4.11	1.18
Bienestar subjetivo	Baja afectividad negativa	2.59	0.59
	Apoyo social	2.54	0.47
	Buenos contactos sociales	2.53	0.42
	Percepción de salud	2.49	0.44
	Confianza en afrontar dificultades	2.40	0.47
	Apoyo del grupo familiar	2.37	0.59
	Expectativas y logros	2.23	0.49
	Adecuado manejo mental	2.21	0.52
	Trascendencia	2.00	0.50
	Relación con grupo primario	1.51	1.05

* Las subdimensiones están ordenadas en función del valor de la media.

Como se desprende de la tabla precedente, el estresor que más afecta a los trabajadores de la salud en general es la *sobrecarga* por exceso de pacientes, tareas, demandas y falta de tiempo libre. Este resultado es coincidente con lo informado por otros investigadores, tanto argentinos como extranjeros (Di Liscia *et al.*, 2000; Elfering *et al.*, 2005; Lambert, Lambert, Petrini & Zhang, 2007; Lee & Wang, 2002; McVicar, 2003; Murphy,

2004; Oginska-Bulik, 2005; Roberts Perry, 2005), quienes muestran que la sobrecarga es uno de los principales estresores que afectan la labor asistencial. Estudios recientes, a su vez, confirman su impacto sobre el síndrome de *burnout*, produciendo un aumento del agotamiento emocional (Sánchez Sevilla, Guillén Gestoso & León Rubio, 2006). Otros estresores que afectan con mayor frecuencia a la población en estudio son las percepciones de *falta de apoyo y de justicia organizacional*, que implican la sensación de inequidad inter e intrapersonal, imposibilidad de contar con la ayuda de pares y superiores, falta de autonomía para tomar decisiones, pobre devolución de desempeño, entre otros. En este sentido, una investigación reciente (Omar, Maltaneres & Paris, 2007) demuestra cómo la percepción de injusticia en el ámbito laboral, se traduce en conductas antisociales de tipo interpersonal, es decir, acciones en contra de las personas, tanto compañeros como subordinados, que en el área asistencial, podrían implicar una disminución de la calidad de atención y trato hacia los pacientes.

De la Tabla 17 también surge que la *resolución de problemas* y el *distanciamiento* de la fuente de estrés son las dos estrategias de afrontamiento mayoritariamente empleadas por los profesionales de la salud. Al respecto, es importante mencionar que, en el instrumento desarrollado específicamente para este trabajo, bajo la denominación "resolución de problemas" se agruparon ítems que, además de los esfuerzos directos para solucionar la situación estresante, incluyen diversos aspectos del apoyo social. A su vez, las diferentes facetas de la búsqueda de apoyo social (tales como hablar con colegas, integrar equipos de trabajo o tratar de llegar a acuerdos) han sido vinculadas con la satisfacción laboral por numerosos autores (Archibald, 2006; Bradley & Cartwright, 2002; Cox et al, 2006; Khowaja *et al.*, 2005; Luceño Moreno, *et al.*, 2006; Nilsson *et al.*, 2005; Spear *et al.*, 2004; Ter Doest & de Jonge, 2006). Por su parte, los ítems que exploran la estrategia de distanciamiento de la situación están referidos a la planificación del uso del tiempo libre, actividades placenteras fuera del trabajo, distancia emocional, entre otros aspectos. El uso frecuente de esta estrategia ha sido ya reportada por los investigadores de estrés laboral asistencial, aun entre culturas tan diversas como China, Japón o Estados Unidos (Bennett *et al.*, 2001; Ferraz Bianchi, 2004; Kluger *et al.*, 2003; Lambert, *et al.* 2007; Murphy, 2004; Roberts Perry, 2005; Sand, 2003; Shakeaspeare-Finch *et al.*, 2002; Taylor *et al.*, 2004; Thomas, 2005).

Los profesionales de la salud, a su vez, se evalúan medianamente *satisfechos con su trabajo y su vida personal*. El aspecto que más satisfacción les genera es la colaboración y solidaridad de los compañeros, resultado coincidente con lo informado por Harrison *et al.*, (2002) e Ito *et al.* (2001), quienes encuentran que los vínculos proveedores de apoyo en el trabajo disminuyen el estrés. El aspecto que más insatisfacción les produce es el relacionado con las recompensas materiales que les brinda su trabajo. Este último hallazgo también ha sido comentado en la literatura científica internacional (Oginska-Bulik, 2006; Patterson *et al.*, 2005; Salmond & Ropis, 2005).

Finalmente, en cuanto al bienestar subjetivo, de la misma Tabla 17 se desprende que, en términos generales, el grupo evidencia *baja afectividad negativa* y altos sentimientos de seguridad y *apoyo social* percibido. Estos resultados indicarían que, en general, los médicos y enfermeros que participaron en este estudio tienen pocas preocupaciones acerca del futuro y sienten que su vida es útil, confían en su capacidad para afrontar dificultades, se sienten respaldados por parientes y amigos, y manifiestan pocos *problemas de salud* que les impidan cumplir con sus tareas cotidianas.

Médicos *versus* enfermeros

A continuación se presentan los índices descriptivos correspondientes a médicos y enfermeros (separadamente), en función de cada una de las variables medidas. El disponer de las medias y desvíos típicos de ambos subgrupos posibilitó el cálculo de las correspondientes diferencias de medias frente a cada dimensión estudiada (Tabla 18).

Tabla 18. Medias, desvíos típicos y pruebas de diferencia de medias ("t" de Student) entre médicos y enfermeros, correspondientes a todas las variables evaluadas.

VARIABLES	DIMENSIONES	Médicos (N = 97)		Enfermeros (N =99)		"t"
		X	s	X	s	
Estresores Asistenciales	Falta de apoyo organizacional	1.33	0.70	1.38	0.77	n.s.
	Sobrecarga	1.59	0.71	1.42	0.73	n.s.
	Dificultades interpersonales	1.02	0.60	0.91	0.63	n.s.
	Fuentes extrínsecas	1.34	0.66	1.13	0.59	2.08*
	Falta de justicia organizacional	1.32	0.68	1.37	0.72	n.s.
Estrategias de afrontamiento	Estrategias desadaptativas	0.52	0.30	0.42	0.30	2.41*
	Resolución de problemas	1.44	0.37	1.55	0.32	−2.11*
	Resignación	0.71	0.34	0.78	0.33	n.s.
	Distanciamiento	1.19	0.36	1.15	0.34	n.s.

VARIABLES	DIMENSIONES	Médicos (N = 97)		Enfermeros (N =99)		"t"
		X	s	X	s	
Satisfacción laboral-personal	Satisfacción laboral	4.02	1.22	4.19	1.14	n.s.
	Satisfacción con la vida	4.65	1.62	5.18	1.52	−2.36*
Bienestar subjetivo	Expectativas y logros	2.20	0.47	2.26	0.50	n.s.
	Confianza	2.41	0.47	2.40	0.47	n.s.
	Trascendencia	1.93	0.48	2.06	0.52	n.s.
	Apoyo social	2.60	0.55	2.48	0.62	n.s.
	Relación con grupo primario	1.23	0.95	1.78	1.08	−3.79**
	Adecuado manejo mental	2.15	0.54	2.27	0.50	n.s.
	Apoyo del grupo familiar	2.41	0.56	2.32	0.62	n.s.
	Baja afectividad negativa	2.54	0.40	2.64	0.44	n.s.
	Buenos contactos sociales	2.51	0.44	2.55	0.49	n.s.
	Percepción de salud	2.54	0.40	2.44	0.47	n.s.

*$p > 0.05$; **$p > 0.01$

Al analizar las respuestas de los médicos y enfermeros por separado, se observa que ambos subgrupos perciben similares estresores en su práctica laboral. La única diferencia estadísticamente significativa se observa frente a la dimensión *fuentes extrínsecas de insatisfacción* ($t = 2.08$, $p > .05$), indicando que los médicos ($X = 1.34$) experimentan más estrés que los enfermeros ($X = 1.13$) frente a factores externos tales como los bajos sueldos, las escasas posibilidades de promoción y ascenso, el multiempleo y la inestabilidad laboral.

Con respecto a las estrategias de afrontamiento, la Tabla 18 muestra que los médicos ($X = 0.52$) tienden a elegir *estrategias desadaptativas* ($t = 2.41$, $p >$

.05) tales como automedicación, cinismo, evasión del problema a través del cigarrillo o del alcohol, con más frecuencia que los enfermeros (X = 0.42). Mientras que estos últimos, utilizan más *estrategias de resolución de problemas* (t = –2.11, p > .05). Tales resultados estarían indicando que, cuando los enfermeros tienen problemas en su trabajo, intentan resolverlos directamente mediante un afrontamiento activo, en tanto que los médicos descargan su tensión en otros o la somatizan (incluso recurriendo a conductas que afectan su salud, tales como automedicación, abuso de sustancias, etc.), tal vez porque tienden a evaluar las situaciones estresantes como inmodificables.

En cuanto a la *satisfacción laboral-personal*, el valor significativo de la prueba de diferencia de medias (t = –2.36, p > .05) está revelando que los enfermeros (X = 5.18) están más satisfechos que los médicos (X = 4.65) con su vida en general, y con la posibilidad que ella les brinda de desarrollar sus habilidades y potencialidades.

Finalmente, de todas las facetas que se exploran a través del bienestar subjetivo, la única que surge como discriminadora entre médicos y enfermeros es la referente a las relaciones con el *grupo familiar primario* (t = –3.79, p > .01). Esta dimensión explora los sentimientos y preocupaciones de las personas acerca de los vínculos con su pareja e hijos. A la luz de una diferencia tan significativa, resulta evidente que los enfermeros perciben más respaldo de su familia como fuente incondicional de contención, que los médicos.

En síntesis, de la inspección del conjunto de valores de la tabla precedente se puede concluir que los médicos constituyen un subsistema de riesgo en comparación con los enfermeros, ya que están menos satisfechos con su vida, se sienten menos apoyados por sus familias, experimentan más frustración con su carrera, y afrontan esta problemática de una manera disfuncional. Esta observación armoniza con los resultados de investigaciones realizadas en hospitales públicos de Rosario (Di Liscia *et al.*, 2000) y de Buenos Aires (Zaldúa & Lodieu, 2000), quienes detectan que el grupo de médicos está más afectado por el síndrome de *burnout* y tiene más chances de padecer sus consecuencias que los enfermeros.

Mujeres *versus* varones

En sintonía con uno de los objetivos específicos de este trabajo, que se refiere a la identificación del rol de las variables sociodemográficas sobre los estresores, afrontamiento, satisfacción laboral-personal y sobre el bienestar subjetivo, se procedió a realizar las correspondientes comparaciones a la luz de tales variables. Seguidamente, se presentan las respuestas de los profesionales en función del género.

Tabla 19. Medias, desvíos típicos y pruebas de diferencia de medias ("t" de Student) entre mujeres y varones, correspondientes a todas las variables evaluadas.

VARIABLES	DIMENSIONES	Mujeres (N = 127)		Varones (N = 69)		"t"
		X	s	X	s	
Estresores Asistenciales	Falta de apoyo	1.35	0.79	1.37	0.63	n.s.
	Sobrecarga	1.47	0.74	1.56	0.69	n.s.
	Dificultades interpersonales	0.96	0.67	0.97	0.51	n.s.
	Fuentes extrínsecas	1.16	0.61	1.36	0.65	−2.04*
	Falta de justicia organizacional	1.33	0.73	1.39	0.64	n.s.
Estrategias de afrontamiento	Estrategias desadaptativas	0.50	0.30	0.41	0.31	2.05*
	Resolución de problemas	1.48	0.35	1.52	0.35	n.s.
	Resignación	0.76	0.32	0.72	0.35	n.s.
	Distanciamiento	1.13	0.34	1.25	0.35	−2.43*
Satisfacción laboral-personal	Satisfacción laboral	4.12	1.19	4.08	1.18	n.s.
	Satisfacción con la vida	4.88	1.60	5.00	1.57	n.s.
Bienestar subjetivo	Expectativas y logros	2.19	0.49	2.30	0.49	n.s.
	Confianza	2.32	0.48	2.55	0.43	−3.27**
	Trascendencia	1.98	0.51	2.02	0.50	n.s.
	Apoyo social	2.54	0.59	2.55	0.59	n.s.
	Relación con el grupo primario	1.54	1.07	1.46	1.03	n.s.
	Adecuado manejo mental	2.19	0.54	2.26	0.48	n.s.
	Apoyo del grupo familiar	2.33	0.58	2.43	0.60	n.s.
	Baja afectividad negativa	2.57	0.43	2.63	0.40	n.s.
	Buenos contactos sociales	2.56	0.48	2.47	0.44	n.s.
	Percepción de salud	2.43	0.47	2.60	0.37	−2.58**

*p > 0.05; **p > 0.01

Al comparar la percepción de estresores asistenciales entre mujeres y varones, la única diferencia estadísticamente significativa se observa frente a los *aspectos extrínsecos del trabajo*, dado que los varones (X = 1.36) se sienten más insatisfechos que las mujeres (X = 1.16) con el sueldo, desarrollo de carrera y estabilidad laboral (t = -2.04, p > .05). Si bien este hallazgo es coincidente con lo informado recientemente por Enberg, *et al.* (2007), quienes señalan más insatisfacción laboral entre los hombres por estresores vinculados con variables laborales, discrepa con otras evidencias empíricas. En este sentido, por ejemplo, Jang (2007) observa que tanto mujeres como hombres están igualmente estresados por el éxito financiero y la seguridad económica, en tanto que otros estudiosos de las diferencias de género en el nivel de estrés percibido (Cohen & Pattern, 2005; Kluger *et al.*, 2003; Oginska-Bulik, 2006; Verhaeghe *et al.*, 2003) han encontrado mayores niveles de estrés en médicas y enfermeras que entre sus colegas varones.

Por otra parte, como se desprende de la Tabla 19, los varones (X = 1.25) recurren con más frecuencia que las mujeres (X = 1.13) al *distanciamiento* de la fuente de estrés (t = -2.43, p > .05). Mientras que las mujeres (X = 0.50) a diferencia de los varones (X = 0.41), tienden con más frecuencia a un *afrontamiento desadaptativo* (t = 2.05, p > .05), sintiendo que el problema las desborda, evadiéndose, descargando la tensión en otros y sufriendo manifestaciones psicosomáticas. Analizando la evidencia empírica reciente, estos resultados están en línea con los señalados por Maki, Moore, Grunberg y Greenberg (2005), aunque discrepan con los informados por otros autores. Esta situación configura un panorama confuso y contradictorio; desde el momento en que algunos autores

(Hays, *et al.*, 2006; Mann Layne *et al.*, 2004; Promecene & Monga, 2003) no detectan ninguna asociación entre género y afrontamiento; otros (Sandín & Chorot, 2003; Zivotofsky & Koslowsky, 2005) encuentran que las mujeres utilizan más estrategias de resolución de problemas o búsqueda de apoyo social; en tanto que un tercer grupo (Moreno-Jiménez, Seminotti, Garrosa Hernández, Rodríguez-Carvajal & Morante Benadero, 2005) detecta que los médicos varones emplean con mayor frecuencia la estrategia de negación. Con respecto a este último aspecto, en el presente trabajo no aparecen diferencias significativas debidas al género frente al empleo de la estrategia de negación (la que fue medida dentro de la dimensión *resignación*).

Asimismo, tampoco surgen diferencias atribuibles al género en lo que hace a la *satisfacción laboral-personal*. Este hallazgo es coincidente con lo reportado por Nylenna *et al.* (2005) y por Shanafelt *et al.* (2005), aunque discrepante con lo informado por Rondeau y Francescutti (2005), para quienes las mujeres están más satisfechas con su trabajo que los varones, y por Lepnurm *et al.* (2006), quienes encuentran la relación inversa.

Por último, si se focaliza la atención en el bienestar subjetivo, se puede observar que las mujeres (X = 2.32) *confían* menos que los varones (X = 2.55) en su propia habilidad para manejar situaciones inesperadas y salir airosas de futuras dificultades (t = 3.27, p > .01). Esta circunstancia coloca a las profesionales en situación de riesgo, ya que la evidencia empírica reciente señala que los profesionales con baja autoeficacia están expuestos a mayores niveles de *burnout*, en todas sus dimensiones, particularmente bajo condiciones de ambigüedad de rol laboral (Sánchez Sevilla *et al.*, 2006). Un cuadro diferente es el que presentan los profesionales varones (X = 2.60), quienes evidencian una mejor *percepción de salud y bienestar físico* (t = –2.58, p > .01) que las médicas y enfermeras encuestadas (X= 2.43).

A la luz de estos resultados es evidente que, aun cuando los varones experimenten estresores asistenciales con más frecuencia que las mujeres, ellas recurren habitualmente a un afrontamiento más desadaptativo, lo que podría explicar las diferencias detectadas en su autoeficacia, es decir, la percepción de su incapacidad de afrontar situaciones inesperadas y crisis. Es notable, además, el interjuego entre las variables psicofísicas que surge de los datos, porque las mujeres señalan sufrir más frecuentemente síntomas tales como dolores, palpitaciones, mareos, y alteraciones del sueño.

Profesionales con hijos *versus* profesionales sin hijos

Seguidamente, y con igual metodología, se compararon todas las variables en estudio en función de la tenencia o no de hijos entre los encuestados. Para facilitar la exposición de los resultados, se detallarán únicamente las diferencias significativas encontradas.

Figura 11. Diferencias significativas detectadas entre los profesionales con y sin hijos correspondientes a todas las variables evaluadas.

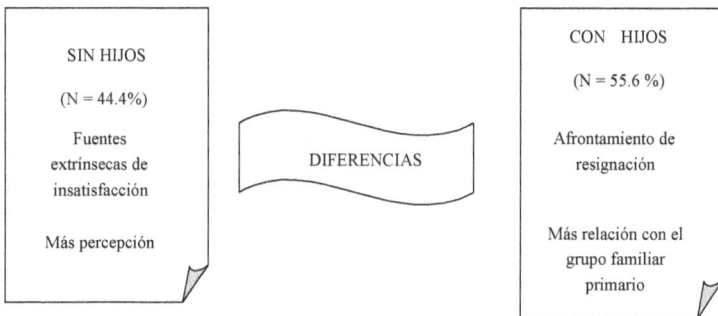

SIN HIJOS

(N = 44.4%)

Fuentes
extrínsecas de
insatisfacción

Más percepción

DIFERENCIAS

CON HIJOS

(N = 55.6 %)

Afrontamiento de
resignación

Más relación con el
grupo familiar
primario

Con respecto a los estresores, los profesionales sin hijos son los que manifiestan haber sufrido más estrés a causa de *fuentes extrínsecas de insatisfacción* (t = 2.04, p > .05), tales como los bajos sueldos, la inestabilidad laboral, las escasas posibilidades de promoción y ascenso, y la necesidad de tener varios trabajos. Al respecto, en la literatura científica existente, un resultado semejante es comunicado por Collier, *et al.* (2002), quienes encuentran que los médicos que son padres tienen menos estrés laboral que los profesionales sin hijos; en tanto que Peterson y Wilson (1996) no encuentran diferencias en función de esta variable demográfica.

Paralelamente, entre los profesionales con hijos (t = 2.83, p > .01) es más frecuente el afrontamiento del estrés a través de la *resignación*. Estrategia que se caracteriza por enfrentar las situaciones laborales estresantes actuando como si nada pasara, evitando pensar en el problema y trabajando sin involucrarse demasiado.

Por último, los trabajadores de la salud que no tienen hijos perciben mayor *apoyo social* (t = 2.79, p > .01), lo que estaría indicando su seguridad de que, ante emergencias, enfermedades o situaciones inesperadas futuras, recibirán ayuda de sus parientes y amigos. En cambio, entre los profesionales con hijos es mayor la *relación con el grupo primario*, resultado esperable ya que esta dimensión del bienestar subjetivo hace referencia a los vínculos con el cónyuge y los hijos. Este grupo, a su vez, evidencia un *manejo mental más adecuado* (t = 2.02, p > .05), traducido en menor percepción de ansiedad, irritabilidad, tristeza o impaciencia. Este resultado es coincidente con investigaciones, tanto nacionales como extranjeras, que detectan mayor bienestar en general y menos posibilidades de falta de realización personal (como una dimensión del síndrome de *burnout*) en profesionales con hijos (Camponovo Meier & Morín Imbert, 2000; Spector *et al.*, 2004).

Intención de renunciar *versus* intención de permanecer en el trabajo

A efectos de establecer la existencia de diferencias atribuibles a la intención de renunciar o permanecer en el trabajo, y utilizando la misma metodología de análisis, se presentan los resultados estadísticamente significativos entre las variables en estudio.

Figura 12. Diferencias significativas detectadas entre los profesionales que tienen intención de renunciar o permanecer en sus trabajos, correspondientes a todas las variables evaluadas.

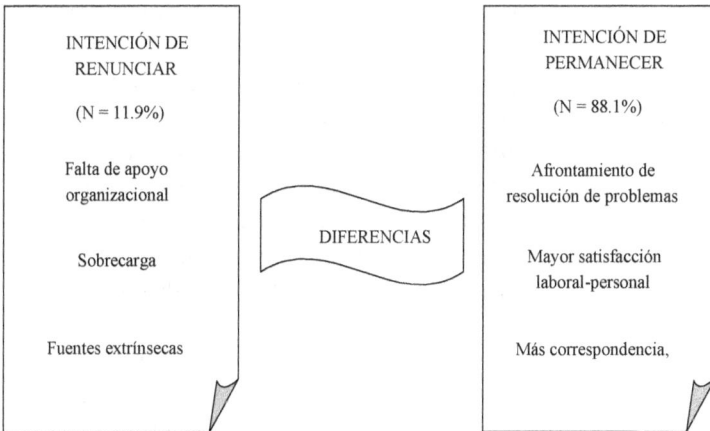

INTENCIÓN DE RENUNCIAR

(N = 11.9%)

Falta de apoyo organizacional

Sobrecarga

Fuentes extrínsecas

DIFERENCIAS

INTENCIÓN DE PERMANECER

(N = 88.1%)

Afrontamiento de resolución de problemas

Mayor satisfacción laboral-personal

Más correspondencia,

Si se focaliza la atención en los estresores, como es esperable, los profesionales que tienen intención de renunciar a su trabajo perciben casi todas las dimensiones de la escala con mayor intensidad (excepto la que hace referencia a *conflictos interpersonales*). Es decir, perciben más estresores vinculados con la *falta de apoyo organizacional* (t = 3.33, p > .01), con la *injusticia laboral* (t = 3.44, p > .01), la *sobrecarga* (t = 3.37, p > .01) y más *fuentes extrínsecas de insatisfacción* (t = 3.44, p > .01), hallazgo coincidente con lo informado recientemente por Skytt, Ljunggren y Carlsson (2007).

Los que tienen intenciones de permanecer en sus trabajos se destacan porque recurren con más frecuencia a la *resolución de problemas* o *coping* de acción directa (t = 2.29, p > .05); están más *satisfechos con su trabajo* (t= 5.98, p > .01) y con las posibilidades que su *vida* les brinda de desarrollar sus potencialidades (t = 2.27, p > .05). Este último aspecto coincide con otras investigaciones llevadas a cabo recientemente en otras culturas con muestras de enfermeros (Baker, McDaniel, Fredrickson & Gallegos, 2007; Hayhurst, *et al.* 2005; Wilson, 2006).

Entre los profesionales que tienen intención de permanecer en sus trabajos también se caracterizan por presentar más indicadores de bienestar subjetivo que los que piensan renunciar. Al respecto, perciben más *apoyo social* del medio en que se desenvuelven (t = 3.00, p > .01), sienten que hay más *correspondencia entre sus expectativas y sus logros* (t = 1.98, p > .05), *confían* en que sabrán manejar mejor que los otros situaciones novedosas o inesperadas (t = 2.16, p > .05) y perciben su vida de forma más positiva y placentera (t = 4.02, p > .01).

En síntesis, es notable cómo las percepciones más favorables son patrimonio de los trabajadores que no quieren renunciar, y esto se evidencia en el conjunto de las variables en estudio, ya que perciben menos estresores, utilizan un afrontamiento más adaptativo y tienen más bienestar subjetivo. A su vez, se advierte su mayor satisfacción con los demás aspectos de su vida personal, sugiriendo las complejas vinculaciones que existen entre ésta y la calidad de vida laboral.

Instituciones públicas *versus* privadas

En la siguiente figura se presentan los resultados obtenidos acerca de las diferencias en relación con el tipo de institución sanitaria. Se ha categorizado como públicas a todas las instituciones tales como hospitales (municipales o provinciales) y centros de salud. En tanto que se denominan privados a los sanatorios, clínicas, consultorios particulares o prácticas en domicilios.

Figura 13. Diferencias significativas detectadas entre los profesionales que trabajan en instituciones sanitarias públicas y privadas, correspondientes a todas las variables evaluadas.

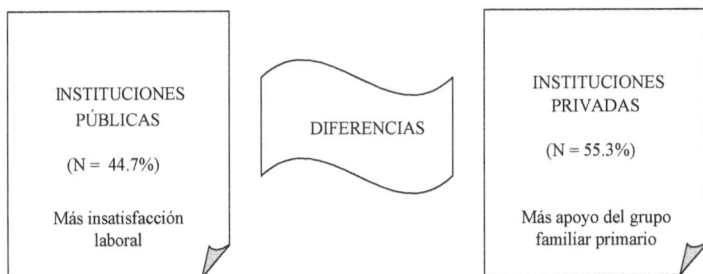

INSTITUCIONES PÚBLICAS

(N = 44.7%)

Más insatisfacción laboral

DIFERENCIAS

INSTITUCIONES PRIVADAS

(N = 55.3%)

Más apoyo del grupo familiar primario

La escasa significación de las pruebas "t" de Student, entre los profesionales que se desempeñan en el sector público y privado, advierte sobre la existencia de semejanzas entre estos ámbitos de trabajo. Las dos únicas diferencias significativas se observaron con respecto a la satisfacción laboral y al apoyo percibido por parte del grupo familiar primario.

Por un lado, los trabajadores de instituciones privadas ($t = 2.61$, $p > .01$) reconocieron mayores niveles de *satisfacción laboral* (relacionada con aspectos vinculares del trabajo y con los beneficios materiales y sociales que su profesión les brinda) que los del sector público. Similar resultado fue informado por Enberg *et al.* (2007) entre los trabajadores de la salud pública en Suecia; en discrepancia con lo observado en Colombia por Zambrano Plata (2006), quien registró mayores niveles de estrés laboral en instituciones sanitarias privadas.

Por otro lado, en cuanto al bienestar subjetivo, la segunda diferencia significativa aparece en la relación de los profesionales con el *grupo primario* formado por cónyuge e hijos, lo que estaría indicando que los médicos y enfermeros de instituciones privadas se sienten mejor y más seguros del vínculo que mantienen con sus familias (t = 2.98, p > .01).

Multiempleo *versus* empleo único

Seguidamente, y con el propósito de determinar la existencia de diferencias en función de la cantidad de trabajos de los profesionales, se calcularon las correspondientes comparaciones en base a la cantidad de empleos. En términos generales, se observa que, a medida que aumenta el número de trabajos, aumenta la percepción de estrés y disminuye el bienestar subjetivo, evidenciado a través de un deficiente manejo mental.

Los profesionales que trabajan en dos o más instituciones perciben más estresores, especialmente aquellos vinculados con la *sobrecarga* laboral (t = 2.43 p > .05), las *dificultades interpersonales* (t= 2.79, p > .01) y las *fuentes extrínsecas de insatisfacción* (t = 1.96, p > .05). A su vez, evidencian un *manejo mental más inadecuado* (t = 2.22, p > .05), caracterizado por el escaso control percibido sobre diversos aspectos de la vida cotidiana, lo que se traduce en frecuentes episodios de irritabilidad, impaciencia, ansiedad, y reacciones exageradas a las contrariedades y agobios diarios.

A la luz de estos datos, la situación presentada por quienes tienen multiempleo es particularmente adversa, ya que impacta negativamente sobre la calidad de los vínculos, erosionando las relaciones interpersonales entre los profesionales y sus pacientes o compañeros de trabajo. En este sentido, Camponovo Meier y Morín Imbert (2000) detectan mayor riesgo de despersonalización, entendida como una actitud distante, de trato impersonal, aislamiento y cinismo, entre los médicos y enfermeros de un hospital público de la ciudad de Rosario que además poseen varios trabajos.

Solteros *versus* casados y separados

A continuación se evaluaron las diferencias en función del estado civil, variable que, tal como se menciona en el Cuadro 10, fue codificada en base a las categorías de soltero, casado, viudo, divorciado y separado. Las mayores diferencias se registraron entre los solteros, comparados con los casados y/o separados.

Figura 14. Diferencias significativas detectadas en función del estado civil, correspondientes a todas las variables evaluadas.

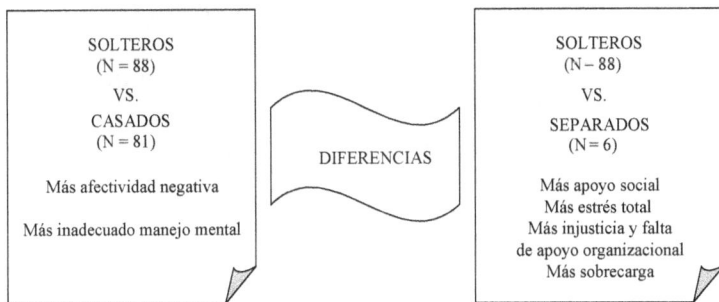

SOLTEROS
(N = 88)
VS.
CASADOS
(N = 81)

Más afectividad negativa

Más inadecuado manejo mental

DIFERENCIAS

SOLTEROS
(N – 88)
VS.
SEPARADOS
(N = 6)

Más apoyo social
Más estrés total
Más injusticia y falta
de apoyo organizacional
Más sobrecarga

Las principales diferencias entre los médicos y enfermeros según su estado civil se observan en relación con algunas dimensiones del bienestar subjetivo tales como *afectividad negativa* (t = 2.19, p > .05) e *inadecuado manejo mental* (t = 2.29, p > .05). Ambos aspectos estarían indicando que los profesionales solteros experimentan más malestar con respecto a la percepción que tienen de su vida, tanto actual como futura, y más irritabilidad, ansiedad, impaciencia y enojo. Sin embargo, en cuanto a otra dimensión del bienestar como es el *apoyo social* (t = 2.20, p > .05), a diferencia de los casados, se sienten con más confianza y seguridad en que recibirán la ayuda necesaria de parientes y amigos si tuvieran alguna emergencia o situación traumática que enfrentar.

Con respecto a las diferencias entre los estresores encontrados, se observa que los solteros perciben más intensamente la *sobrecarga* (t = 2.90, p > .01), *la falta de apoyo* (t = 1.99, p > .05) y de *justicia organizacional* (t = 2.12, p > .05) que los profesionales separados. A su vez, la combinación de todos los estresores evaluados como puntuación total de la frecuencia de estrés percibido es más elevada entre los médicos y enfermeros solteros (t = 2.18, p > .05); aspecto que armoniza con las observaciones de Aasland *et al.* (2001), quienes informan mayor riesgo de suicidio por estrés entre médicos varones solteros.

En definitiva, estos resultados indicarían que los médicos y enfermeros solteros se sienten más abrumados tanto por estresores propios de la tarea asistencial como por aspectos que evalúan como injustos en relación con el clima organizacional en las instituciones sanitarias. Además, evidencian más desequilibrio emocional y una percepción más negativa de su vida. El único factor protector que presenta diferencias significativas es el apoyo social percibido, que constituye una auténtica red de seguridad, mencionada repetidamente en la bibliografía como amortiguador de los efectos del estrés (Boey, 1999; Harrison *et al.*, 2002; Ito *et al.*, 2001).

Profesionales jóvenes *versus* adultos

A continuación, y con la misma metodología, se analizó el impacto de la edad (rotulada como grupo etáreo) sobre las variables centrales de este estudio. En este apartado, se denomina "jóvenes" a los profesionales menores de 30 años y "adultos", a los mayores de 51 años. Se incluyen, además, las diferencias en función de la antigüedad en la profesión, ya que ambas variables presentan un comportamiento similar.

Figura 15. Diferencias significativas detectadas en función del grupo etáreo, correspondientes a todas las variables evaluadas.

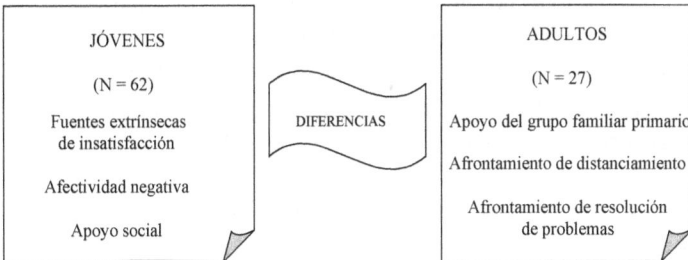

JÓVENES

(N = 62)

Fuentes extrínsecas de insatisfacción

Afectividad negativa

Apoyo social

DIFERENCIAS

ADULTOS

(N = 27)

Apoyo del grupo familiar primario

Afrontamiento de distanciamiento

Afrontamiento de resolución de problemas

Entre los estresores asistenciales aparecen diferencias con respecto a las *fuentes extrínsecas de insatisfacción*, que incluyen el malestar ocasionado por los bajos sueldos, la inestabilidad laboral, escasas posibilidades de promoción y ascenso, entre otros, y se observa principalmente entre los profesionales más jóvenes (t = 2.27, p > .05) y con menor antigüedad (t = 2.17, p > .05). Este hallazgo se encuentra en línea con lo informado por Hillhouse *et al.* (2000); Collier *et al.* (2002); Cohen y Pattern (2005); Martínez Lanz *et al.* (2005) y, más recientemente, por Enberg *et al.* (2007), quienes encuentran más estrés por problemas económicos entre los nóveles graduados.

Con respecto al afrontamiento, los resultados indican que entre los profesionales mayores de 51 años prevalece el empleo de la estrategia de *resolución de problemas* (t = 2.16 p > .05) y de *distanciamiento* (t = 2.00, p > .05). Del análisis de la bibliografía especializada no surge una posición unánime con respecto a la relación edad-empleo de estrategias de afrontamiento, ya que, por un lado, Lert *et al.* (2001) y Hays *et al.* (2006) no encuentran asociaciones entre estas variables, mientras que, por otro lado, Falkum *et al.* (1997) y Gueritault-Chalvin *et al.* (2000) detectan que los médicos y enfermeros mayores utilizan con más frecuencia el afrontamiento focalizado en la emoción, entre cuyos aspectos se encuentra el alejamiento de la fuente de estrés (o distanciamiento).

En cuanto al bienestar subjetivo, los médicos y enfermeros de mayor edad (t = 2.61, p > .01) y antigüedad en la profesión (t = 3.25 p > .01) evidencian mejores *relaciones con su grupo primario*. Por otra parte, los más jóvenes (t = 2.88, p > .01) y de menor antigüedad (t = 3.59, p > .01) perciben más *apoyo social* (traducido en mayor confianza en la ayuda que pueden recibir del medio en que se desenvuelven), pero, a su vez, más sentimientos de *malestar* como consecuencia de una percepción negativa y pesimista de la vida.

Si se focaliza la atención sobre las diferencias en relación con la antigüedad en la profesión, se observan tres resultados estadísticamente significativos. Con respecto a los estresores, se advierte que los profesionales de menor antigüedad (t = 2.17, p > .05) perciben más intensamente las *injusticias organizacionales* (vale decir, un trato más inadecuado y descalificante, la necesidad de falsear sus emociones, dar mucho de sí mismo y no ser equitativamente recompensado). En lo que hace al afrontamiento, las estrategias denominadas *desadaptativas* surgen como las más empleadas por los profesionales que tienen entre 21 y 25 años de antigüedad (t = 2.16, p > .05). Este resultado es coincidente con el informado por Moreno-Jiménez *et al.* (2005), quienes encuentran que los médicos con más de 20 años de antigüedad se inclinan mayoritariamente por el uso de la evitación de la situación estresante, estrategia que en el presente estudio toma la forma de una evasión cognitiva y conductual, y está incluida dentro de las estrategias desadaptativas. En cuanto al bienestar subjetivo, los profesionales con más de 21 años de trabajo (t = 2.86, p > .01) evidencian más *preocupación por la salud* y el bienestar físico, percibiendo con más frecuencia síntomas tales como palpitaciones, mareos y cansancio.

En resumen, se observa que los profesionales más jóvenes y de menor antigüedad constituyen un subgrupo con características propias. En primer lugar, perciben más intensamente estresores vinculados con las recompensas materiales y sociales, lo que se alinea con lo destacado por Hillhouse *et al.* (2000); Lee y Wang (2002); Zambrano Plata (2006), aunque se aleja de lo informado por Charnley (1999); Lou, Yu, Hsu y Dai (2007) y Sawatzky (1996), quienes describen relaciones inversas. En segundo lugar, si bien se sienten más apoyados por el medio social en el que se desenvuelven, experimentan con mayor frecuencia síntomas tales como irritabilidad, impaciencia, disgusto, tristeza y ansiedad, tendiendo además a preocuparse por el sentido de su vida. Estos resultados son coincidentes con los de Camponovo Meier y Morín Imbert (2000), quienes indican que los médicos y enfermeros más jóvenes (y con menor antigüedad) son más propensos a evidenciar varios componentes del síndrome de *burnout*, tales como la despersonalización y una alteración de los atributos relacionados con el rol laboral.

Finalmente, y con respecto a la *satisfacción laboral*, del presente estudio no surgen diferencias significativas en relación con la edad ni la antigüedad de los profesionales encuestados, si bien investigaciones provenientes de otras culturas (Tabak & Koprak, 2007) han detectado mayor satisfacción laboral entre enfermeros mayores y con cierta antigüedad laboral.

Especialidades médicas

Por último, con el propósito de profundizar el análisis entre los médicos, se compararon todas las variables en estudio en relación con sus especialidades. Para facilitar la exposición de los resultados, se detallarán sólo los estresores, las estrategias de afrontamiento, la satisfacción laboral-personal y las dimensiones del bienestar subjetivo que han mostrado diferencias significativas.

Entre los estresores se destacan los referidos a la falta de apoyo organizacional y las dificultades percibidas. La *falta de apoyo organizacional* es un estresor que agrupa situaciones tales como la imposibilidad de contar con pares y superiores cuando hay dificultades, pobre devolución de desempeño, baja autonomía y poca disposición para trabajar en equipo. Este estresor es percibido con más intensidad entre los traumatólogos, pediatras, oftalmólogos, ginecólogos (t = 2.18, p > .05) y los que trabajan en contacto con la posibilidad de la muerte de los pacientes, tales como anestesiólogos, terapistas y cardiólogos (t = 2.07, p > .05). Las *dificultades interpersonales* o conflictos con colegas, pacientes y sus familiares son percibidas principalmente por los médicos de especialidades varias tales como traumatólogos, pediatras, oftalmólogos y ginecólogos (t= 3.11, p > .01). En este sentido, Zaldúa y Lodieu (2000) detectan en el servicio de pediatría, guardia y obstetricia de un hospital general de la Ciudad de Buenos Aires, mayores niveles de despersonalización, una dimensión del síndrome de *burnout* que hace referencia a la deshumanización del vínculo profesional.

En cuanto a las estrategias de afrontamiento, se observan ciertas preferencias en función de la especialidad médica. Al respecto, entre los psiquiatras (t = 3.69, p > .01) prevalece el *distanciamiento*, estrategia que agrupa ítems que se refieren a la posibilidad de mantener una clara división entre el trabajo y la vida personal, y planificar o realizar actividades placenteras fuera del trabajo. Otra estrategia frecuente entre los psiquiatras es la de *resolución de problemas* o *coping* de acción directa. Esto indica que cuando evalúan alguna demanda externa como amenazante para su bienestar, tienden a planificar o poner en marcha actividades específicamente focalizadas en su solución (t = 2.22, p > .05). Entre los médicos residentes (t = 2.29, p > .05) y cirujanos (t = 2.34, p > .05), en cambio, predomina la *resignación*, estrategia que supone una aceptación pasiva y evitación de las fuentes de estrés. Finalmente, entre los médicos cuyas especialidades están vinculadas con la posibilidad de la muerte de sus pacientes (t = 2.73, p > .01), a saber, anestesiólogos, cardiólogos y terapistas, predominan las estrategias llamadas *desadaptativas*, que incluyen manifestaciones psicosomáticas, evasión a través del alcohol o cigarrillos, descontrol y automedicación.

Desde la perspectiva de las especialidades médicas, no se registran diferencias significativas en cuanto a la *satisfacción laboral*, constructo que se centra en diversos aspectos del trabajo, tales como recompensas materiales y sociales, relaciones interpersonales con jefes y compañeros, estabilidad laboral, entre otros. Sólo se evidencian diferencias en cuanto a la valoración de las posibilidades que la vida les brinda de desarrollar sus habilidades (*satisfacción con la vida*), siendo los psiquiatras quienes están más satisfechos con su vida en general (t = 2.31, p > .05).

Con respecto al bienestar subjetivo, son los cardiólogos, terapistas, forenses y anestesiólogos (t = 2.10, p > .05) quienes evidencian mejores *relaciones con su grupo primario* (vínculos con cónyuge e hijos), al tiempo que sienten más preocupación y pena por la *pérdida de amigos y vínculos* (t = 2.21, p > .05). Los cirujanos, en cambio, no sólo perciben mayor *correspondencia entre las expectativas y los logros* alcanzados en la vida (t = 2.72, p > .01), sino que también sienten más *confianza en afrontar* airosamente las dificultades que puedan presentarse (t = 2.09, p > .05), mientras que evidencian menos capacidad para el manejo de la irritabilidad y el *control emocional* (t = 2.57, p > .05). Comparativamente, los cirujanos se destacan del resto de los profesionales por sentir que han alcanzado el estándar de vida esperado y los objetivos que se propusieron, además de evidenciar mayor autoeficacia.

Análisis de correlaciones

Muestra total

Seguidamente, y con el propósito de explorar las vinculaciones entre las variables en estudio, se procedió al cálculo de los coeficientes de correlación, tanto para la muestra total como en forma separada, para médicos y enfermeros. En la Tabla 20 se presentan los coeficientes de correlación correspondientes a la muestra total.

Tabla 20. Coeficientes de correlaciones entre estresores, estrategias de afrontamiento, satisfacción laboral-personal y bienestar en general en la muestra total (médicos y enfermeros).

	1.	2.	3.	4.	5.	6.	7.	8.
1. Estrés total	-	.17*	-.16*	ns	ns	-.57**	-.41**	-.27**
2. Estrategias desadaptativas		-	-.18*	ns	ns	-.15*	-.31**	-.41**
3. Resolución de problemas			-	ns	.25**	.27**	.38**	.27**
4. Resignación				-	ns	ns	-.24**	ns
5. Distanciamiento					-	ns	.23**	.27**
6. Satisfacción laboral						-	.46**	.30**
7. Satisfacción con la vida							-	.51**
8. Bienestar subjetivo								-

* p > 0.05; ** p > 0.01

Como se advierte, los mayores niveles de *estrés* se asocian positivamente con *estrategias desadaptativas* (r = .17, p > .05) y negativamente con *resolución de problemas* (r = –.16, p > .05). Estas asociaciones están indicando que, a mayor estrés, mayor predominio de estrategias tales como evadirse a través del alcohol o cigarrillo, descargar la tensión en otros, somatizar, responder cínicamente o automedicarse, y menor *coping* de acción directa. Estos resultados están en sintonía con los informados recientemente por Mann Layne *et al.* (2004), quienes detectaron que, al aumentar los niveles de estrés, disminuyen los recursos de afrontamiento de acción directa, y con los de Tabak y Koprak (2007), que evaluando cómo los enfermeros resuelven sus conflictos con los médicos, detectan que la evitación se asocia con mayores niveles de estrés. Sin embargo, son contrarios a los informados por Boey (1998, 1999), quien, al estudiar enfermeros con altos niveles de estrés, encuentra que tienden a usar el afrontamiento focalizado en el problema.

A su vez, entre los profesionales que experimentan más altos niveles de estrés, se observan más bajos niveles de *satisfacción laboral* (r = -.57, p > .01), de *satisfacción personal* (r = -.41, p > .01) y de *bienestar subjetivo* (r = -.27, p > .01). Esta relación inversa entre alto estrés y baja satisfacción laboral y bienestar ha sido ampliamente documentada en similares grupos ocupacionales por Arafa *et al.* (2003); Díaz Llanes, (2001); Hermon y Hazler (1999) y, recientemente, por Tabak y Koprak (2007); Martín García, Luceño Moreno, Jaén Díaz y Rubio Valdehita (2007) y Lu, While y Barriball (2007) e incluso entre otras ocupaciones tales como, por ejemplo, soldados profesionales (López-Araújo, Osca Segovia & Peiró, 2007). Vale decir que más allá de las diferencias culturales y profesionales, el estrés laboral y la insatisfacción se asocian con los diversos aspectos que hacen al bienestar subjetivo y con las posibilidades que la vida brinda de desarrollar las propias potencialidades.

Si se analizan las relaciones entre afrontamiento del estrés, la satisfacción laboral-personal y el bienestar, se observan dos tendencias diferentes. Por un lado, las *estrategias desadaptativas* ($r = -.31$, $p > 01$) y la de *resignación* ($r = -.24$, $p > .01$) se vinculan negativamente con la *satisfacción con la vida*, en coincidencia con los resultados informados por Díaz Morales y Sánchez-López (2001); Dijkstra *et al.* (2005), y Terry y Jimmieson (2003). Por otro lado, las estrategias de *resolución de problemas* ($r = .27$, $p > .01$) y de *distanciamiento* ($r = .27$, $p > .01$) se asocian con aumentos del *bienestar*, aspecto que también se corrobora con lo informado recientemente por De Dreu *et al.* (2004); McConaghy y Caltabiano (2005); Taylor *et al.* (2004), y Tugade *et al.* (2004). Es importante destacar que entre los ítems que forman parte de la dimensión *distanciamiento* en el instrumento construido para este trabajo se incluyen algunos que hacen referencia al ocio y al empleo del tiempo libre, aspectos que, utilizados como recursos de *coping*, promueven un mayor bienestar (Caldwell, 2005; Hermon & Hazler, 1999; Iwasaki, 2003 y Shanafelt *et al.*, 2005).

Médicos

A continuación, y con igual metodología, se procedió a calcular los coeficientes de correlación entre la totalidad de las variables en estudio para el subgrupo de los médicos.

Tabla 21. Coeficientes de correlaciones entre variables sociodemográficas, estresores, estrategias de afrontamiento, satisfacción laboral-personal y bienestar en general en médicos.

	1.	2.	3.	4.	5.	6.	7.	8.	9.	10.
1. Sexo	–	ns	ns	ns	ns	.21*	ns	ns	ns	ns
2. Intención de renunciar		–	ns	.24*	ns	ns	ns	ns	.21*	ns
3. Estrategias desadaptativas			–	ns	ns	ns	ns	ns	–.22*	–.36**
4. Resolución de problemas				–	–.30**	ns	ns	.21*	.37**	ns
5 .Resignación					–	ns	.22*	–.23*	–.36**	ns
6. Distanciamiento						–	ns	ns	ns	.23*
7. Estrés total							–	–.55**	–.36**	–.22*
8. Satisfacción laboral								–	.51**	.24*
9. Satisfacción con la vida									–	.41**
10. Bienestar subjetivo										–

* p > 0.05; ** p > 0.01

De la inspección de los valores de la tabla precedente, surge claramente que las dos variables sociodemográficas que presentan correlaciones significativas con las variables de afrontamiento son sexo e intención de renunciar. En primer lugar, la positiva relación observada entre la variable sexo y la estrategia de *distanciamiento* (r = .21, p > .05) estaría indicando que, frente a un problema laboral, los médicos varones optan, con más frecuencia que las mujeres por pensar en su tiempo libre, planificar actividades placenteras y esforzarse en separar el trabajo de su vida personal. En segundo lugar, se advierte también que los que no tienen intención de renunciar a sus trabajos son los que utilizan con más frecuencia el *coping* de *resolución de problemas* (r = .24, p > .05). Además, muestran una mayor satisfacción con la posibilidad que su *vida* les brinda de desarrollar sus habilidades (r = .21, p > .05).

En relación con las estrategias de afrontamiento más frecuentemente usadas por los médicos, se evidencian varias asociaciones interesantes. Al respecto, los médicos que se inclinan por el uso de *estrategias desadaptativas* experimentan menor *satisfacción con la vida* (r = -.22, p > .05) y menores niveles de *bienestar subjetivo* (r = -.36, p > .01). Los que optan por la estrategia de *resolución de problemas*, reconocen mayor *satisfacción laboral* (r = .21, p > .05) y mayor *satisfacción personal* (r = .37, p > .01), mientras que los que se inclinan por la estrategia de *distanciamiento*, experimentan más *bienestar subjetivo* (r = .23, p > .05). Entre los profesionales que usan la *resignación* como estrategia de afrontamiento se observa un aumento del *estrés* (r = .22, p > .05), así como una disminución de su nivel de *satisfacción laboral* (r = -.23, p > .05) y *satisfacción personal* (r = -.36, p > .01). En otras palabras, los profesionales que tienden a actuar como si nada pasara, es decir, aceptar pasivamente las situaciones estresantes o esperar que cambien por sí mismas, se sienten más insatisfechos con su trabajo y con su vida personal, y padecen más estrés asistencial. En este sentido, Cano García, Rodríguez Franco y García Martínez (2007) encuentran que este tipo de afrontamiento (estrategia de resignación) es común entre personas emocionalmente inestables, introvertidas e incapaces de afrontar eficazmente el estrés.

Frente a la fuerza de las asociaciones inversas entre estrés y satisfacción, se optó por analizar el impacto de cada uno de los cinco estresores explorados sobre la satisfacción laboral-personal. Los resultados indicaron que las *dificultades interpersonales* (r = -.34, p > .01) se relacionan con la *insatisfacción personal*, en tanto que la *falta de apoyo organizacional* (r = -.55, p > .01), *las fuentes extrínsecas de insatisfacción* (r= -.54, p > .01) y la *falta de justicia organizacional* (r= -.50, p > .01) presentan asociaciones significativas con la *insatisfacción laboral*. Estos resultados son parcialmente coincidentes con los informados por Martín García *et al.* (2007), quienes encuentran que la falta de apoyo organizacional es el estresor más importante vinculado con la insatisfacción laboral entre trabajadores de diversas ocupaciones, principalmente docentes y personal de salud.

Paralelamente, se profundizó el análisis de la relación observada entre bienestar, satisfacción laboral-personal y estrés. Al respecto, se encontró que los médicos que no están preocupados por su futuro y piensan que su *vida es útil y placentera*, sienten más *satisfacción laboral* (r = .31, p > .01), *satisfacción personal* (r = .35, p > .01) y perciben con menor intensidad los *estresores laborales* (r = -.34, p > .01). Estas asociaciones también se evidenciaron entre los médicos que consideran haber logrado sus *expectativas* con respecto a su vida en general, encontrándose entonces correlaciones significativas positivas entre esta dimensión y la *satisfacción laboral* (r = .48, p > .01) y la *personal* (r = .48, p > .01), y negativas con el *estrés asistencial* (r = -23, p > .05). En síntesis, estas asociaciones estarían indicando que los médicos que sienten que han logrado el estándar deseado, que han alcanzado las metas que se propusieron y encuentran que su vida es significativa e interesante, experimentan menos estrés asistencial y más satisfacción. Este último aspecto es una observación que armoniza con los resultados adelantados por Lent (2004), y Díaz Morales y

Sánchez-López (2001), quienes señalan que las posibilidades de alcanzar las metas y expectativas personales predicen el bienestar y la satisfacción vital.

Enfermeros

Finalmente, se analizaron las asociaciones entre la totalidad de las variables en estudio para el subgrupo de los enfermeros.

Tabla 22. Coeficientes de correlaciones entre variables sociodemográficas, estresores, satisfacción laboral-personal y bienestar en general en enfermeros.

	1.	2.	3.	4.	5.	6.	7.
1. Etáreo	–	.19*	ns	ns	ns	ns	ns
2. Cantidad de empleos		–	ns	ns	ns	ns	.25*
3. Intención de renunciar			–	–.30**	.33**	ns	ns
4. Estrés total				–	–.58**	–.45**	–.30**
5. Satisfacción laboral					–	.39**	.35**
6. Satisfacción con la vida						–	.59**
7. Bienestar							–

* $p > 0.05$; ** $p > 0.01$

Como se desprende de la tabla precedente, los enfermeros que tienen más de un trabajo (pluriempleo) evidencian mayor *bienestar subjetivo* ($r = .25$, $p > .05$), en tanto que los que no tienen intención de renunciar experimentan menos *estrés* ($r = -.30$, $p > .01$) y más *satisfacción laboral* ($r = .33$, $p > .01$).

Con respecto a las estrategias de afrontamiento, se observa el mismo patrón detectado entre los médicos, es decir, el uso de la estrategia de *resolución de problemas* se asocia positivamente con la *satisfacción laboral* ($r = .32$, $p > .01$), la *satisfacción personal* ($r = .35$, $p > .01$) y el *bienestar* (r = .34, p > .01); mientras que el empleo de la estrategia de *distanciamiento* se vincula con la *satisfacción con la vida* (r = .38, p > .01) y el *bienestar* en general (r = .32, p > .01). Por otra parte, la utilización de *estrategias desadaptativas* se asocia inversamente con la *satisfacción laboral* (r = -.31, p > .01), la *satisfacción personal* (r = -.35, p > .01) y el *bienestar* (r = -.44, p > .01). A diferencia de lo observado en el subgrupo de los médicos, en este grupo de enfermeros la estrategia de *resignación* no aparece asociada con ninguna de las variables en estudio.

Con el propósito de profundizar el análisis del interjuego entre los estresores y la satisfacción laboral–personal, se procedió al estudio de cada fuente de estrés de manera independiente. Los resultados indicaron que la *falta de apoyo organizacional* (r = -.55, p > .01), las *fuentes extrínsecas de satisfacción* (r = -.57, p > .01) y la *sobrecarga* (r = -.54, p > .01) son los estresores que aparecen negativamente vinculados con la *satisfacción laboral*. Al tiempo que las *dificultades interpersonales* (r = -.47, p > .01), la *falta de justicia organizacional* (r = -.40, p > .01) y, nuevamente, la *sobrecarga* (r = -.40, p > .01) impactan negativamente en la *satisfacción con la vida* en general. Como se evidencia, este último estresor asistencial (sobrecarga) está asociado con ambos aspectos de la insatisfacción entre los enfermeros, observación que está en sintonía con los hallazgos recientes de Brodaty *et al.* (2003); Cox *et al.* (2006) y Khowaja *et al.* (2005).

Por último, dos dimensiones del bienestar subjetivo muestran asociaciones positivas con la satisfacción laboral-personal y negativas con el estrés. Se trata de la *correspondencia entre expectativas y logros,* y de la *confianza* en los propios recursos para afrontar dificultades o situaciones inesperadas. Tales resultados estarían indicando que los enfermeros que se sienten capaces de resolver problemas actuales o futuros refieren más *satisfacción en el trabajo* (r = .32, p > .01), con su *vida en general* (r = .46, p > .01) y menos percepción de *estresores asistenciales* (r = -.29, p > .01). Esta última apreciación es compartida por diversos autores que, recientemente, han señalado que mayores niveles de autoeficacia se asocian con mayores percepciones de bienestar laboral (Lent, 2004; Martin *et al.*, 2005; Naudé & Rothmann, 2006).

Análisis de regresión

Profundizando el análisis de los datos, y con el propósito de identificar las variables que mejor explican la satisfacción laboral y el bienestar subjetivo en enfermeros y médicos, se calcularon un conjunto de análisis de regresión múltiple, tanto para la muestra total como para cada profesión por separado. Para la ejecución de dicho análisis se ingresaron, en el primer paso, las variables sociodemográficas (docencia, horas de trabajo, grupo etáreo, sexo, intención de renunciar al trabajo, tipo de trabajo, especialidad médica, estado civil, hijos, antigüedad laboral y cantidad de empleos) con miras a controlar sus posibles efectos sobre las variables dependientes; en el segundo paso, se ingresaron las cinco dimensiones de los estresores asistenciales; en el tercer paso, las cuatro dimensiones de la escala de estrategias de afrontamiento; en el cuarto paso, la percepción de satisfacción con la vida, y finalmente, en el quinto paso, las dimensiones del bienestar subjetivo. Tales variables desempeñaron el rol de independientes, en tanto que la satisfacción laboral y el bienestar subjetivo adoptaron el rol de variables dependientes.

Satisfacción laboral en la muestra total

En primer lugar se analizaron cuáles eran las variables independientes que mejor explicaban la satisfacción laboral entre los profesionales de la salud en general.

Tabla 23. Predictores de satisfacción laboral en la muestra total.

VARIABLES PREDICTORAS	VARIABLE DEPENDIENTE SATISFACCIÓN LABORAL	
	β estandarizada	F
Primer paso (variables sociodemográficas)		
Intención de permanecer	.265***	
Horas	.213**	
R2 = .124 ΔR2 = .056	F (14,181) = 1.825*	
Segundo paso (estresores)		
Fuentes extrínsecas de insatisfacción	−.400***	
Falta de apoyo organizacional	−.301***	
Dificultades interpersonales	−.185**	
R2 = .500 ΔR2 = .446	F (19,176) = 9.264***	
Tercer paso (afrontamiento)		
Resolución de problemas	.176*	
R2 = .543 ΔR2 = .482	F (23,172) = 8.888***	
Cuarto paso (satisfacción con la vida)		
Satisfacción con la vida	.234**	
R2 = .575 ΔR2 = .515	F (24,171) = 9.641***	
Quinto paso (bienestar subjetivo)		
Correspondencia entre expectativas y logros	.216**	
Manejo mental	.204**	
Apoyo del grupo familiar	.140*	
R2 = .625 ΔR2 = .545	F (34,161) = 7.880***	

* p > 0.05; ** p > 0.01; *** p > 0.001

En el primer paso, las variables sociodemográficas *horas* e *intención de permanecer* contribuyeron significativamente a la ecuación de regresión, explicando el 5,6% ($\Delta R2 = .056$) de la varianza de la satisfacción laboral. En el paso dos, los estresores *fuentes extrínsecas de insatisfacción, falta de apoyo organizacional* y *dificultades interpersonales* contribuyeron con el 39% ($\Delta R2 = .446 - .056 = .390$), siendo el cambio en R2 ($.500 - .124 = .376$) significativo al nivel de 0.001. Cuando se incorporaron al modelo las estrategias de afrontamiento, explicaron un 3.6% adicional ($.482 - .446 = .036$), no alcanzando el cambio en R2 ($.543 - .500 = .043$) con significación a los niveles convencionales. En el cuarto paso, la *satisfacción con la vida* contribuyó con un 3.3% ($.515 - .482 = .033$) a la explicación de la satisfacción laboral, no obstante, el cambio en R2 ($.575 - .543 = .032$) no alcanzó significación estadística. Finalmente, al incorporar las dimensiones del bienestar subjetivo, éstas contribuyeron con un 3% más ($.545 - .515 = .030$) a la explicación de la variable dependiente, aunque el cambio en R2 ($.625 - .575 = .050$) tampoco alcanzó significación estadística.

En total, las variables predictoras explican un 54.5% ($5.6 + 39 + 3.6 + 3.3 + 3.0$) de la varianza de la satisfacción laboral y los valores (y signos) de los coeficientes beta estandarizados indican que las variables *horas de trabajo, intención de permanecer en el puesto de trabajo,* el afrontamiento de *resolución de problemas,* la *satisfacción con la vida* y la *correspondencia entre expectativas y logros,* el *adecuado manejo mental* y el *apoyo percibido por parte del grupo familiar* son los mejores predictores de la satisfacción laboral entre los trabajadores de la salud (médicos y enfermeros). En tanto que algunos estresores asistenciales, tales como *fuentes extrínsecas de insatisfacción, falta de apoyo organizacional* y *dificulta-des interpersonales* (dados los signos negativos de los correspondientes coeficientes beta estandarizados), surgen como los predictores más idóneos de la insatisfacción laboral. En la Figura 16 se puede observar el aporte de cada variable a la explicación de la satisfacción laboral:

Figura 16. Predictores de satisfacción laboral en la muestra total.

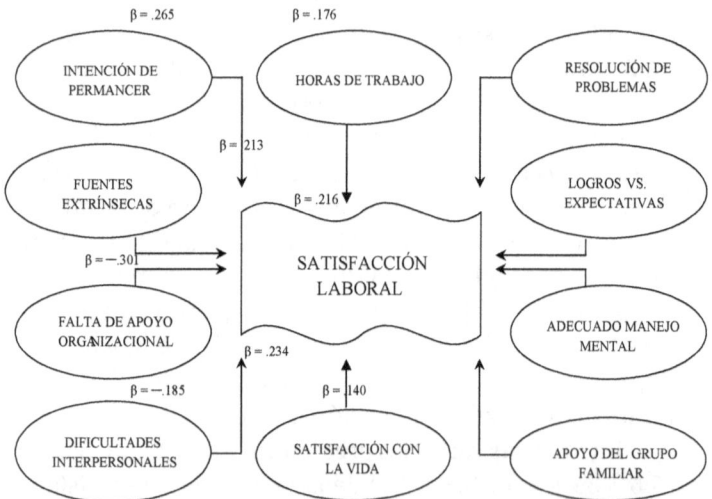

Bienestar subjetivo en la muestra total

Con idéntica metodología se analizó cuáles eran las variables independientes que mejor explicaban el bienestar subjetivo entre los profesionales de la salud en general.

Tabla 24. Predictores de bienestar subjetivo en la muestra total.

VARIABLES PREDICTORAS	VARIABLE DEPENDIENTE	
	BIENESTAR SUBJETIVO	
	β estandarizada	F
Primer paso (variables sociodemográficas)		
Hijos	−.349***	
Horas de trabajo	.266***	
R2 =.160 ΔR2 =.095	$F_{(14,181)} = 2.461$**	
Segundo paso (estresores)		
Falta de justicia organizacional	−.331***	
R2 =.260 ΔR2 =.180	$F_{(19,176)} = 3.254$***	
Tercer paso (afrontamiento)		
Estrategias desadaptativas	−.352***	
Distanciamiento	.170*	
Resolución de problemas	.160*	
R2 =.445 ΔR2 =.371	$F_{(23,172)} = 6.004$***	
Cuarto paso (satisfacción con la vida)		
Satisfacción con la vida	.326***	
R2 =.511 ΔR2 = .439	$F_{(25,170)} = 7.106$***	

* $p > 0.05$; ** $p > 0.01$; *** $p > 0.001$

Entre las variables demográficas (ingresadas en el primer paso), la *tenencia de hijos* y las *horas de trabajo* predicen la emergencia del bienestar subjetivo. De acuerdo a la codificación de las variables, el valor y el signo de los coeficientes β estandarizados (−.349 y .266) están indicando que el bienestar aumenta entre los médicos y enfermeros que tienen hijos y trabajan más horas. Esto explica el 9.5% de la varianza. Cuando en el segundo paso se ingresan los estresores asistenciales, emerge una dimensión explicativa (*falta de justicia organizacional*), que contribuye con un 8.5% a la explicación del bienestar (.180 – .095 = .085), siendo el cambio en R2 (.260 – .160 = .100) significativo al nivel de p < 0.01. En el tercer paso, cuando se incorporan al modelo las estrategias de afrontamiento, es decir, las *estrategias desadaptativas*, la *resolución de problemas* y el *distanciamiento*, éstas aportan un 19.1% adicional a la explicación del bienestar (.371 – .180 = .191), siendo el cambio en R2 (.445 - .260 = .185) significativo al nivel del 0.01. Finalmente, la *satisfacción con la vida* aporta un 6.8% adicional (.439 – .371 = .068), siendo el cambio en R2 (.511 - .445 = .066) significativo al nivel de 0.05.

Las variables predictoras, en total, explicaron el 43.9% (9.5 + 8.5 + 19.1+ 6.8) de la varianza del bienestar subjetivo y los coeficientes β estandarizados indican que los profesionales que tienen más bienestar subjetivo son los que tienen *hijos*, trabajan más *horas* semanales, perciben más *justicia organizacional*, usan afrontamiento de *resolución de problemas* y *distanciamiento*, no utilizan el *afrontamiento desadaptativo* y están *satisfechos con su vida*, tal como se puede observar en la Figura 17.

Figura 17. Predictores de bienestar subjetivo en la muestra total.

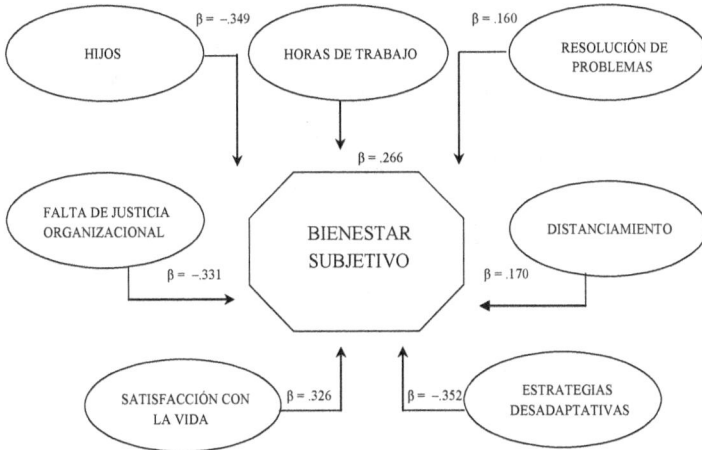

Satisfacción laboral y bienestar en médicos

A continuación, se presentan los análisis de regresión calculados para el subgrupo de médicos a efectos de analizar cuáles son los mejores predictores de la satisfacción laboral (Tabla 25) y del bienestar subjetivo (Tabla 26), respectivamente.

Tabla 25. Predictores de satisfacción laboral en médicos.

VARIABLES PREDICTORAS	VARIABLE DEPENDIENTE	
	SATISFACCIÓN LABORAL	
	β estandarizada	F
Primer paso (variables sociodemográficas)		
Horas	.404***	
R2 = .206 ΔR2 = .070	F (14,82) = 1.519	
Segundo paso (estresores)		
Fuentes extrínsecas de insatisfacción	–.349***	
Falta de apoyo organizacional	–.329***	
R2 = .588 ΔR2 = .486	F (19,77) = 5.777***	
Tercer paso (afrontamiento)		
No ingresan variables al modelo		
R2 = .619 ΔR2 = .498	F (23,73) = 5.148***	
Cuarto paso (satisfacción con la vida)		
Satisfacción con la vida	.257**	
R2 = .657 ΔR2 = .542	F (24,72) = 5.741***	
Quinto paso (bienestar subjetivo)		
Correspondencia expectativas y logros	.326***	
Apoyo del grupo familiar	.201**	
R2 = .748 ΔR2 = .610	F (34,62) = 5.419***	

**p > 0.01; ***p > 0.001

En el primer paso, la variable sociodemográfica *horas* de trabajo contribuyó significativamente a la ecuación de regresión, explicando el 7% ($\Delta R2 = .070$) de la varianza de la satisfacción laboral. En el paso 2, los estresores *fuentes extrínsecas de insatisfacción* y *falta de apoyo organizacional* contribuyeron con el 41.6% ($\Delta R2 = .486 - .070 = .416$), siendo el cambio en R2 ($.588 - .206 = .382$) significativo al nivel de 0.001. Cuando se incorporaron al modelo las estrategias de afrontamiento, sólo agregaron un 1.2% ($.498 - .486 = .012$), no alcanzando el cambio en R2 ($.619 - .588 = .031$) significación a los niveles esperables. En el cuarto paso, la *satisfacción con la vida* contribuyó con un 4.4% ($.542 - .498 = .044$), careciendo el cambio en R2 ($.657 - .619 = .038$) de significación estadística. Finalmente, al incorporar las dimensiones del bienestar subjetivo, éstas contribuyeron con un 6.8 % adicional ($.610 - .542 = .068$), siendo el cambio en R2 ($.748 - .657 = .091$) significativo al nivel de 0.05.

Las variables predictoras, en total, explican un 61% ($7.0 + 41.6 + 1.2 + 4.4 + 6.8$) de la varianza, y los valores (y signos) de los coeficientes beta estandarizados indican que las variables *horas* de trabajo, *satisfacción con la vida, correspondencia entre expectativas y logros* y *apoyo del grupo familiar* son predictores de satisfacción laboral en médicos. En tanto que los estresores *fuentes extrínsecas* y *falta de apoyo organizacional,* dados los signos negativos de los correspondientes coeficientes beta estandarizados, surgen como predictores de insatisfacción laboral.

Tabla 26. Predictores de bienestar subjetivo en médicos.

	VARIABLE DEPENDIENTE	
	BIENESTAR SUBJETIVO	
VARIABLES PREDICTORAS	β estandarizada	F
Primer paso (variables sociodemográficas)		
Cantidad de empleos	–.433***	
Hijos	–.427***	
Horas	–351***	
R2 =.242 ΔR2 =.112	F (14,82) =1.867*	
Segundo paso (estresores)		
Falta de justicia organizacional	–.437***	
R2 =.338 ΔR2 =.174	F (19,77) = 2.068**	
Tercer paso (afrontamiento)		
Estrategias desadaptativas	–.320***	
Resignación	–.194**	
R2 =.507 ΔR2 =.352	F (23,73) = 3.268***	
Cuarto paso (satisfacción con la vida)		
Satisfacción con la vida	.255**	
R2 =.541 ΔR2 =.380	F (25,71) = 3.352***	

* $p > 0.05$; ** $p > 0.01$; *** $p > 0.001$

Entre las variables demográficas (ingresadas en el primer paso), la tenencia de *hijos* y las *horas* de trabajo predicen la emergencia del bienestar subjetivo, en tanto que la *cantidad de empleos* predicen mayor malestar. De acuerdo a la codificación de las variables, el valor y el signo de los coeficientes β estandarizados están indicando que el bienestar aumenta entre los médicos que tienen hijos, trabajan más horas y concentran su actividad laboral en menos empleos. Esto explica el 11.2% de la varianza del bienestar entre los médicos. Cuando en el segundo paso se ingresan los estresores asistenciales, la *falta de justicia organizacional* contribuye con un 6.2% a la explicación del bienestar (.174 – .112 = .062), siendo el cambio en R2 (.338 – .242 = .096) significativo al nivel del 0.05. En el tercer paso, cuando se incorporan al modelo las estrategias de afrontamiento, las *estrategias desadaptativas* y de *resignación* aportan un 17.8% a la explicación del bienestar (.352 – .174 = .178), siendo el cambio en R2 (.507 – .338 = .169) significativo al nivel de 0.01. Finalmente, la *satisfacción con la vida* aporta un 2.8% más (.380 – .352 = .028), no alcanzando el cambio en R2 (.541 - .507 = .034) significación estadística.

Las variables predictoras, en total, explicaron el 38% (11.2 + 6.2 + 17.8 + 2.8) de la varianza del bienestar subjetivo y los coeficientes β estandarizados indican que los médicos que tienen más bienestar subjetivo son los que tienen *hijos*, trabajan más *horas*, tienen menos *empleos*, perciben más *justicia organizacional*, no utilizan el *afrontamiento desadaptativo* ni el de *resignación* y están *satisfechos con su vida*.

Satisfacción laboral y bienestar en enfermeros

Seguidamente, se presentan los análisis de regresión calculados para el subgrupo de enfermeros a efectos de analizar cuáles son los mejores predictores de la satisfacción laboral (Tabla 27) y del bienestar subjetivo (Tabla 28), respectivamente.

Tabla 27. Predictores de satisfacción laboral en enfermeros.

VARIABLES PREDICTORAS	VARIABLE DEPENDIENTE SATISFACCIÓN LABORAL	
	β estandarizada	F
Primer paso (variables sociodemográficas)		
Intención de permanecer	.368***	
R2 = .233 ΔR2 = .106		F (14,84) = 1.827*
Segundo paso (estresores)		
Falta de apoyo organizacional	–.322***	
Fuentes extrínsecas de insatisfacción	–.298***	
R2 =.527 ΔR2 =.413		F (19,79) = 4.631***
Tercer paso (afrontamiento)		
Resolución de problemas	.244**	
Afrontamiento desadaptativo	–.170*	
R2 =.624 ΔR2 =.509		F (23,75) = 5.409***
Cuarto paso (satisfacción con la vida)		
No ingresan variables al modelo		
R2 =.635 ΔR2 =.516		F (24,74) = 5.355***
Quinto paso (bienestar subjetivo)		
Manejo mental	.325***	
Percepción de salud	.268***	
R2 =.712 ΔR2 =.559		F (34,64) = 4.653***

* $p > 0.05$; ** $p > 0.01$; *** $p > 0.001$

En el primer paso, la variable sociodemográfica *intención de permanecer* contribuyó significativamente a la ecuación de regresión, explicando el 10.6% de la varianza de la satisfacción laboral. En el segundo paso, los estresores *falta de apoyo organizacional* y *fuentes extrínsecas de insatisfacción* contribuyeron con un 30.7% adicional (.413 – .106 = .307) a la explicación de la satisfacción entre los enfermeros, siendo el cambio en

R^2 (.527 – .233 = .294) significativo al nivel de 0.001. Cuando se incorporaron al modelo las estrategias de afrontamiento, agregaron un 9.6% (.509 – .413 = .096), siendo el cambio en R^2 (.624 – .527 = .097) significativo al nivel de 0.05. En el cuarto paso, la *satisfacción con la vida* no efectuó aportes significativos a la explicación de la variable dependiente. Finalmente, al incorporar las dimensiones del bienestar subjetivo, éstas contribuyeron un 4.3% (.559 – .516 = .043) no alcanzando el cambio en R^2 (.712 – .635 = .077) significación estadística.

Las variables predictoras, en total explican un 55.2% (10.6 + 30.7 + 9.6 + 4.3) de la varianza. Los valores (y signos) de los coeficientes beta estandarizados indican que la *intención de permanecer* en el trabajo, el afrontamiento de *resolución de problemas*, la *percepción de salud* y el *adecuado manejo mental* son los mejores predictores de satisfacción laboral entre los enfermeros. En tanto que la *falta de apoyo organizacional*, las *fuentes extrínsecas de insatisfacción*, las *estrategias desadaptativas* (en ese orden y dados los signos negativos de los correspondientes coeficientes beta estandarizados) surgen como predictores de insatisfacción laboral.

Análogamente, se procedió a analizar el aporte explicativo de las variables independientes sobre el bienestar subjetivo entre los enfermeros que integraron la muestra. Tal como se desprende de la Tabla 28, del total de las variables demográficas consideradas, sólo la tenencia de *hijos* predice la emergencia del bienestar subjetivo entre los enfermeros. Esta variable explica el 5.7% de la varianza. Cuando en el segundo paso se ingresan los estresores, la *falta de justicia organizacional* contribuye con un 8.8% a la explicación del bienestar (.145 – .057 = .088), siendo el cambio en R^2 (.310 – .192 = .118) significativo al nivel de 0.01.

Tabla 28. Predictores de bienestar subjetivo en enfermeros.

VARIABLES PREDICTORAS	VARIABLE DEPENDIENTE	
	BIENESTAR SUBJETIVO	
	β estandarizada	F
Primer paso (variables sociodemográficas)		
Hijos	–.281***	
R2 = .192 ΔR2 = .057		F (14,84) = 1.422
Segundo paso (estresores)		
Falta de justicia organizacional	–.329***	
R2 = .310 ΔR2 = .145		F (19,79) = 1.872*
Tercer paso (afrontamiento)		
Estrategias desadaptativas	–.393***	
Distanciamiento	.195**	
R2 = .519 ΔR2 = .371		F (23,75) = 3.517***
Cuarto paso (satisfacción)		
Satisfacción con la vida	.450***	
R2 = .620 ΔR2 = .490		F (25,73) = 4.772***

*$p > 0.05$; **$p > 0.01$; ***$p > 0.001$

En el tercer paso, cuando se incorporan al modelo las estrategias de afrontamiento, las *estrategias desadaptativas* y el *distanciamiento* aportan un 22.6% a la explicación del bienestar (.371 – .145 = .226), siendo el cambio en R2 (.519 – .310 = .209) significativo al nivel del 0.01. Finalmente, la *satisfacción con la vida* agrega un 11.9% más (.490 – .371 = .119), alcanzando el cambio en R2 (.620 – .519 = .101) con significación al nivel del 0.01.

Las variables predictoras, en total, explicaron el 49% (5.7 + 8.8 + 22.6 + 11.9) de la varianza del bienestar subjetivo y los coeficientes β estandarizados indican que los enfermeros que tienen más bienestar subjetivo son los que tienen *hijos*, perciben más *justicia organizacional*, no utilizan el *afrontamiento desadaptativo*, aunque sí emplean el de *distanciamiento* y están *satisfechos con su vida*.

A continuación se muestran las variables en estudio que explican la satisfacción laboral (Figura 18) y el bienestar (Figura 19), comparativamente entre médicos y enfermeros.

Figura 18. Predictores de satisfacción laboral en médicos y enfermeros.

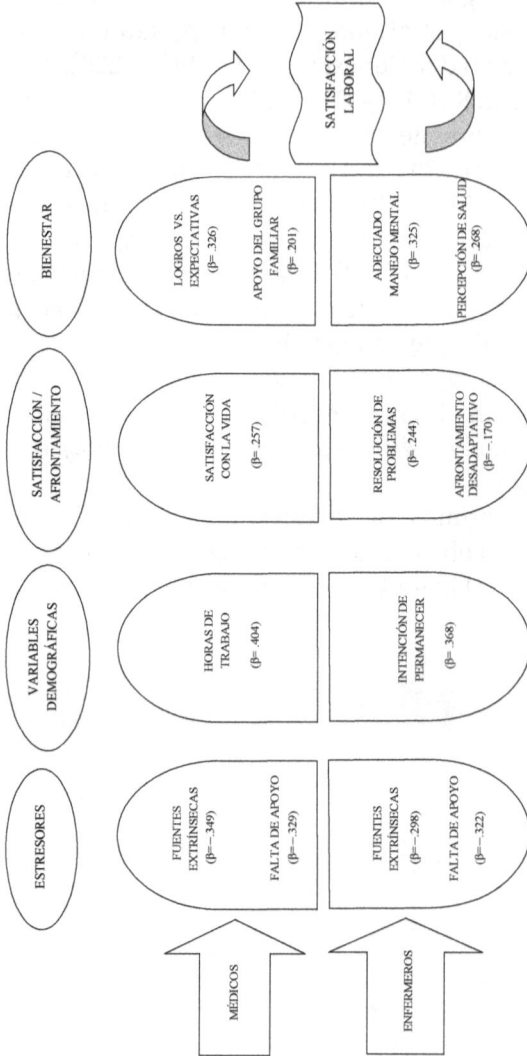

Figura 19. Predictores de bienestar subjetivo en médicos y enfermeros.

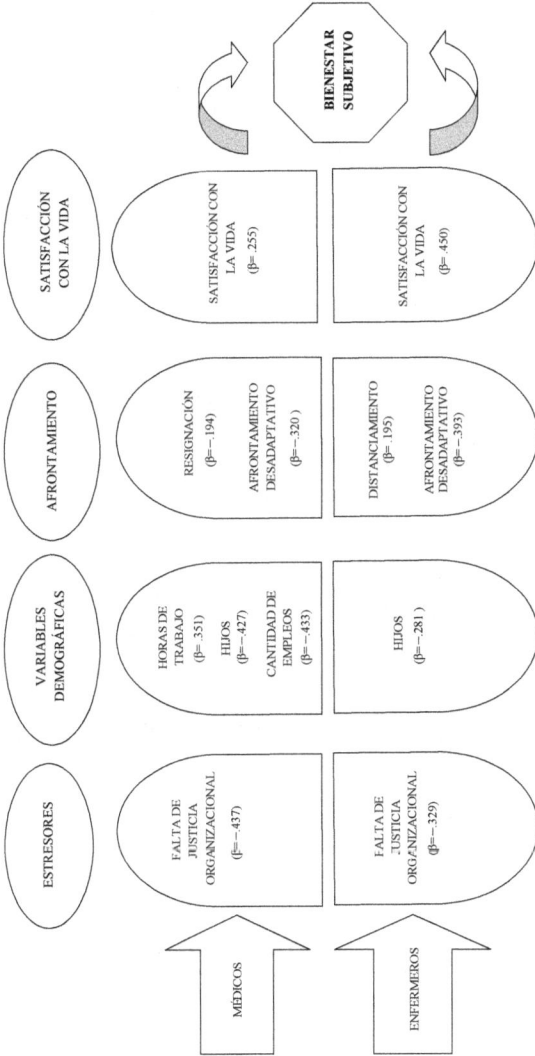

ESTRESORES	VARIABLES DEMOGRÁFICAS	AFRONTAMIENTO	SATISFACCIÓN CON LA VIDA

MÉDICOS:

- FALTA DE JUSTICIA ORGANIZACIONAL ($\beta=-.437$)
- HORAS DE TRABAJO ($\beta=.351$), HIJOS ($\beta=-.427$), CANTIDAD DE EMPLEOS ($\beta=-.433$)
- RESIGNACIÓN ($\beta=-.194$), AFRONTAMIENTO DESADAPTATIVO ($\beta=-.320$)
- SATISFACCIÓN CON LA VIDA ($\beta=.255$)

ENFERMEROS:

- FALTA DE JUSTICIA ORGANIZACIONAL ($\beta=-.329$)
- HIJOS ($\beta=-.281$)
- DISTANCIAMIENTO ($\beta=.195$), AFRONTAMIENTO DESADAPTATIVO ($\beta=-.393$)
- SATISFACCIÓN CON LA VIDA ($\beta=.450$)

BIENESTAR SUBJETIVO

Satisfacción laboral y bienestar en mujeres

Finalmente, con la finalidad de conocer las variables que mejor explican la emergencia de la satisfacción laboral y el bienestar en función de las diferencias de género, se calcularon los correspondientes análisis de regresión múltiple. A continuación, se presentan las variables independientes que contribuyeron significativamente a la explicación de la satisfacción laboral (Tabla 29) y del bienestar subjetivo (Tabla 30) entre las mujeres.

Tabla 29. Predictores de satisfacción laboral en mujeres.

	VARIABLE DEPENDIENTE	
	SATISFACCIÓN LABORAL	
VARIABLES PREDICTORAS	β estandarizada	F
Primer paso (variables sociodemográficas)		
Cantidad de empleos	$-.248**$	
Intención de permanecer	$.232**$	
$R2 =.077$ $\Delta R2 =.039$		$F (5,121) = 2.024 *$
Segundo paso (estresores)		
Fuentes extrínsecas de insatisfacción	$-.478***$	
Falta de apoyo organizacional	$-.299***$	
$R2 =.508$ $\Delta R2 =.466$		$F (10,116) = 11.976***$
Tercer paso (afrontamiento)		
Resolución de problemas	$.256**$	
$R2 =.575$ $\Delta R2 =.521$		$F (14,112) = 10.803***$
Cuarto paso (satisfacción con la vida)		
Satisfacción con la vida	$.259**$	
$R2 =.613$ $\Delta R2 =.561$		$F (15,111) = 11.745***$
Quinto paso (bienestar subjetivo)		
Apoyo del grupo familiar	$.221**$	
$R2 =.688$ $\Delta R2 =.610$		$F (25,101) = 8.898***$

$* \ p \ > 0.05; ** \ p \ > 0.01; *** \ p \ > 0.001$

En el primer paso, las variables sociodemográficas *cantidad de empleos* e *intención de permanecer* contribuyeron a la ecuación de regresión, explicando el 3.9% ($\Delta R2$ = .039) de la varianza de la satisfacción laboral. En el paso 2, los estresores *fuentes extrínsecas de insatisfacción* y *falta de apoyo organizacional* contribuyeron con el 42.7% ($\Delta R2$ = .466 – .039 = .416), siendo el cambio en R2 (.508 – .077 = .431) significativo al nivel de 0.001. Cuando se incorporaron al modelo las estrategias de afrontamiento, la estrategia de *resolución de problemas* agregó un 5.5% (.521 – .466 = .055), alcanzando el cambio en R2 (.575 – .508 = .067) con significación al nivel de 0.05. En el cuarto paso, la *satisfacción con la vida* contribuyó con un 4.0% (.561 – .521 = .040), careciendo el cambio en R2 (.613 – .575 = .038) de significación estadística. Finalmente, al incorporar las dimensiones del bienestar subjetivo, *el apoyo del grupo familiar* contribuyó con un 4.9 % adicional (.610 – .561 = .049), siendo el cambio en R2 (.688 – .613 = .075) significativo al nivel de 0.05.

Las variables predictoras, en total, explican un 61% (3.9 + 42.7 + 5.5 + 4.0 + 4.9) de la varianza y los valores (y signos) de los coeficientes beta estandarizados indican que las variables *intención de permanecer* en el trabajo, *satisfacción con la vida*, *apoyo del grupo familiar* y afrontamiento de *resolución de problemas* son predictores de satisfacción laboral en mujeres. En tanto que los estresores *fuentes extrínsecas* y *falta de apoyo organizacional* y la cantidad de *empleos*, dados los signos negativos de los correspondientes coeficientes beta estandarizados, surgen como predictores de insatisfacción laboral.

Tabla 30. Predictores de bienestar subjetivo en mujeres.

	VARIABLE DEPENDIENTE	
	BIENESTAR SUBJETIVO	
VARIABLES PREDICTORAS	β estandarizada	F
Primer paso (variables sociodemográficas)		
Hijos	−.335***	
Horas	.246**	
R2 = .150 ΔR2 = .114	$F_{(5,121)} = 4.255^{***}$	
Segundo paso (estresores)		
Fuentes extrínsecas de insatisfacción	−.313***	
Falta de justicia organizacional	−.294***	
R2 = .264 ΔR2 = .201	$F_{(10,116)} = 4.167^{***}$	
Tercer paso (afrontamiento)		
Estrategias desadaptativas	−.300***	
Distanciamiento	.275***	
R2 = .458 ΔR2 = .391	$F_{(14,112)} = 6.772^{***}$	
Cuarto paso (satisfacción con la vida)		
Satisfacción con la vida	.323***	
R2 = .538 ΔR2 = .470	$F_{(16,110)} = 7.996^{***}$	

** $p > 0.01$; *** $p > 0.001$

En el primer paso, las variables *hijos* y *horas* de trabajo contribuyeron significativamente a la ecuación de regresión, explicando el 11.4% (ΔR2 = .114) de la varianza del bienestar. En el segundo paso, los estresores *fuentes extrínsecas de insatisfacción* y *falta de justicia organizacional* contribuyeron con el 8.7% (ΔR2 = .201 − .114 = .087), siendo el cambio en R2 (.264 − .150 = .114) significativo al nivel de 0.01. Cuando se incorporaron al modelo las estrategias de afrontamiento, agregaron un 19% (.391 − .201 = .190), alcanzando el cambio en R2 (.458 − .264 =

.194) con significación al nivel de 0.01. Finalmente, en el cuarto paso, la *satisfacción con la vida* contribuyó con un 7.9% (.470 – .391 = .079), siendo el cambio en R2 (.538 – .458 = .080) significativo al nivel de 0.05.

Las variables predictoras en total explican un 47% (11.4 + 8.7 + 19 + 7.9) de la varianza y los valores (y signos) de los coeficientes beta estandarizados indican que las variables *hijos, horas de trabajo*, afrontamiento de *distanciamiento* y *satisfacción con la vida* son predictores de bienestar subjetivo en mujeres. En tanto que los estresores *fuentes extrínsecas* y *falta de justicia organizacional*, y las *estrategias desadaptativas* de afrontamiento surgen como predictores de malestar.

Satisfacción laboral y bienestar en varones

De la misma manera que se analizó el impacto de las variables independientes sobre la satisfacción laboral y el bienestar experimentados por las profesionales mujeres, se procedió con respecto a los profesionales varones. En la Tabla 31, por lo tanto, se pueden observar cuáles son las variables que más contribuyen a la explicación de la satisfacción laboral masculina. Tal como se desprende de la tabla, las variables sociodemográficas *horas* e *intención de permanecer* (ingresadas en el primer paso) explicaron el 8.6% (ΔR2 = .086) de la varianza de la satisfacción laboral, mientras que el estresor asistencial *fuentes extrínsecas de insatisfacción* (ingresado en el segundo paso), contribuyó con un 23.7% (ΔR2 = .323 – .086 = .237) suplementario, siendo el cambio en R2 (.422 – .153 = .269) significativo al nivel de 0.001. Cuando se incorporaron al modelo las estrategias de afrontamiento, explicaron un 3.6% (.359 – .323 = .036) adicional, sin alcanzar el cambio en R2 (.491 – .422 = .069) con significación estadística.

Tabla 31. Predictores de satisfacción laboral en varones.

VARIABLES PREDICTORAS	VARIABLE DEPENDIENTE SATISFACCIÓN LABORAL	
	β estandarizada	F
Primer paso (variables sociodemográficas)		
Horas	.385***	
Intención de permanecer	.323***	
R2 =.153 ΔR2=.086		F (5,63) = 2.275*
Segundo paso (estresores)		
Fuentes extrínsecas de insatisfacción	–.379***	
R2 =.422 ΔR2 =.323		F (10,58) = 4.241***
Tercer paso (afrontamiento)		
Distanciamiento	.300***	
R2 =.491 ΔR2 =.359		F (14,54) = 3.726***
Cuarto paso (satisfacción con la vida)		
No ingresan variables al modelo		
R2 =.517 ΔR2 =.380		F (15,53) = 3.781***
Quinto paso (bienestar subjetivo)		
Adecuado manejo mental	.335***	
R2 =.600 ΔR2 =.368		F (25,43) = 2.584***

* $p > 0.05$; *** $p > 0.001$

Llamativamente, y contrariamente a lo que podría esperarse, la dimensión *satisfacción con la vida* no ingresó en el modelo explicativo (cuarto paso), mientras que en el quinto paso, si bien una de las dimensiones del bienestar subjetivo ingresó al modelo (*adecuado manejo mental*), no contribuyó significativamente a la explicación de la satisfacción laboral entre los varones.

En total, las variables predictoras explican un 35,9% (8.6 + 23.7 + 3.6) de la varianza de la satisfacción laboral y

los valores (y signos) de los coeficientes beta estandarizados indican que las variables *horas de trabajo, intención
de permanecer* en el puesto de trabajo y el afrontamiento
de *distanciamiento* son los mejores predictores de la
satisfacción laboral entre los profesionales varones. En
tanto que el estresor asistencial *fuentes extrínsecas de insatisfacción* (dado el signo negativo del correspondiente
coeficiente beta estandarizado) surge como predictor de
insatisfacción laboral. Seguidamente, en la Tabla 32, se
presentan las variables que mejor predicen el bienestar
subjetivo entre los varones trabajadores de la salud.

Tabla 32. Predictores de bienestar subjetivo en varones.

VARIABLES PREDICTORAS	VARIABLE DEPENDIENTE	
	BIENESTAR SUBJETIVO	
	β estandarizada	F
Primer paso (variables sociodemográficas)		
Hijos	−.256**	
R2 = .130 ΔR2 = .061	F (5,63) = 1.881	
Segundo paso (estresores)		
Dificultades interpersonales	−.270***	
R2 = .287 ΔR2 = .165	F (10,58) = 2.340*	
Tercer paso (afrontamiento)		
Estrategias desadaptativas	−.270***	
R2 = .423 ΔR2 = .273	F (14,54) = 2.825**	
Cuarto paso (satisfacción con la vida)		
Satisfacción con la vida	.409***	
R2 = .514 ΔR2 = .365	F (16,52) = 3.442***	

* p > 0.05; ** p > 0.01; *** p > 0.001

Entre las variables demográficas (primer paso), sólo la tenencia de *hijos* predice la emergencia del bienestar subjetivo, explicando el 6.1% de la varianza. Cuando en el segundo paso se ingresan los estresores asistenciales, las *dificultades interpersonales* contribuyen con un 10.4% a la explicación del bienestar (.165 – .061 = .104), siendo el cambio en R2 (.287 – .130 = .157) significativo al nivel del 0.01. En el tercer paso, las *estrategias desadaptativas* aportan un 10.8% a la explicación del bienestar (.273 – .165 = .108), siendo el cambio en R2 (.423 – .287 = .136) significativo al nivel de 0.01. Finalmente, la *satisfacción con la vida* aporta un 9.2% más (.365 – .273 = .092), alcanzando el cambio en R2 (.514 – .423 = .091) con significación al nivel de 0.05.

Las variables predictoras explicaron el 36.5% (6.1 + 10.4 + 10.8 + 9.2) de la varianza del bienestar y los coeficientes β indican que los profesionales varones que experimentan más bienestar subjetivo son los que tienen *hijos* y están *satisfechos con su vida*. En tanto que los que señalan *dificultades interpersonales* y utilizan el *afrontamiento desadaptativo* experimentan mayores niveles de malestar subjetivo.

A continuación se presentan, en las figuras 20 y 21, las relaciones entre los diversos predictores de bienestar subjetivo y satisfacción laboral, y sus variables independientes, mostrando gráficamente la comparación entre varones y mujeres.

Figura 20. Predictores de satisfacción laboral en mujeres y varones.

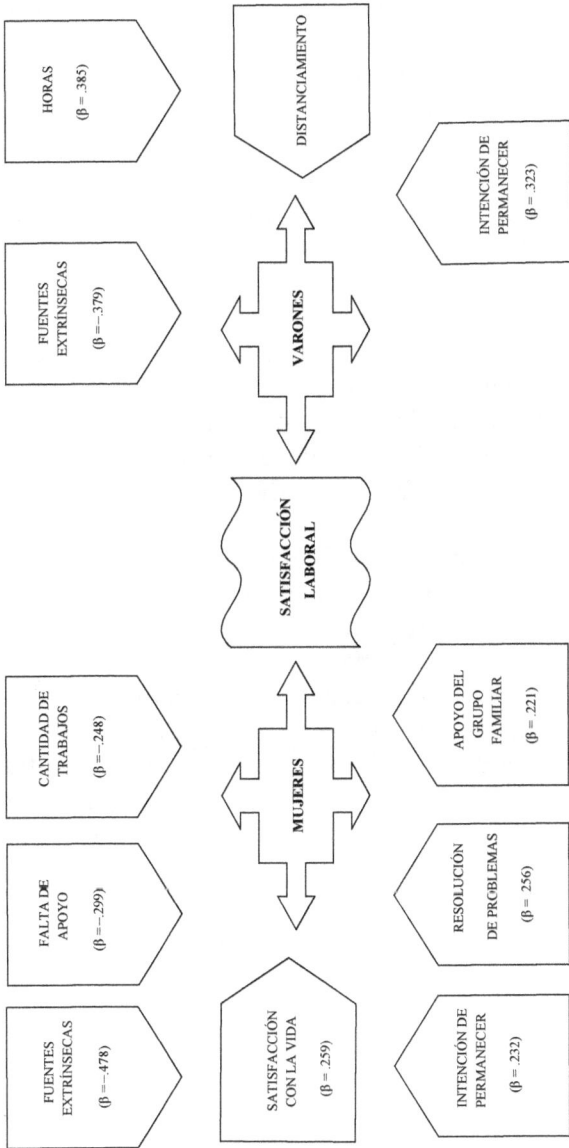

A partir del interjuego entre las variables que muestra la figura precedente, es posible adelantar que **la satisfacción laboral entre las mujeres** (médicas y enfermeras) depende de:

✓ Su nivel de satisfacción con la vida.

✓ El convencimiento de que frente a las adversidades contará con el apoyo de su grupo familiar y de que frente a las demandas laborales contará con el apoyo de su equipo de trabajo.

✓ El deseo de permanecer en el trabajo, concentrando todos sus esfuerzos en un solo empleo que le brinde la seguridad de un salario digno y las posibilidades de desarrollar adecuadamente su carrera.

✓ El empleo habitual de estrategias de resolución de problemas frente al estrés.

En tanto que **la satisfacción laboral de los varones** (médicos y enfermeros) podría explicarse a partir de:

✓ El deseo de permanecer en el trabajo (no renunciar), aun a costa de largas jornadas diarias, en la medida en que éste le asegure un adecuado nivel de retribuciones (materiales, sociales y profesionales).

✓ Una disposición permanente a separar el trabajo de la vida personal, tomando distancia del problema y aprovechando el tiempo libre en actividades placenteras.

Figura 21. Predictores de bienestar subjetivo en mujeres y varones.

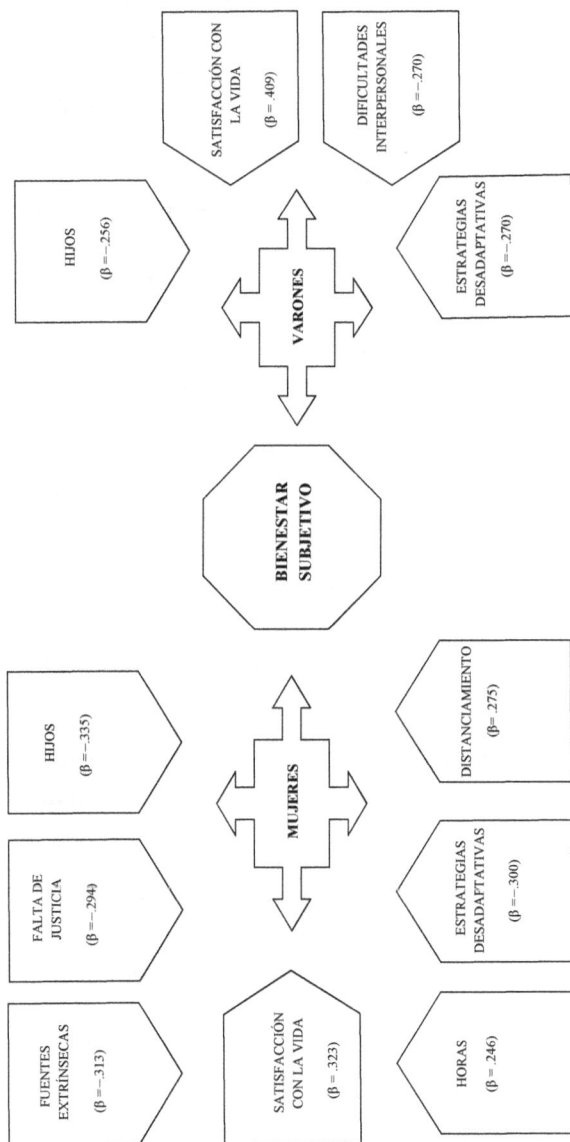

Como se desprende de la figura precedente, el **bienestar subjetivo entre las profesionales mujeres** (tanto médicas como enfermeras) puede explicarse por:

✓ Su nivel de satisfacción con las posibilidades que la vida le brinda de desarrollar sus habilidades y potencialidades.

✓ Una mayor cantidad de horas de trabajo, siempre que perciban equidad en las compensaciones materiales y profesionales que le permitan avanzar en su carrera y satisfacer sus necesidades, junto con el apoyo de un equipo comprometido con su trabajo, sin sentir que deben ocultar o falsear sus propios sentimientos.

✓ La tenencia de hijos.

✓ El uso frecuente de estrategias de distanciamiento de la fuente de estrés, a través del esfuerzo por separar el trabajo de la vida personal, y utilizar en forma placentera el tiempo libre, pero sin recurrir a la evasión desadaptativa, que supone automedicación, descontrol o el recurrir a la comida, el alcohol o cigarrillos para soportar los problemas laborales.

Mientras que las variables que contribuyen a la predicción del **bienestar subjetivo entre los varones** son:

✓ La tenencia de hijos y el nivel de satisfacción con su vida personal.

✓ La posibilidad de trabajar en un medio en que no experimente conflictos o interacciones problemáticas con colegas, enfermeros, pacientes y sus familiares, es decir, un entorno caracterizado por matrices vinculares armoniosas y poco competitivas, donde además se sienta reconocido por su desempeño.

✓ El afrontamiento de los estresores asistenciales sin necesidad de evadirse en forma disfuncional, a saber, descargando la tensión en otros, descontrolándose, somatizando y automedicándose o recurriendo al humor cínico.

Reflexiones finales

La presente investigación se ha desarrollado dentro del marco teórico provisto por la teoría transaccional del estrés de Lazarus y Folkman (1984). Desde esta perspectiva, la experiencia del estrés es una construcción de naturaleza predominantemente subjetiva, desde el momento en que los individuos movilizan tanto factores personales como situacionales para evaluar el potencial perjudicial de los eventos. En este sentido, cuando el sujeto siente que no cuenta con los recursos o estrategias suficientes para afrontar las demandas que percibe como estresantes, experimenta diferentes niveles de estrés que pueden llegar a vulnerar su equilibrio y bienestar psicológicos. Si, además, el estrés es vivenciado en el ámbito laboral, repercute sobre la calidad de su trabajo, el nivel de compromiso organizacional y su grado de satisfacción laboral, y con la vida en general.

En base a tales consideraciones, el objetivo básico del presente estudio estuvo orientado a la identificación de los estresores asistenciales y de las estrategias para afrontarlos entre los profesionales de la salud (médicos y enfermeros) que desempeñan su trabajo en el ámbito de la ciudad de Rosario. Paralelamente, se focalizó en la exploración del posible impacto del estrés sobre los niveles de bienestar y satisfacción experimentados por este grupo ocupacional. Con miras al logro de tales objetivos, se efectuó una verificación empírica sobre una muestra por disponibilidad. Muestra que, por estar integrada por trabajadores de hospitales, clínicas, sanatorios, centros de salud y consultorios particulares, reproduce elocuentemente la situación laboral de los médicos y enfermeros rosarinos.

En una primera instancia, y a partir de un abordaje cualitativo, se entrevistaron médicos y enfermeros de diversas especialidades y contextos laborales con el propósito de diseñar instrumentos que recogieran sus voces, vivencias, impresiones y sentimientos. De esta manera, a partir de los relatos de los participantes, caracterizados por una singular riqueza conceptual, y tomando todos los recaudos psicométricos del caso, se construyó y validó la versión prototípica de dos instrumentos de exploración psicológica, destinados a detectar estresores asistenciales y estrategias de afrontamiento, respectivamente. La aplicación de la versión validada de los mismos en un amplio espectro de instituciones sanitarias posibilitó tanto el trazado del mapa del estrés-afrontamiento del estrés entre los trabajadores de la salud de la ciudad de Rosario como la modelización de las interrelaciones estrés asistencial-bienestar subjetivo-satisfacción laboral.

Los resultados obtenidos permiten una toma de posición frente a las inquietudes que dieron origen y guiaron el proceso de investigación. En cuanto a la identificación y análisis de los estresores asistenciales, se observa que la sobrecarga laboral, la falta de apoyo y la percepción de injusticia organizacional son, en ese orden, los estresores que más agobian a los profesionales de la salud como grupo. La evidencia reunida permitiría aventurar que estos estresores se retroalimentan permanentemente, constituyendo un círculo vicioso. De esta manera, la sobrecarga, caracterizada por una sensación de agotamiento por exceso de demandas y tareas, unida a la falta de medios y recursos (tanto materiales como humanos) se agrava cuando los profesionales perciben falta de apoyo por parte de pares y superiores y/o inequidad e injusticia organizacional. Este cuadro de situación ha sido reiteradamente puesto de manifiesto por los diarios locales que, durante el último quinquenio, se han hecho eco del colapso del sistema de salud rosarino.

Focalizando el análisis sobre algunos aspectos sociodemográficos de la muestra estudiada, tales como género, edad, estado civil y similares, del presente trabajo surge que los profesionales varones, sin hijos y con menor antigüedad laboral, son los que perciben más intensamente estresores, tales como bajos sueldos, inestabilidad, deficiencias administrativas, y escasas posibilidades de promoción y ascenso en su carrera. Por su parte, los profesionales más jóvenes (tanto médicos como enfermeros) perciben más injusticias organizacionales, sienten que no cuentan con el apoyo de sus pares y superiores para sobrellevar las tareas diarias, que se desperdician su capacitación y habilidades, y que deben diversificar sus esfuerzos en varios empleos. En relación con este último punto, hay que destacar que el multiempleo constituye una característica del contexto asistencial actual, que impacta negativamente sobre la calidad de vida laboral de médicos y enfermeros, generando una percepción más intensa de todos los estresores evaluados y estimulando la intención de renunciar al trabajo, tal como lo demuestran algunas investigaciones recientes (Sutinen, Kivimaki, Elovainio & Forma, 2005).

Con respecto a las estrategias de afrontamiento del estrés, los resultados obtenidos permiten apreciar que, mientras los enfermeros se caracterizan por el empleo de estrategias adaptativas tales como la resolución de problemas, los médicos optan preferentemente por estrategias disfuncionales. Este patrón comportamental estaría indicando que cuando los enfermeros tienen problemas en su trabajo tienden a resolverlos generando equipos, tratando de llegar a acuerdos o buscando apoyo social, en tanto que los médicos se automedican, se evaden del problema comiendo, fumando o bebiendo, responden con cinismo o descargan la tensión en otros, quizás porque evalúan las situaciones como inmanejables. Desde esta perspectiva, los enfermeros conformarían un subgrupo más salutógeno, lo que los acercaría al grupo de los profesionales que están satisfechos y comprometidos con su trabajo, y no tienen intenciones de cambiar de empleo. Esto sucede porque estos últimos tienden a usar un afrontamiento activo, especialmente de resolución de problemas, protagonizan interacciones positivas y solidarias dentro de sus equipos, y experimentan un mayor compromiso e identificación con la institución. Estudios recientes (Omar *et al.*, 2007) muestran que el compromiso organizacional se asocia con los esfuerzos por solucionar los problemas en un ambiente cooperativo y que propicia el desarrollo personal sin descuidar la conciencia social.

Al analizar la relación entre las variables sociodemográficas y los mecanismos más frecuentemente empleados para afrontar el estrés laboral, se observa que los médicos cardiólogos, terapistas y anestesiólogos, las mujeres y los profesionales de edades intermedias (entre 40 y 50 años) utilizan un afrontamiento más desadaptativo. Mientras que entre los varones, los profesionales de mayor edad y los médicos psiquiatras, prevalece la estrategia de afrontamiento, referida al distanciamiento de la fuente de estrés. Esta estrategia, por estar incluida dentro de las focalizadas en la emoción, podría considerarse como relativamente ineficaz (Goodwin, 2006;

McGowan, *et al.*, 2006; Taylor *et al.*, 2004). No obstante, es conveniente recordar que si bien en sus postulaciones iniciales Lazarus y Folkman (1984) clasificaron las estrategias de *coping* como focalizadas en la resolución de problemas y en la emoción, más recientemente, Folkman y Moskowitz (2004) señalaron que esta distinción fue un buen punto de partida, pero que actualmente no refleja las verdaderas diferencias entre los estilos cognitivos comportamentales. Específicamente, aunque el distanciamiento supone una evasión de la fuente de estrés, puede adquirir el estatus de una estrategia adaptativa por incluir actividades físicas, recreativas y placenteras durante el tiempo de ocio. Hallazgos recientes confirman que, por ejemplo, el ejercicio físico promueve la salud mental, asociándose con mejoras en el bienestar (Edwards, 2006), mientras que el ocio representa un factor protector a largo plazo (Iwasaki, 2006).

Otro aspecto sociodemográfico de interés se refiere al contexto laboral (público o privado) donde los médicos y enfermeros desempeñan sus tareas. De la comparación de ambos contextos, surge que los profesionales de instituciones privadas experimentan mayores niveles de satisfacción, en tanto que los profesionales de instituciones públicas sienten que no reciben recompensas materiales acordes con sus esfuerzos y no obtienen el reconocimiento y el prestigio deseados. Estos resultados reflejan una realidad que se viene manifestando reiteradamente, tal como se evidencia en las constantes movilizaciones y paros protagonizados por los profesionales de la salud rosarinos, tanto municipales como provinciales.

Con respecto a las vinculaciones entre el estrés percibido, su afrontamiento, el bienestar subjetivo y el grado de satisfacción personal-laboral, la evidencia reunida en el presente estudio permite corroborar el interjuego entre estas variables. Esto sucede desde el momento en que los profesionales que emplean estrategias de afrontamiento más desadaptativas, a su vez, perciben más estresores y experimentan menos satisfacción laboral-personal y menos bienestar subjetivo. En tanto que, entre los que utilizan preferentemente las estrategias de resolución de problemas, se evidencia una tendencia contraria, vale decir, menos estrés, más satisfacción y bienestar. Y, entre los que emplean frecuentemente la estrategia de distanciamiento, se observa un aumento del bienestar subjetivo.

A la luz de esta evidencia empírica, surge claramente el papel fundamental que tienen las estrategias de afrontamiento como moderadoras del estrés, confirmando su "eficacia" en el proceso de afrontamiento en el ámbito asistencial, ya que tanto las estrategias de resolución de problemas (que en el presente estudio incluyen la búsqueda de apoyo social) como el distanciamiento son potenciadoras de bienestar y satisfacción, tal como ha sido recientemente comunicado entre otros grupos ocupacionales (Dolbier, Smith & Steinhardt, 2007).

Los resultados obtenidos también han permitido identificar las variables que mejor explican el bienestar subjetivo y la satisfacción laboral entre los profesionales. La evidencia indica que los mejores predictores de la satisfacción laboral entre los profesionales de la salud son: la intención de permanecer en el puesto de trabajo, la cantidad de horas de trabajo semanal, el afrontamiento de resolución de problemas, la satisfacción con la vida y algunas dimensiones del bienestar, tales como la correspondencia entre expectativas y logros, el adecuado manejo mental y el apoyo percibido por parte del grupo familiar. En tanto que los aspectos extrínsecos del trabajo, la falta de apoyo organizacional y las dificultades inter-personales surgen como los predictores más fuertes de la insatisfacción laboral. Resultados semejantes han sido recientemente señalados en la bibliografía especializada, lo que muestra que más allá de las diferencias cultura-les, hay aspectos de la vida laboral que trascienden los contextos sociales y políticos regionales (Albaugh, 2005; Archibald, 2006; Cox et al, 2006; Gelsema *et al.*, 2006; Khowaja, et al, 2005; Lepnurm *et al.*, 2006; McGillis Hall & Doran, 2007; Nilsson *et al.*, 2005; Ter Doest & de Jonge, 2006; Wilson, 2006).

Al analizar los predictores de la satisfacción laboral en función de la profesión, se puede observar que los médicos laboralmente más satisfechos son los que per-ciben más apoyo organizacional y familiar, y coherencia entre sus expectativas y los logros alcanzados. Éstos trabajan mayor cantidad de horas, lo que redunda en salarios acordes a sus esfuerzos, y tienen mayores po-sibilidades de ascenso y promociones. Por su parte, los enfermeros más satisfechos con su trabajo son aquellos que tienen intenciones de permanecer en su puesto de trabajo, perciben apoyo laboral, resuelven los problemas de manera activa y cooperativa, tienen un adecuado manejo mental y gozan de buena salud.

Paralelamente, cuando se analizan los predicto-res de la satisfacción laboral en función del género, los resultados muestran que las mujeres laboralmente más satisfechas son las que perciben tanto apoyo de su grupo familiar como de su equipo de trabajo, no tienen intenciones de renunciar ya que consideran que su empleo actual les brinda seguridad económica y posibilidades de desarrollo profesional, y presentan un patrón de afrontamiento activo del estrés cotidiano. En cambio, la satisfacción laboral de los varones (médicos y enfermeros) aparece mejor explicada a partir del deseo de permanecer en el trabajo por las recompensas materiales y sociales que le brinda, y se observa su mayor disposición a afrontar los problemas laborales, tomando distancia y recurriendo a actividades físicas y recreativas durante el tiempo libre. Estas diferencias detectadas en función del género podrían explicarse por la mayor necesidad, entre las profesionales mujeres, de compatibilizar el trabajo con la vida familiar y sentir que poseen una malla de contención dada por los vínculos en los diversos contextos en que se desenvuelven. Este aspecto conlleva un alto componente afectivo y emocional, tal como ha sido corroborado recientemente (Karlsson & Archer, 2007) sobre otros grupos poblacionales.

Finalmente, en cuanto a la predicción del bienestar subjetivo, los resultados obtenidos a partir de la muestra total indican que las variables con mayor poder explicativo son tener hijos, trabajar más horas semanales, percibir justicia organizacional, usar afrontamiento de resolución de problemas y de distanciamiento, y estar satisfecho con la posibilidad de desarrollar las propias habilidades y potencialidades. Al diferenciar entre médicos y enfermeros, la evidencia reunida indica que los médicos que experimentan mayor bienestar subjetivo son aquellos que perciben justicia en las retribuciones y en el trato interpersonal, trabajan muchas horas semanales, aunque concentran sus esfuerzos en un solo empleo, tienen hijos y responden al estrés con estrategias adaptativas. Este conjunto de variables, a su vez, caracteriza el bienestar de los enfermeros, con el agregado de que este grupo ocupacional responde a los estresores utilizando el distanciamiento emocional y el ocio recreativo con mayor frecuencia que los médicos. Desde la perspectiva del género, las variables que mejor explican el bienestar entre las mujeres son la tenencia de hijos, una mayor cantidad de horas de trabajo, percepción de equidad y apoyo social, recompensas acordes con las expectativas, afrontamiento del estrés a través de la ocupación placentera del tiempo libre, y la separación del trabajo y la vida personal, sin evadirse disfuncionalmente de la realidad cotidiana. El bienestar subjetivo entre los varones aparece explicado por variables tales como tener hijos, estar satisfecho con las posibilidades que la vida le brinda de potenciar sus habilidades, trabajar en un clima armonioso y cooperativo.

Como todo trabajo de investigación, el presente se caracteriza por ciertas fortalezas y debilidades. Entre las debilidades, hay que remarcar la composición de la muestra en estudio, ya que por haber estado integrada por disponibilidad, impediría la generalización de los resultados a toda la población de profesionales de la salud de la ciudad de Rosario. No obstante, como en la composición de la muestra estuvieron representadas las más diversas instituciones asistenciales del medio, y en sintonía con lo puntualizado por un gran número de investigadores en el área (Brodaty et al., 2003; Collier et al., 2002; Di Liscia et al., 2000; Elfering et al., 2005; Ferraz Bianchi, 2004; Murphy, 2004; Salmond & Ropis, 2005; Skytt et al., 2007; Taylor et al., 2004; Yayli et al., 2003), los resultados obtenidos podrían considerarse un fiel reflejo de la situación asistencial local.

Otra limitación del estudio podría estar referida al carácter autodescriptivo de la mayoría de los instrumentos empleados para la recolección de los datos. Este aspecto podría haber generado tanto sesgos derivados de la varianza del método común como una mayor tendencia a la deseabilidad social. En este sentido, los participantes pueden haber ofrecido respuestas movilizadas por el deseo de presentar una imagen mejorada de ellos mismos, ocultando o dejando de reconocer algunos síntomas social y/o laboralmente mal vistos. Sin embargo, previendo tales contingencias, se tomaron todos los recaudos necesarios para garantizar el carácter anónimo, no sólo del protocolo, sino también del proceso de devolución de los formularios completados, evitando que jefes y supervisores pudieran tener acceso a la información suministrada por sus subalternos. Este último aspecto se vincula a lo que podría constituir una tercera limitación de este estudio, referida al tiempo que demandó la recolección de los datos. Es conveniente destacar que este proceso se demoró aproximadamente tres años, debido a las dilaciones en las entregas y al reducido porcentaje de devolución. Se descartaron incluso, al comienzo del estudio, instituciones completas (tanto públicas como privadas), ya que la intervención de jefes de servicios en el proceso de recolección y/o de devolución de la información conducía a sospechar cierto nivel de falseamiento por parte de los encuestados. Esta circunstancia podría atribuirse, tal como fuera observado por Di Liscia *et al.* (2000), al temor a la pérdida del trabajo o a las represalias que pueden ejercer los colegas con cargos superiores ante resultados adversos frente a su estilo de conducción.

Entre las fortalezas del presente estudio se destaca, en primer lugar, el empleo de la triangulación como estrategia metodológica (Cea D'Ancona, 1998; Souza

Minayo, Gonçalves de Assis, Ramos de Souza, 2005), lo que garantiza un aumento de la validez y de la confiabilidad de los hallazgos. En este caso específico, el abordaje intermétodo ha permitido complementar el trabajo cualitativo preliminar con la recolección de datos cuantitativos, aportardo mayor riqueza conceptual y evitando subordinaciones paradigmáticas (Bellman *et al.*, 2003; Dewe, 2003; Folkman & Moskowitz, 2004; Hurrell *et al.*, 1998; Jamal & Baba, 2000; Makinen *et al.*, 2003; McNeese-Smith, 1999; Patterson *et al.*, 2005).

Un segundo aporte está referido al desarrollo de dos instrumentos de diagnóstico con adecuadas propiedades psicométricas, los que, a partir de este momento, quedan a disposición de los profesionales del área. Tales instrumentos, basados en las impresiones referidas por la misma población en estudio, permiten evaluaciones fidedignas del panorama psicosociolaboral de los médicos y enfermeros. Por sus características, se trata de instrumentos que podrían reemplazar a los utilizados hasta el momento, los que, por provenir de contextos laborales foráneos, no llegaban a captar todos los matices de la problemática local (Bennett *et al.*, 2001; Muhonen & Torkenson, 2004; Naswall *et al.*, 2005; Roberts Perry, 2005; Salmond & Ropis, 2005).

En tercer lugar, esta investigación constituye una contribución genuina al conocimiento de la sinergia estresores asistenciales-afrontamiento del estrés, al tiempo que aporta evidencia de las variables que actúan como predictores de la satisfacción personal-laboral y del subsecuente bienestar subjetivo. En el estudio del estrés laboral y, en sintonía con las sugerencias más actualizadas de los especialistas internacionales, no sólo se ha incluído el análisis de las circunstancias y características personales (McNeely, 2005; McVicar, 2003; Novoa Gómez *et al.*, 2005), sino que también se ha profundizado en el rol del apoyo social como variable interviniente en la problemática (Ito *et al.*, 2001) y en la profundización de las repercusiones del afrontamiento focalizado en la emoción (Elfering *et al.*, 2005; Folkman & Moskowitz, 2004).

Finalmente, este trabajo refleja con bastante fidelidad el malestar del sistema de salud argentino en la actualidad. Este malestar motivó años atrás la puesta en marcha de la presente investigación y mantiene su vigencia, tal como lo reflejan los medios de comunicación locales y nacionales cuando presentan noticias vinculadas con las condiciones de trabajo de los profesionales de la salud. Estas condiciones, tal como lo ha señalado Juárez-García (2007), colocan a médicos y enfermeros en situación de riesgo psicofisiológico. Evidencia empírica reciente alerta, por ejemplo, sobre el incremento de síntomas cardiovasculares y mayores niveles de tensión arterial entre los profesionales de la salud a causa de entornos laborales estresantes. En línea con tales observaciones, hay que señalar que del análisis pormenorizado de los protocolos reunidos se detectaron algunos que, inicialmente, fueron denominados "de riesgo", debido a la combinación de indicadores tales como una frecuencia elevada de estresores, muy baja satisfacción laboral y con la vida personal, empleo de mecanismos de afrontamiento ineficaces y malestar subjetivo general. En términos generales, se trataba de profesionales que exhibían un empleo deficiente de sus redes de apoyo, recurrentes problemas de salud, un manejo mental caracterizado por irritabilidad, ansiedad, tristeza e impaciencia y una percepción negativa de la vida. Durante el procedimiento de "devolución" a las instituciones, momento en que se presentaban los resultados parciales (propios de cada institución en cuestión), se puntualizaba la cantidad de profesionales en riesgo en cada una de ellas. No obstante, el carácter anónimo de los protocolos, unido a la confidencialidad en el manejo de la información, impedía identificar personalmente a tales profesionales. Sin embargo, en dos oportunidades y estando presentes todos los miembros del equipo de salud, un pediatra (de un hospital) y una médica clínica (de un centro de salud municipal) se reconocieron como profesionales "en riesgo" y comentaron estar padeciendo problemas de salud (ataques cardíacos reiterados y un diagnóstico reciente de cáncer de piel, respectivamente). Estas circunstancias pusieron de manifiesto las potencialidades psicodiagnósticas de la batería utilizada. Un aspecto que resultó llamativo fue que las instituciones donde no se detectaron protocolos de riesgo se caracterizaban por implementar grupos de reflexión sobre la práctica profesional o acostumbraban compartir actividades de ocio. En este sentido, el trabajo recientemente publicado por Boström Lindberg (2007) destaca el aumento de la satisfacción laboral entre los profesionales que semanalmente se reúnen para reflexionar sobre sus prácticas en el área sanitaria y/o comparten actividades recreativas.

Como corolario del trabajo realizado, y a la luz de los resultados obtenidos, las sugerencias se orientan, por un lado, a la necesidad de incluir en la currícula de formación de los profesionales de la salud el estudio de las variables psicosociales implicadas en el proceso del estrés y, fundamentalmente, cursos de entrenamiento en las estrategias de afrontamiento, aspecto desconocido por la mayoría de los médicos y enfermeros. Asimismo, cada servicio debería relevar el estado de salud de sus miembros con instrumentos de diagnóstico confiables tal como los desarrollados en este trabajo. Esta tarea preventiva contribuiría a anticipar la aparición de enfermedades y trastornos sociopsicológicos, que provocan severas consecuencias en la salud, erosionando el bienestar y la satisfacción personal de cada profesional. Del mismo modo, contribuiría, además, a disminuir el ausentismo, el desinterés por el trabajo y el paulatino deterioro de la calidad de los servicios prestados, que representan graves costos para las instituciones y sus miembros.

En síntesis, además de las consideraciones efectuadas a lo largo de este trabajo, la presente investigación ha intentado colaborar con la construcción de la Psicología científica, tanto básica como aplicada. Habida cuenta de que no sólo se ha intentado comprender y explicar las demandas y necesidades de los individuos en las instituciones, sino que también se ha focalizado en la tarea de conocer por el placer del conocimiento mismo.

Bibliografía

Aasland, O. (1996). "Morbidity and subjective well-being". En O. Larsen (Ed.), *The shapping of a profession. Physicians in Norway, past and present* (pp. 470-480). Canton, MA: Science History Publications.

Aasland, O., Ekeberg, O. & Schweder, T. (2001). "Suicide rates from 1960 to 1989 in Norwegian physicians compared with other educational groups". *Social Science and Medicine, 52,* 259-265.

Aasland, O., Olff, M., Falkum, E., Schweder, T. & Ursin, H. (1997). "Health complaints and job stress in Norwegian physicians: the use of an overlapping questionnaire design". *Social Science and Medicine, 45* (11), 1615-1629.

Abdel-Khalek, A. (2006). "Measuring happiness with a single-item scale". *Social Behavior and Personality, 34* (2), 139-150.

Abma, T. (2005). "Struggling with the fragility of life: a relational-narrative approach to ethics in palliative nursing". *Nursing Ethics, 12* (4), 337-348.

Acevedo, M., Acevedo, M. & De Luca, A. (2001). "Sistema de medición del estrés". *Revista Mexicana de Ingeniería Biomédica, 22* (1), 20-25.

Adler, M. & Fagley, S. (2005). "Appreciation: individual differences in finding value and meaning as a unique predictor of subjetive well-being". *Journal of Personality, 73* (1), 80-114.

"Advierten sobre la escasez de enfermeras en Latinoamérica". (2006, Febrero 26). *La Capital.*

Extraído el 20 de enero de 2007 de http://goo.gl/wac7DE.

Aiken, L., Clarke, S. & Sloane, D. (2002). "Hospital staffing, organization, and quality of care: cross-national findings". *International Journal for Quality in Health Care, 14* (1), 5-13.

Aiken, L., Clarke, S., Sloane, D., Sochalski, J. & Silber, J. (2002). "Hospital nurse staffing, and patient mortality, nurse burnout, and job dissatisfaction". *Jama, 218* (16), 1987-1993.

Albaugh, J. (2005). "Resolving the nursing shortage: nursing job satisfactions on the rise". *Urologic Nursing, 25* (4), 293-293.

Alexander, D. & Klein, S. (2001). "Ambulance personnel and critical incidents. Impact of accident and emergency work on mental health and emotional well-being". *British Journal of Psychiatry, 178*, 76-81.

Aluwihare, A. (2005). "Physician migration: donor country impact" *The Journal of Continuing Education in the Health Professions, 25*, 15-21.

Alves, S. (2005). "A study of occupational stress, scope of practice, and collaboration in nurse anesthetists practicing in anesthesia care team settings". *American Association of Nurse Anesthetists Journal, 73* (6), 1-10.

Amutio Kareaga, A. (2004). "Afrontamiento del estrés en las organizaciones: un programa de manejo a nivel individual/grupal". *Revista de Psicología del Trabajo y de las Organizaciones, 20* (1), 77-93.

Ano, G. & Vasconcelles, E. (2005). "Religious coping and psychological adjustment to stress: a meta-analysis". *Journal of Clinical Psychology, 61* (4), 461-480.

Arafa, M., Nazel, M., Ibrahim, N. & Attia, A. (2003). "Predictors of psychological well-being of nurses in Alexandria, Egipt". *International Journal of Nursing Practice, 9*, 313-320.

Archibald, C. (2006). "Job satisfaction among neonatal nurses". *Pediatric Nursing, 32* (2), 176-179.

Arnetz, B. (2001). "Psychosocial challenges facing physicians of today". *Social Science and Medicine, 52*, 203-213.

Arroyo de Cordero, G. & Jiménez-Sánchez, J. (2005). "Repercusiones de la escasez *versus* migración de enfermeras como fenómeno global". *Revista de Enfermería del Instituto Mexicano del Seguro Social, 13* (1), 33-40.

Baker, C., McDaniel, A., Fredrickson, K. & Gallegos, E. (2007). "Empowerment among Latina nurses in Mexico, New York and Indiana". *International Nursing Review, 54*, 124-129

Bakker, A., Schaufeli, W., Sixma, H., Bosveld, W., & Van Dierendonck, D. (2000). "Patient demands, lack of reciprocity, and burnout: a five year longitudinal study among general practitioners". *Journal of Organizational Behavior, 21*, 425-441.

Barnett, R., Gareis, K. & Carr, P. (2005). "Career satisfaction and retention of a sample of women physicians who work reduced hours". *Journal of Women's Health, 14* (2), 146-157.

Barreiro, T. (2000). "Bienestar y malestar dentro del grupo". En T. Barreiro, *Trabajos en grupo.* (pp. 47-66). Buenos Aires: Ediciones Novedades Educativas.

Bazzoni, C. (2006, Junio 11). "El sistema de salud rosarino tiene sólo una enfermera por cada dos médicos". *La*

Capital on line. Extraído el 12 de diciembre de 2006 de http://goo.gl/BWnivA.

Beasley, J., Karsh, B., Hagenauer, M., Marchand, L. & Sainfort, F. (2005). "Quality of work life of independent vs. employed family physicians in Wisconsin: a WReN study". *Annals of Family Medicine, 3* (6), 500-506.

Beehr, T., Glaser, K., Canali, K. & Wallwey, D. (2001). "Back to basics: re-examination of demand-control theory of occupational stress". *Work and Stress, 15* (2), 115-130.

Bellman, S., Forster, N., Still, L. & Cooper, C. (2003). "Gender differences in the use of social support as a moderator of occupational stress". *Stress and Health, 19*, 45-58.

Benbow, S. (1998). "Burnout: current knowledge and relevance to old age psychiatry". *International Journal of Geriatric Psychiatry, 13*, 520-526.

Benbow, S. & Jolley, D. (1997). "Old age psychiatrists: what do they find stressful?" *International Journal of Geriatric Psychiatry, 12*, 879-882.

Benbow, S. & Jolley, D. (1999). "Gender, isolation, work patterns and stress among old age psychiatrists". *International Journal of Geriatric Psychiatry, 14*, 726-732.

Benbow, S. & Jolley, D. (2002). "Burnout and stress amongst old age psychiatrists". *International Journal of Geriatric Psychiatry, 17*, 710-714.

Bennett, P., Lowe, R., Matthews, V., Dourali, M. & Tattersall, A. (2001). "Stress in nurses: coping, managerial support and work demand". *Stress and Health, 17*, 55-63.

Bobko, N. & Barishpolets, A. (2002). "Work ability, age and its perception, and other related concerns of Ukraine health care workers". *Experimental Aging Research, 28,* 59-71.

Boey, K. (1998). "Coping and family relationships in stress resistance: a study of job satisfaction of nurses in Singapore. *International Journal of Nursing Studies", 35,* 353-361.

Boey, K. (1999). "Distressed and stress resistant nurses". *Issues in Mental Health Nursing, 19,* 33-54.

Bonet, J. & Luchina, C. (1998). "El estrés. La integración central de la respuesta y el sistema de respuestas neuroinmunoendócrinas". En P. Arias, E. Artz, J. Bonet, M. Costas, J. García Badaracco, C. Luchina & J. Moguilevsky, *Estrés y procesos de enfermedad. Psiconeuroinmunoendocrinología. Modelos de integración mente-cuerpo. Tomo I* (pp. 65-93). Buenos Aires: Editorial Biblos.

Boström Lindberg, E. (2007). "Increased job satisfaction after small group reflection on an Intensive Care Unit". *Dimensions of Critical Care Nursing, 26* (4), 163-167.

Bradley, J. & Cartwright, S. (2002). "Social support, job stress, health, and job satisfaction among nurses in the United Kingdom". *International Journal of Stress Management, 9* (3), 163-182.

Bravo, M., Serrano-Garcia, I. & Bernal, G. (1988). "Estrés: desarrollo histórico del concepto y aspectos somáticos del proceso". *Revista Interamericana de Psicología, 22* (1-2), 21-40.

Briner, R., Harris, C. & Daniels, K. (2004). "How do work stress and coping work? Toward a fundamental theoretical reappraisal". *British Journal of Guidance & Counselling, 32* (2), 223-234.

Brodaty, H., Draper, B. & Low L. (2003). "Nursing home staff attitudes towards residents with dementia: strain and satisfaction with work". *Journal of Advanced Nursing, 44* (6), 583-590.

Brooks, B. & Anderson, M. (2005). "Defining quality of nursing work life". *Nursing Economic$, 23* (6), 319-326.

Brotheridge, C. & Grandey, A. (2002). "Emotional labor and burnout: comparing two perspectives of 'people work'". *Journal of Vocational Behavior, 60*, 17-39.

Brown, L., Schultz, J., Forsberg, A., King, G., Kocik, S. & Butler, R. (2002). "Predictors of retention among hiv/hemophilia health care professionals". *General hospital psychiatry, 24*, 48-54.

Bruin, G. & Taylor, N. (2005). "Development of the Sources of Work Stress Inventory". *South African Journal of Psychology, 35* (4), 748-765.

Burke, R., Oberklaid, F. & Burgess, Z. (2005). "Organizational values, job experiences and satisfactions among female and male psychologists". *Community, Work and Family, 8* (1), 53-68.

Butler, A., Grzywacz, J., Bass, B. & Linney, K. (2005). "Extending the demands-control model: a daily diary study of job characteristics, work-family conflict and work-family facilitation". *Journal of Occupational and Organizational Psychology, 78* (2), 155-169.

Caldwell, L. (2005). "Leisure and health: why is leisure therapeutic?" *British Journal of Guidance & Counselling, 33* (1), 7-26.

Callaghan, P. (1998). "Social support and locus of control as correlates of UK nurses´ health-related behaviours". *Journal of Advanced Nursing, 28* (5), 1127-1133.

Calnan, M., Wainwright, D. & Almond, S. (2000). "Job strain, effort-reward imbalance and mental distress: a study of occupations in general medical practice." *Work and Stress, 14* (4), 297-311.

Campbell, S., Fowles, E. & Weber, J. (2004). "Organizational structure and job satisfaction in Public Health Nursing". *Public Health Nursing, 21*(6), 564-571.

Camponovo Meier, O. & Morín Imbert, P. (2000). "Síndrome de burnout en el personal de salud de un hospital público de la ciudad de Rosario". *Investigación en Salud, 3* (1-2), 73-93.

Cano García, F., Rodríguez Franco, L. & García Martínez, J. (2007). "Spanish version of the Coping Strategy Inventory". *Actas Españolas de Psiquiatría, 35* (1), 29-39.

Capuano, T., Bokovoy, J., Hitchings, K. & Houser, J. (2005). "Use of a validated model to evaluate the impact of the work environment on outcomes at a magnet hospital". *Health Care Management Review, 30* (3), 229-236.

Carafa, S. & Faravel, M. L. (2006, Julio, 12). "Unos 300 profesionales trabajan en negro en los hospitales rosarinos". *La Capital on line.* Extraído el 8 de enero de 2007 de http://goo.gl/wCPpoY.

Carmona, C., Buunk, A., Peiró, J., Rodríguez, I. & Bravo, J. (2006). "Do social comparison and coping styles play a role in the development of burnout? Cross-sectional and longitudinal findings". *Journal of Occupational and Organizational Psychology, 79,* 85-99.

Cartwright, S. & Cooper, C. (1999). "Una estrategia organizacional integrada para reducir el estrés del puesto de trabajo". *Revista de Psicología del Trabajo y de las Organizaciones, 15* (2), 199-208.

Carr, P., Szalacha, L., Barnett, R., Caswell, C. & Inui, T. (2003). "A 'ton of feathers': gender discrimination in academic medical careers and how to manage it". *Journal of Women´s Health, 12* (10), 1009-1018.

Casullo, M. (2002). "Evaluación del bienestar psicológico". En M. Casullo (Comp.), *Evaluación del bienestar psicológico en Iberoamérica* (pp. 11-29). Buenos Aires: Paidós.

Catanzaro, S. & Mearns, J. (1999). "Mood-related expectancy, emotional experience, and coping behavior". En I. Kirsch (Ed.), *How expectancies shape experience* (pp. 67-91). Washington: American Psychological Association.

Cea D´Ancona, M. A. (1998). *Metodología cuantitativa. Estrategias y técnicas de investigación social.* Madrid: Editorial Síntesis.

Charnley, E. (1999). "Occupational stress in the newly qualified staff nurse". *Nursing Stand, 13* (29), 33-36.

Cheng, S. (2004). "Endowment and contrast: the role of positive and negative emotions on well-being appraisal". *Personality and Individual Differences, 37* (5), 905-915.

Chiu, S. & Chen, H. (2005). "Relationship between job characteristics and organizational citizenship behavior: the mediational role of job satisfaction". *Social Behavior and Personality, 33* (6), 523-540.

Cohen, J. & Cohen, P. (1983). *Applied multiple regression/correlation analysis for the behavioral sciences.* Hillsdale, N.J.: Lawrence Erlbaum.

Cohen, J. & Pattern, S. (2005). "Well-being in residency training: a survey examining resident physician satisfaction both within and outside of residency training and mental health in Alberta". *BioMedCentral Medical Education, 5* (21). Extraído el 12 de diciembre de 2006 de http://goo.gl/3o1xwZ.

Cole, R., Scott, S & Skelton-Robinson, M. (2000). "The effect of challenging behaviour, and staff support, on the psychological well-being of staff working with older adults". *Aging & Mental Health, 4* (4), 359-365.

Collier, V., McCue, J., Markus, A. & Smith, L. (2002). "Stress in medical residency: *status quo* after a decade of reform?" *Annals of Internal Medicine, 136* (5), 384-390.

Cotton, P. & Hart, P. (2003). "Occupational well-being and performance: a review of organisational health research". *Australian Psychologist, 38* (2), 118-127.

Cruise, S. & Lewis, C. (2006). "Internal consistency, reliability, and temporal stability of the Oxford Happiness Questionnaire short-form: test-retest data over two weeks". *Social Behavior and Personality, 34* (2), 123-126.

Cox, K., Teasley, S., Zeller, R., Lacey, S., Parsons, L., Carroll, C. & Ward-Smith, P. (2006). "Know staff´s 'intent to stay'". *Nursing Management, 37*, 13-15.

Daniels, K. & Harris, C. (2005). "A daily diary study of coping in the context of the job demands-control-support model". *Journal of Vocational Behavior, 66*, 219-237.

Davis, K. & Newstrom, J. (1999). *Comportamiento humano en el trabajo* (4ª ed.). México: McGraw Hill.

De Araújo, M., Da Silva, M. & Francisco, M. (2004). "Nursing the dying: essential elements in the care of

terminally ill patients". *International Nursing Review,*
51, 149-158.

De Dreu, C., Van Dierendonck, D. & Dijkstra, M. (2004).
"Conflict at work and individual well-being".
International Journal of Conflict Management, 15
(1), 6-26.

De Gucht, V., Fischler, B. & Heiser, W. (2003). "Job stress,
personality, and psychological distress as deter-
minants of somatization and functional somatic
syndromes in a population of nurses". *Stress and
Health, 19*, 195-204.

De Luca, P., Sánchez, A., Pérez Olan, G. & Leija Salas, L.
(2004). "Medición integral del estrés crónico". *Revista
Mexicana de Ingeniería Biomédica, 25* (1), 60-66.

DeNeve, K. (1999). "Happy as an extraverted clam? The
role of personality for subjective well-being". *Current
Directions in Psychological Science, 8* (5), 141-144.

Dewe, P. (2003). "A closer examination of the patterns
when coping with work-related stress: implications
for measurement". *Journal of Occupational and
Organizational Psychology, 76*, 517-524.

Dewe, P. (2004). "Work stress and coping: theory, research and practice". *British Journal of Guidance &
Counselling, 32* (2), 139-142.

Díaz Llanes, G. (2001). "El bienestar subjetivo. Actualidad
y perspectivas". *Revista Cubana de Medicina General
Integral, 17* (6), 572-579.

Díaz Morales, J. & Sánchez-López, M. (2001). "Relevancia
de los estilos de personalidad y las metas personales
en la predicción de la satisfacción vital". *Anales de
Psicología 17* (2), 151-158.

Dickens, G., Sugarman, P. & Rogers, G. (2005). "Nurses´
perceptions of the working environment: a UK

independent sector study". *Journal of Psychiatric and Mental Health Nursing, 12,* 297-302.

Diener, E., Emmons, R., Larsen, R. & Griffin, S. (1985). "The Satisfaction with Life Scale". *Journal of Personality Assessment, 49* (1), 71-75.

Diener, E., Sapyta, J. & Suh, E. (1998). "Subjective well-being is essential to well-being". *Psychological Inquiry, 9* (1), 33-37.

Diener, E. & Seligman, M. (2002). "Very happy people". *Psychological Science, 13*(1), 81-88.

Diener, E., Oishi, S. & Lucas, R. (2003). "Personality, culture, and subjetive well-being: emotional and cognitive evaluations of life". *Annual Review of Psychology, 54,* 403-425.

Dijkstra, M., Van Dierendonck, D. & Evers, A. (2005). "Responding to conflict at work and individual well-being: the mediating role of flight behaviour and feelings of helplessness". *European Journal of Work and Organizational Psychology, 14* (2), 119-135.

Di Liscia, M., Huerta, A. & Gutierrez, L. (2000). "El estrés asistencial en los servicios de salud". *Investigación en Salud, 3*(1-2), 51-70.

Dolan, S., García, S. & Diez Piñol, M. (2005). *Autoestima, estrés y trabajo.* Madrid: McGraw-Hill, Interamericana de España.

Dolbier, C., Smith, S. & Steinhardt, M. (2007). "Relationships of protective factors to stress and symptoms of illness". *American Journal of Health Behavior, 31* (4), 423-433.

Donaldson-Feilder, E. & Bond, F. (2004). "The relative importance of psychological acceptance and emotional intelligence to workplace well-being". *British Journal of Guidance & Counselling, 32* (2), 187-203.

Dorz, S., Novara, C., Sica, C. & Sanavio, E. (2003). "Predicting burnout among hiv/aids and oncology health care workers". *Psychology and Health, 18* (5), 677-684.

Dutta-Bergman, M. & Wells, W. (2002). "The values and lifestyles of idiocentrics and allocentrics in an individualist culture: a descriptive approach". *Journal of Consumer Psychology, 12* (3), 231-242.

Edwards, S. (2006). "Pshysical exercise and psychological well-being". *South African Journal of Psychology, 36* (2), 357-373.

Elfering, A., Grebner, S., Semmer, N., Kaiser-Freiburghaus, D., Lauper-Del Ponte, S. & Witschi, I. (2005). "Chronic job stressors and job control: effects on event-related coping success and well-being". *Journal of Occupational and Organizational Psychology, 78,* 237-252.

Erdogan, B., Kraimer, M. & Liden, R. (2004). "Work value congruence and intrinsic career successs: the compensatory roles of leader-member exchange and perceived organizacional support". *Personnel Psychology, 57,* 305-332.

Elovainio, M., Forma, P., Kivimaki, M., Sinervo, T., Sutinen, R. & Laine, M. (2005). "Job demands and job control as correlates of early retirement thoughts in Finnish social and health care employees". *Work & Stress, 19* (1), 84-92.

Enberg, B., Stenlund, H., Sundelin, G. & Ohman, A. (2007). "Work satisfaction, career preferences and unpaid household work among recently graduated health-care professionals – a gender perspective". *Scandinavian Journal of Caring Science, 21,* 169-177.

Erickson, R. & Ritter, C. (2001). "Emotional labor, burnout and inauthenticity: does gender matter?" *Social Psychology Quaterly, 64* (2), 146-163.

Escribá-Agüir, V. & Bernabé-Muñoz, Y. (2002). "Estrategias de afrontamiento ante el estrés y fuentes de recompensa profesional en médicos especialistas de la comunidad Valenciana. Un estudio con entrevistas semiestructuradas". *Revista Española de Salud Pública, 76,* 595-604.

Falkum, E. (1996). "Psychosocial work environment and job satisfaction". En O. Larsen (Ed.), *The shapping of a profession. Physicians in Norway, past and present* (pp. 481-490). Canton, MA: Science History Publications.

Falkum, E., Olff, M. & Aasland, O. (1997). "Revisting the factor structure of the ways of coping checklist: a three dimensional view of the problem focused coping scale. A study among Norwegian physicians". *Journal of Personality and Individual Differences, 22* (2), 257-267.

Fernández Seara, J. & Mietgo Robles, M. (1992). *Escalas de Apreciación del Estrés. Manual.* Madrid: TEA Ediciones.

Ferns, T. (2006). "Under-reporting of violent incidents against nursing staff". *Nursing Standard, 20* (40), 41-45.

Ferraz Bianchi, E. (2004). "Stress and coping among cardiovascular nurses: a survey in Brazil". *Issues in Mental Health Nursing, 25,* 737-745.

Ferreira, C., Assmar, E., Omar, A., Uribe, H., Terrones, A & Galaz, M. (2006). "Individualismo e colectivismo, percepçòes de justiça e comprometimento em organizaçóes latino-americanas". *Revista Interamericana de Psicología, 40* (2), 53-62.

Folkman, S. & Lazarus, R. (1980). "An analysis of coping in a middle-aged community sample". *Journal of Health and Social Behavior, 21*, 218-239.

Folkman, S. & Lazarus, R. (1985). "If it changes it must be a process: study of emotion and coping during three stages of a college examination". *Journal of Personality and Social Psychology, 48*, 150-170.

Folkman, S. & Moskowitz, J. (2004). "Coping: pitfalls and promise". *Annual Review of Psychology, 55*, 745-774.

Firth-Cozens, J. (2001). "Interventions to improve physicians´well being and patient care". *Social Science and Medicine, 52*, 215-222.

Fredrickson, B. & Joiner, T. (2002). "Positive emotions trigger upward spirals toward emotional well-being". *Psychological Science, 13* (2), 172-175.

Fritz, C. & Sonnentag, S. (2005). "Recovery, health and job performance: effects of weekend experiences". *Journal of Occupational Health Psychology, 10* (3), 187-199.

Friese, C. (2005). "Nurse practice environments and outcomes: implications for oncology nursing". *Oncology Nursing Forum, 32* (4), 765-772.

Gabassi, P., Cervai, S., Rozbowsky, P., Semeraro, A. & Gregori, D. (2002). "Burnout syndrome in the helping professions". *Psychological Reports, 90*, 309-914.

Gardiner, M., Sexton, R., Durbridge, M. & Garrard, K. (2005). "The role of psychological well-being in retaining rural general practitioners". *Australian Journal of Rural Health, 13*, 149-155.

Garfinkel, P., Bagby, M., Schuller, D., Dickens, S. & Schulte, F. (2005). "Predictors of professional and personal satisfaction with a career in psychiatry". *Canadian Journal of Psychiatry, 50* (6), 333-341.

Gelsema, T., Van Der Doef, M., Maes, S., Janssen, M., Akerboom, S. & Verhoeven, C. (2006). "A longitudinal study of job stress in the nursing profession: causes and consequences". *Journal of Nursing Management, 14*, 289-299.

Gilbreath, B. & Benson, P. (2004). "The contribution of supervisor behavior to employee psychological well-being". *Work & Stress, 18* (3), 255-266.

Guillén Gestoso, C. & Gil Bozal, R. (2000). *Psicología del trabajo para relaciones laborales.* Madrid: McGraw-Hill.

Gil Monte, P. & Peiró, J. (1997). *Desgaste psíquico en el trabajo: el síndrome de quemarse.* Madrid: Síntesis psicología.

Gil Monte, P. & Peiró, J. (1999). Perspectivas teóricas y modelos interpretativos para el estudio del síndrome de quemarse por el trabajo. *Anales de Psicología, 15* (2), 261-268.

Gjerberg, E. & Kjolsrod, L. (2001). "The doctor-nurse relationship: how easy is it to be a female doctor co-ooperating with a female nurse?" *Social Science and Medicine, 52*, 189-202.

Glasberg, A., Eriksson, S., Dahlqvist, V., Lindahl, E., Strandberg, G., Söderberg. A., Sorlie, V. & Norberg, A. (2006). "Development and initial validation of the Stress of Conscience Questionnaire". *Nursing Ethics, 13* (6), 633-648.

Godfrey, J. (2004). "Toward optimal health: the experts discuss therapeutic humor". *Journal of Women´s Health, 13* (5), 474-479.

Gómez Sanabria, A., Benítez Garay, C., Guillén Gestoso, C., Gala León, F. & Lupiani Jiménez, M. (2000). "Motivación y satisfacción laboral". En C. Guillen Gestoso & R. Guil Bozal. (Eds.), *Psicología del trabajo para relaciones laborales*. (pp.195-209). Madrid: McGraw Hill, Interamericana de España.

Goodwin, R. (2006). "Association between coping with anger and feelings of depression among youths". *American Journal of Public Health, 96* (4), 664-669.

Grandey, A., Cordeiro, B. & Crouter, A. (2005). "A longitudinal and multi-source test of the work-family conflict and job satisfaction relationship". *Journal of Ocupational and Organizational Psychology, 78*, 305-323.

Groot, M., Vernooij-Dassen, M., Crul, B. & Grol, R. (2005). "General practitioners (GPs) and palliative care: perceived tasks and barriers in daily practice". *Palliative Medicine, 19*, 111-118.

Grunfeld, E., Zitzelsberger, L., Coristine, M., Whelan, R., Aspelund, F. & Evans, W. (2005). "Job stress and job satisfaction of cancer care workers". *Psycho-oncology, 14*, 61-69.

Gueritault-Chalvin, V., Kalichman, S., Demi, A. & Peterson, J. (2000). "Work-related stress and occupational burnout in AIDS caregivers: test of a coping model with nurses providing AIDS care". *AIDS Care, 12* (2), 149-161.

Gullatte, M. & Jirasakhiran, E. (2003). "Retention and recruitment: reversing the order". *Clinical Journal of Oncology Nursing, 9* (5), 597-604.

Häggström, E., Skovdahl, K., Fläckman, B., Kihlgren, A. & Kihlgren, M. (2005). "Work satisfaction and dissatisfaction – caregivers´ experiences after a two-year intervention in a newly opened nursing home". *Journal of Clinical Nursing, 14*, 9-19.

Hakansson, C., Eklund, M., Lidfeldt, J., Nerbrand, C., Samsioe, G. & Nilsson, P. (2005). "Well-being and occupational roles among middle-aged women". *Work, 24* (4), 341-351.

Harrison, M., Loiselle, C., Duquette, A. & Semenic, S. (2002). "Hardiness, work support and psychological distress among nursing assistants and registered nurses in Quebec". *Journal of Advanced Nursing, 38* (6), 584-591.

Harrington, R. & Loffredo, D. (2001). "The relationship between life satisfaction, self-consciousness, and the Myers-Briggs Type Inventory dimensions". *The Journal of Psychology, 135* (4), 439-450.

Haslam, A., Powel, C. & Turne, J. (2000). "Social identity, self categorization, and work motivation: rethinking the contribution of the group to positive and sustainable organisational outcomes". *Applied Psychology: an International Review, 49* (3), 319-339.

Hassmiller, S. & Cozine, M. (2006). "Addressing the nurse shortage to improve the quality of patient care". *Health Affairs, 25* (1), 268-274.

Hattie, J., Myers, J. & Sweeney, T. (2004). "A factor structure of wellness: theory, assessment, analysis, and practice". *Journal of Counseling & Development, 82*, 354-364.

Hayhurst, A., Saylor, C. & Stuenkel, D. (2005). "Work environmental factors and retention of nurses". *Journal of Nursing Care Quality, 20* (3), 283-288.

Hays, M., Mannahan, C., Cuaderes, E. & Wallace, D. (2006). "Reported stressors and ways of coping utilized by intensive care unit nurses". *Dimensions of Critical Care Nursing, 25* (4), 185-193.

Herrera Sánchez, R. & Cassals Villa, M. (2005). "Algunos factores influyentes en la calidad de vida laboral de enfermería". *Revista Cubana de Enfermería, 21* (1). Extraído el 12 de diciembre de 2006 de http://goo.gl/0z6D5x.

Heintzman, P. & Mannell, R. (2003). "Spiritual functions of leisure and spiritual well-being: coping with time pressure". *Leisure Sciences, 25*, 207-230.

Hermon, D. & Hazler, R. (1999). "Adherence to a wellness model and perceptions of psychological well-being". *Journal of Counseling & Development, 77*, 339-343.

Hillhouse, J., Adler, C. & Walters, D. (2000). "A simple model of stress, burnout and symptomatology in medical residents: a longitudinal study". *Psychology, Health & Medicine, 5* (1), 63-73.

Hopkinson, P., Carson, J., Brown, D., Fagin, L., Bartlett, H. & Leary, J. (1998). "Occupational stress and community mental health nursing: what CPNs really said". *Journal of Advanced Nursing, 27* (4), 707-712.

Huang, H. (2006). "Personality traits reflect employee job attitudes in the workplace". *The Consortium Journal of Hospitality and Tourism, 10* (1), 31-43.

Hurrell, J., Nelson, D. & Simmons, B. (1998). "Measuring job stressors and strains: where we have been, where we are and where we need to go". *Journal of Occupational Health Psychology, 3* (4), 368-389.

Hyrkäs, K. (2005). "Clinical supervision, burnout, and job satisfaction among mental health and psychiatric nurses in Finland". *Issues in Mental Health Nursing, 26*, 531-556.

Iacovides, A., Fountoulakis, K. & Ierodiakonou, C. (1999). "Is it possible to predict burnout in nursing staff and its possible progression to depression?" *Primary Care Psychiatry, 5* (2), 77-78.

Iacovides, A., Fountoulakis, K., Moysidou, C. & Ierodiakonou, C. (1997). "Burnout in nursing staff: a clinical syndrome rather than a psychological reaction?" *General Hospital Psychiatry, 19*, 419-428.

Idel, M., Melamed, S., Merlob, P., Yahav, J., Hendel, T. & Kaplan, B. (2003). "Influence of a merger on nurses´ emotional well-being: the importance of self-efficacy and emotional reactivity". *Journal of Nursing Management, 11*, 59-63.

Innstrand, S., Espnes, G. & Mykletun, R. (2004). "Job stress, burnout and job satisfaction: an intervention study for staff working with people with intellectual disabilities". *Journal of Applied Research in Intellectual Disabilities, 17*, 119-126.

Ito, H., Eisen, S., Sederer, L., Yamada, O. & Tachimori, H. (2001). "Factors affecting psychiatric nurses´ intention to leave their current job". *Psychiatric Services, 52* (2), 232-234.

Ito, H., Kurita, H. & Shiiya, J. (1999). "Burnout among direct-care staff members of facilities for person with mental retardation in Japan". *Mental Retardation, 37* (6), 477-481.

Iwasaki, Y. (2003). "Examining rival models of leisure coping mechanisms". *Leisure Sciences, 25*, 183-203.

Iwasaki, Y. (2006). "Counteracting stress through leisure coping: a prospective health study". *Psychology, Health & Medicine, 11* (2), 209-220.

Iwasaki, Y., MacKay, K. & Mactavish, J. (2005). "Gender-based analyses of coping with stress among professional managers: leisure coping and non-leisure coping". *Journal of Leisure Research, 37* (1), 1-28.

Jamal, M. & Baba, V. (2000). "Job stress and burnout among canadian managers and nurses: an empirical examination". *Canadian Journal of Public Health, 91* (6), 454-458.

Jang, S. J. (2007). "Gender differences in strain negative emotions, and coping behaviors: a general strain theory approach". *Justice Quarterly, 24*(3), 528-553.

Janssen, P., de Jonge, J. & Bakker, A. (1999). "Specific determinants of intrinsic work motivation, burnout and turnover intentions: a study among nurses". *Journal of Advanced Nursing, 29* (6), 1360-1369.

Jex, S., Beehr, T. & Roberts, C. (1992). "The meaning of occupatinal stress items to survey respondents". *Journal of Applied Psychology, 77* (5), 623-628.

Jex, S. & Thomas, J. (2003). "Relations between stressors and group perceptions: main and mediating effects". *Work & Stress, 17* (2), 158-169.

Jokisaari, M. (2004). "Regrets and subjective well-being: a life course approach". *Journal of Adult Development, 11* (4), 281-288.

Juárez-García, A. (2007). "Factores psicosociales laborales relacionados con la tensión arterial y síntomas cardiovasculares en personal de enfermería en México". *Salud Pública de México, 49* (2), 109-117.

Kalichman, S., Gueritault-Chalvin, V. & Demi, A. (2000). "Sources of occupational stress and coping strategies among nurses working in aids care". *Journal of the Association of Nurses in Aids Care, 11* (3), 31-37.

Kanfer, R. & Ackerman, P. (2000). "Individual differences in work motivation: further exploration of a trait framework". *Applied Psychology: an International Review, 49* (3), 470-482.

Karlsson, E. & Archer, T. (2007). "Relationship between personality characteristics and affect: gender and affective personality". *Individual Differences Research, 5* (1), 44-58.

Kertész, R. (1989). *Monitor del stress.* Buenos Aires: Editorial IPPEM.

Khowaja, K., Merchant, R. & Hirani, D. (2005). "Registered nurses perception of work satisfaction at a Tertiary Care University Hospital". *Journal of Nursing Management, 13* (1), 32-39.

Kim, J. & Hatfield, E. (2004). "Love types and subjective well-being: a cross-cultural study". *Social Behavior and Personality, 32* (2), 173-182.

Kinnunen, U., Geurts, S. & Mauno, S. (2004). "Work-to-family conflict and its relationship with satisfaction and well-being: a one-year longitudinal study on gender differences". *Work & Stress, 18* (1), 1-22.

Kirkcaldy, B. & Siefen, G. (2002). "The occupational stress and health outcome profiles of clinical directors in child and adolescent psychiatry". *Stress and Health, 18*, 161-172.

Kluger, M., Townend, K. & Laidlaw, T. (2003). "Job satis-faction, stress and burnout in australian specialist anaesthetists". *Anaesthesia, 58*, 339-345.

Knight, T., Richardson, M. & Kalbfleisch, J. (2002). "Career disaffection among surgeons in the era of managed care". *The American Surgeon, 68*, 519-523.

Kozak, B., Strelau, J. & Miles, J. (2005). "Genetics deter-minants of individual differences in coping styles". *Anxiety, Stress and Coping, 18* (1), 1-15.

Krzemien, D., Monchietti, A. & Urquijo, S. (2005). "Afrontamiento activo y adaptación al envejecimiento en mujeres de la ciudad de Mar del Plata: una revisión de la estrategia de autodistracción". *Interdisciplinaria, 22* (2), 183-210.

Kuiper, N., Grimshaw, C., Leite, C. & Kirsh, G. (2004). "Humor is not always the best medicine: specific components of sense of humor and psychological well-being". *Humor 17* (1-2), 135-168.

Lambert, V., Lambert, C., Petrini, M. & Zhang, Y. (2007). "Predictors of physical and mental health in hospital nurses within the People´s Republic of China". *International Nursing Review, 54*, 85-91.

Laschinger, H. (2004). "Hospital nurses´ perceptions of respect and organizational justice". *Journal of Nursing Administration, 34*, 354-364.

Laschinger, H. & Finegan, J. (2005). "Using empowerment to build trust and respect in the workplace: a strategy for addressing the nursing shortage". *Nursing Economic$, 23* (1), 6-13.

Laschinger, H., Wong, C., McMahon, L. & Kaufmann, C. (1999). "Leader behavior impact on staff nurse empowerment, job tension, and work effectiveness". *Journal of Nursing Administration, 29* (5), 28-39.

Lazarus, R. & Folkman, S. (1984). *Stress, appraisal and coping.* New York: Springer Publishing Company.

Le Blanc, P., de Jonge, J., de Rijk, A. & Schaufeli, W. (2001). "Well-being of Intensive Care Nurses (WEBIC): a job analytic approach". *Journal of Advanced Nursing, 36* (3), 1-11.

Leddy, S. & Pepper, J. (1989). *Bases conceptuales de la enfermería profesional.* New York: Harper Row, Publishers inc.

Lee, I. & Wang, H. (2002). "Perceived occupational stress and related factors in Public Health nurses". *Journal of Nursing Research, 10* (4), 253-259.

Lee, H., Hwang, S., Kim, J. & Daly, B. (2004). "Predictors of life satisfaction of Korean nurses". *Journal of Advanced Nursing, 48* (6), 632-641.

Leiter, M. & Maslach, C. (1998). "Burnout". En H. Friedman (Ed.), *Encyclopedia of Mental Health*. Volume 1. California: Academic Press.

Lent, R. (2004). "Toward a unifying theoretical and practical perspective on well-being and psycholocial adjustment". *Journal of Counseling Psychology, 51* (4), 482-509.

Lepnurm, R., Dobson, R., Backman, A. & Keegan, D. (2006). "Factors explaining career satisfaction among psychiatrists and surgeons in Canada". *Canadian Journal of Psychiatry, 51* (4), 243-255.

Lert, F., Chastang, J. & Castano, I. (2001). "Psychological stress among hospital doctors caring for HIV patients in the late nineties". *Aids Care, 13* (6), 763-778.

Londoño, N., Henao López, G., Puerta, I., Posada, S., Arango, D. & Aguirre-Acevedo, D. (2006). "Propiedades psicométricas y validación de la Escala de Estrategias de Coping Modificada (EEC-M) en una muestra colombiana". *Universitas Psychologica, 5* (2), 327-349.

López-Araújo, B., Osca Segovia, A. & Peiró, J. (2007). "El papel modulador de la implicación con el trabajo en la relación entre el estrés y la satisfacción laboral". *Psicothema, 19* (1), 81-87.

Lou, J., Yu, H., Hsu, H., & Dai, H. (2007). "A study of role stress, organizational commitment and intention to quit among male nurses in Southern Taiwan". *Journal of Nursing Research, 15* (1), 43-52.

Lu, H., While, A. & Barriball, K. (2007). "A model of job satisfaction of nurses: a reflection of nurses´ working lives in Mainland China". *Journal of Advanced Nursing, 58* (5), 468-479.

Lu, L. (2006). "'Cultural fit': individual and societal discrepancies in values, beliefs, and subjective well-being". *The Journal of Social Psychology, 146* (2), 203-221.

Luceño Moreno, L., Martín García, J., Jaén Díaz, M. & Díaz Ramiro, E. (2006). "Psycho-social risks and trait anxiety as predictors of stress and job satisfaction". *Ansiedad y Estrés, 12* (1), 89-97.

Luceño Moreno, L., Martín García, J., Tobal, J. & Jaén Díaz, M. (2005). "El Cuestionario Multidimensional DECORE: un instrumento para la evaluación de factores psicosociales en el entorno laboral". *Ansiedad y Estrés, 11* (2-3), 189-202.

Mackay, N. & Barrowclough, C. (2005). "Accident and emergency staff´s perceptions of deliberate self-harm: atributions, emotions and willingness to help". *British Journal of Clinical Psychology, 44*, 255-267.

MacLeod, A. & Conway, C. (2005). "Well-being and the anticipation of future positive experiences: the role of income, social networks, and planning ability". *Cognition and Emotion, 19* (3), 357-374.

Maki, N., Moore, S., Grunberg, L. & Greenberg, E. (2005). "The responses of male and female managers to workplace stress and downsizing". *North American Journal of Psychology, 7* (2), 295-312.

Makinen, A., Kivimaki, M., Elovainio, M. & Virtanen, M. (2003). "Organization of nursing care and stressful work characteristics". *Journal of Advanced Nursing, 43* (2), 197-205.

Mann, S. (2004). "'People-work': emotion management, stress and coping". *British Journal of Guidance & Counselling, 32* (2), 205-221.

Mann Layne, C., Hohenshil, T. & Singh, K. (2004). "The relationship of occupational stress, psychosocial strain and coping resources to the turnover intentions of rehabilitation counselors". *Rehabilitation Counseling Bulletin, 48* (1), 19-30.

Mantler Keil, J., Armstrong Stassen, M., Cameron, S. & Horsburgh, M. (2000). "Part-time nurses: the effect of work status congruency on job attitudes". *Applied Psychology: an International Review, 49* (3), 227-236.

Martin, R., Thomas, G., Charles, K., Epitropaki, O. & Mcnamara, R. (2005). "The role of leader-member exchanges in mediating the relationship between locus of control and work reactions". *Journal of Occupational and Organizational Psychology, 78,* 141-147.

Martín García, J., Luceño Moreno, L., Jaén Díaz, M. & Rubio Valdehita, S. (2007). "Relación entre factores psicosociales adversos, evaluados a través del cuestionario Decore, y salud laboral deficiente". *Psicothema, 19* (1), 95-101.

Martínez-Lanz, P., Medina-Mora, M. & Rivera, E. (2004). "Consumo de alcohol y drogas en personal de salud: algunos factores relacionados". *Salud Mental, 27* (6), 17-27.

Martínez-Lanz, P., Medina-Mora, M. & Rivera, E. (2005). "Adicciones, depresión y estrés en médicos residentes". *Revista de la Facultad de Medicina de la UNAM, 48,* 191-197.

Martinez Selva, J. (2004). *Estrés laboral. Guía para empresarios y empleados*. Madrid: Prentice Hall.

Martocchio, J. & O"Leary, A. (1989). "Sex differences and occupational stress". *Journal of Applied Psychology, 74,* 495-501.

Maslach, C. (2001). "What have we learned about burnout and health?" *Psychology and Health, 16,* 607-611.

Maslach, C. & Goldberg, J. (1998). "Prevention of burnout: new perspectives". *Applied and Preventive Psychology, 7,* 63-74.

Maslach, C. y Jackson, S. (1997). *MBI. Inventario 'Burnout' de Maslach. Síndrome del 'quemado' por estrés laboral asistencial. Manual*. Madrid: TEA Ediciones.

Mayer, J. & Salovey, P. (1997). "What is emotional intelligence?" En P. Salovey & D.J. Sluyter (eds.), *Emotional Development and Emotional Intelligence: educational implications* (pp. 3-31). New York: Basic Books.

McConaghy, R. & Caltabiano, M. (2005). "Caring for person whit dementia: exploring relationship between perceived burden, depression, coping and well-being". *Nursing and Health Sciences, 7,* 81-91.

Mcdonald, L. & Korabik, K. (1991). "Sources of stress and ways of coping among male and female managers". *Journal of Social Behavior and Personality, 6* (7), 185-198.

McGillis Hall, L. & Doran, D. (2007). "Nurses´ perceptions of hospital work environments". *Journal of Nursing Management, 15,* 264- 273.

McGowan, J., Gardner, D. & Fletcher, R. (2006). "Positive and negative affective outcomes of occupational stress". *New Zealand Journal of Psychology, 35* (2), 92-98.

McMillan, G. & Lapham, S. (2004). "Does moderate alcohol use affect health-care costs? A propensity analysis of female health-care workers". *Addiction, 99*, 612-620.

McNeely, E. (2005). "The consequences of job stress for nurses´ health: time for a check-up". *Nursing Outlook, 53*, 291-299.

McNeese-Smith, D. (1999). "A content analysis of staff nurse descriptions of job satisfaction and dissatisfaction". *Journal of Advanced Nursing, 29* (6), 1332-1341.

McVicar, A. (2003). "Workplace stress in nursing: a literature review". *Journal of Advanced Nursing, 44* (6), 633-642.

Medland, J., Howard-Ruben, J. & Whitaker, E. (2004). "Fostering psychosocial wellness in oncology nurses: addressing burnout and social support in the workplace". *Oncology Nursing Forum, 31* (1), 47-54.

Metcalfe, C., Smith, G., Wadsworth, E., Sterne, J., Heslop, P., MacLeod, J. & Smith, A. (2003). "A contemporary validation of the Reeder Stress Inventory". *British Journal of Health Psychology, 8*, 83-94.

Mikkelsen, A., Ogaard, T. & Landsbergis, P. (2005). "The effects of new dimensions of psychological job demands and job control on active learning and occupational health". *Work & Stress, 19* (2), 153-175.

Molassiotis, A. & Haberman, M. (1996). "Evaluation of burnout and job satisfaction in marrow transplant nurses". *Cancer Nursing, 19* (5), 360-367.

Moraes, C., Hasselmann, M. & Reichenheim, M. (2002). "Adaptação transcultural do instrumento". *Cadernos de Saúde Pública, 18*, 163-176.

Morán Astorga, C. (2006). El cansancio emocional en servicios humanos: asociación con acoso psicológico, personalidad y afrontamiento. *Revista de Psicología del Trabajo y de las Organizaciones, 22* (2), 227-239.

Moreno-Jiménez, B., Garrosa Hernández, E. & González Gutiérrez, L. (2000). Desgaste profesional sanitario de enfermería: Validación factorial del CDPE. *Archivos de Prevención de Riesgos laborales, 3* (1), 18-28.

Moreno-Jiménez, B., Seminotti, R., Garrosa Hernández, R., Rodríguez-Carvajal, R. & Morante Benadero, M. (2005). "El burnout médico: la ansiedad y los procesos de afrontamiento como factores intervinientes". *Ansiedad y Estrés, 11* (1), 181-187.

Morikawa, Y., Kitaoka-Higashiguchi, K., Tanimoto, C., Hayashi, M., Oketani, R., Miura, K., Nishijo, M. & Nakagawa, H. (2005). "A cross-sectional study on the relationship of job stress with natural killer cell activity and natural killer cell subsets among healthy nurses". *Journal of Occupational Health, 47*, 378- 383.

Morrison, D., Cordery, J., Girardi, A. & Payne, R. (2005). "Job design, opportunities for skill utilization, and intrinsic job satisfaction". *European Journal of Work and Organizational Psychology, 14* (1), 59-79.

Morita, T., Miyashita, M., Kimura, R., Adachi, I. & Shima, Y. (2004). "Emotional burden of nurses in palliative sedation therapy". *Palliative Medicine, 18*, 550-557.

Mroczek, J., Mikitarian, G., Vieira, E. & Rotarius, T. (2005). "Hospital design and staff perceptions". *The Health Care Manager, 24* (3), 233-244.

Muhonen, T. & Torkelson, E. (2004). "Work locus of control and its relationship to health and job satisfaction from a gender perspective". *Stress and Health, 20*, 21-28.

Murphy, F. (2004). "Stress among nephrology nurses in Northern Ireland". *Nephrology Nursing Journal, 31* (4), 423-431.

Nacpal, A. & Shell, B. (1992). *Subjective Well-being Inventory*. Nueva Delhi: OMS.

Naswall, K., Sverke, M. & Hellgren, J. (2005). "The moderating role of personality characteristics on the relationship between job insecurity and strain". *Work and Stress, 19* (1), 37-49.

Naudé, J. & Rothmann, S. (2006). "Work-related well-being of emergency workers in Gauteng". *South African Journal of Psychology, 36* (1), 63-81.

Netemeyer, R., Brashear-Alejandro, T. & Boles, J. (2004). "A cross-national model of job-related outcomes of work role and family role variables: a retail sales context". *Journal of the Academy of Marketing Science, 32* (1), 49-60.

Nilsson, K., Hertting, A., Petterson, I. & Theorell, T. (2005). "Pride and confidence at work: potential predictors of occupational health in a hospital setting". *BioMed Central Public Health, 5* (92). Extraído el 12 de diciembre de 2006 de http://goo.gl/Kvqq3B.

Niven C. & Knussen, C. (1999). "Measuring the stress associated with caring for clients with HIV/AIDS". *Aids Care, 11* (2), 171-180.

Noor, N. (2004). "Work-family conflic, work and family role salient, and women´s well-being". *The Journal of Social Psychology, 144* (4), 389-405.

Norlander, T., Johansson, A. & Bood, S. (2005). "The effective personality: its relation to quality of sleep, well-being and stress". *Social Behavior and Personality, 33* (7), 709-722.

Novoa Gómez, M., Nieto Dodino, C., Forero Aponte, C., Caycedo, C., Palma Riveros, M., Montealegre Martinez, M., Bayona Mendoza, M. & Sanchez Duran, C. (2005). "Relación entre perfil psicológico, calidad de vida y estrés asistencial en personal de enfermería". *Universitas Psychologica, 4* (1), 63-75.

Nunnally, J. C. (1978). *Psychometric theory.* New York: McGraw-Hill.

Nylenna, M. & Aasland, O. (2000). "Primary care physicians and their information-seeking behaviour". *Scandinavian Journal of Primary Health Care, 18,* 9-13.

Nylenna, M., Aasland, O. & Falkum, E. (1996). "Survey of Norwegian doctor´s cultural activities". *The Lancet, 348* (9043), 1692-1694.

Nylenna, M., Falkum, E. & Aasland, O. (1996). "Keeping professionally updated: perceived coping and CME profiles among physicians". *The Journal of Continuing Education in the Health Professions, 16,* 241-249.

Nylenna, M., Gulbrandsen, P., Forde, R. & Aasland, O. (2005). "Unhappy doctors? A longitudinal study of life and job satisfaction among Norwegian doctors 1994-2002". *BioMed Central Health Services Research, 5* (44). Extraído el 12 de diciembre de 2006 de http://goo.gl/eZtLfs.

Oginska-Bulik, N. (2005). "Emotional intelligence in the workplace: exploring its effects on occupational stress and health outcomes in human service workers". *International Journal of Occupational Medicine and Environmental Health, 18* (2), 167-175.

Oginska-Bulik, N. (2006). "Occupational stress and its consequences in healthcare professionals: the role of type D personality". *International Journal of*

Occupational Medicine and Environmental Health,
19 (2), 113-122.

Omar, A. (1995). *Stress y coping. Las estrategias de co-*
ping y sus interrelaciones con los niveles biológico y
psicológico. Buenos Aires: Editorial Lumen.

Omar, A. (2006). "Justicia organizacional, individualismo-
colectivismo y estrés laboral". *Psicología y Salud, 16*
(2), 207-217.

Omar, A. (2006). Las perspectivas de futuro y sus vinculaciones con el bienestar y la resiliencia en ado-
lescentes. R*evista Psicodebate. Psicología, Cultura*
y Sociedad, 7 (1), 141-154.

Omar, A., Maltaneres V. & Paris, L. (2007, abril). "Valores
personales, justicia y salud ocupacional. Un estudio en empresas argentinas". Póster presentado
en las Jornadas de Divulgación de la Investigación
Científica de la Universidad Nacional de Rosario,
Rosario, Argentina.

Omar, A. Maltaneres, V. & Paris, L. (2007, julio).
"Percepciones de injusticia, compromiso afectivo y comportamientos organizacionales antisociales". Ponencia presentada en el XXXI Congreso
Interamericano de Psicología, D.F., México.

Omar, A., Paris, L. & Maltaneres, V. (2007, agosto).
"Comportamientos de ciudadanía y percepciones de
justicia". Póster interactivo presentado en el Segundo
Encuentro Iberoamericano de Psicología Positiva,
Buenos Aires, Argentina.

Omar, A.; Uribe, H., Ferreira, C., Assmar, E., Terrones, A. &
Galaz, M. (2007). "Colectivismo, justicia y ciudadanía
organizacional en empresas argentinas, mexicanas
y brasileras". *Revista Mexicana de Psicología, 24,* 1,
101-116.

Omdahl, B. & O´Donnell, C. (1999). "Emotional conta-
gion, empathic concern and communicative res-
ponsiveness as variables affecting nurses´ stress and
occupational commitment". *Journal of Advanced
Nursing, 29* (6), 1351-1359.

Ong, L., Linden, W. & Young, S. (2003). "Stress management: what is it?" *Journal of Psychosomatic Research,
56* (1), 133-137.

Patterson, P., Probst, J., Leith, K., Corwin, S. & Powell, M.
(2005). "Recruitment and retention of emergency
medical technicians: a qualitative study". *Journal
of Allied Health, 34* (3), 153-162.

Pavot, W., Diener, E., Colvin, C. & Sandvik, E. (1991).
"Further validation of the Satisfaction with Life Scale:
evidence for the cross-method convergence of well-
being measures". *Journal of Personality Assessment,
57* (1), 149-161.

Peeters, M. & Rutte, C. (2005). "Time management behavior as a moderator for the job demand-control inte-
raction". *Journal of Occupational Health Psychology,
10* (1), 64-75.

Peiró, J. (2005). *Desencadenantes del estrés laboral.*
Madrid: Ediciones Pirámide.

Peiró, J. & Salvador, A. (1993). *Control del estrés laboral.*
Madrid: Eudema.

Pejic, A. (2005). "Verbal abuse: a problem for pediatric
nurses". *Pediatric Nursing, 31* (4), 271-279.

Peluchette, J. & Karl, K. (2005). "Attitudes toward incor-
porating fun into the health care workplace". *The
Health Care Manager, 24* (3), 268-275.

Peterson, M. & Dunnagan, T. (1998). "Analysis of a
worksite health promotion program´s impact

on job satisfaction". *Journal of Occupational and Environmental Medicine, 40* (11), 973-979.

Peterson, M. & Wilson, J. (1996). "Job satisfaction and perceptions of health". *Journal of Occupational and Environmental Medicine, 38* (9), 891-898.

Pikhart, H., Bobak, M., Pajak, A., Malyutina, S., Kubinova, R., Topor, R., Sebakova, H., Nikitin, Y. & Marmot, M. (2004). "Psychosocial factors at work and depression in three countries of central and eastern Europe". *Social Science and medicine, 58*, 1475-1482.

Promecene, P. & Monga, M. (2003). "Occupational stress among obstetrician/gynecologists". *Southern Medical Journal, 69* (12), 1187-1189.

Rabow, M. (2001). "Doctoring to heal". *Culture and Medicine, 174*, 66-69.

Randolph, D., Doisy, M. & Doisy, E. (2005). "Predicting the effect of extrinsic and intrinsic job satisfaction factors on recruitment and retention of rehabilitation professionals". *Journal of Health Care Management, 50* (1), 49-60.

Renzi, C., Tabolli, S., Ianni, A., Di Pietro, & Puddu, P. (2005). "Burnout and job satisfaction comparing healthcare staff of a dermatological hospital and a general hospital". *Journal European Academy of Dermatology and Venereology, 19*, 153-157.

Robbins, S. (1994). "Valores, actitudes y satisfacción laboral". En S. Robbins, *Comportamiento organizacional. Conceptos, controversias y aplicaciones* (pp.171-204). México: Prentice Hall Hispanoamericana.

Roberts Perry, T. (2005). "The certified registered nurse anesthetist: occupational responsibilities, perceived stressors, coping strategies, and work relationships".

American Association of Nurse Anesthetists Journal,
73 (5), 351-356.

Rondeau, K. & Francescutti, L. (2005). "Emergency department overcrowding: the impact of resource scarcity on physician job satisfaction". *Journal of Health Care Management, 50* (5), 327-340.

Rosales Juseppe, J., Gallardo Contreras, R. & Conde Mercado, J. (2005). "Prevalencia de episodio depresivo en los médicos residentes del Hospital Juárez de México". *Revista de Especialidades Médico-Quirúrgicas, 10* (1), 25-36.

Rosvold, E. & Bjertness, E. (2001). "Physicians who do not take sick leave: hazardous heroes?" *Scandinavian Journal of Public Health, 29,* 71-75.

Rosvold, E. & Bjertness, E. (2002). "Illness behaviour among Norwegian physicians". *Scandinavian Journal of Public Health, 30,* 125-132.

Rosvold, E., Vaglum, P. & Moum, T. (1998). "Use of minor tranquilizers among Norwegian physicians. A nation-wide comparative study". *Social Science and Medicine, 46* (4-5), 581-590.

Rout, U. (2000). "Stress amongst district nurses: a preliminary investigation". *Journal of Clinical Nursing, 9,* 303-309.

Rowe, M. (2006). "Four-year longitudinal study of behavioral changes in coping with stress". *American Journal of Health Behavior, 30* (6), 602-612.

Ryan, M. & Deci, E. (2000). "The darker and brighter side of human existence: basic psychological needs as a unifying concept". *Psychological Inquiry, 11* (4), 319-338.

Ryan, M. & Deci, E. (2001). "On happiness and human potentials: a review of research on hedonic and eudaimonic well-being". *Annual Review of Psychology, 52,* 141-166.

Ryan, R., LaGuardia, J. & Rawsthorne, L. (2005). Self-complexity and the authenticity of self-aspects: effects on well-being and resilience to stressful events. *North American Journal of Psychology, 7* (3), 431-448.

Ryff, C. & Singer, B. (1998). "The contours of positive human healh". *Psychological Inquiry, 9* (1), 1-28.

Saint, S., Zemencuk, J., Hayward, R., Goling, C., Konrad, T. & Linzer, M. (2003). "What effect does increasing inpatient time have on outpatient-oriented internist satisfaction?" *Journal of General Internal Medicine, 18,* 725-729.

Salmond, S. & Ropis, P. (2005). "Job stress and general well-being: a comparative study of medical-surgical and home care nurses". *Medical Surgical Nursing, 14* (5), 301-309.

Sánchez Sevilla, S., Guillén Gestoso, C. & León Rubio, J. (2006). "La autoeficacia percibida en el afrontamiento de riesgos laborales psicosociales como variable moduladora del burnout". *Ansiedad y Estrés, 12* (2-3), 495-504.

Sand, A. (2003). "Nurses´personalities, nursing-related qualities and work satisfaction: a 10-year perspective". *Journal of Clinical Nursing, 12,* 177-187.

Sandín, B. (1995). "El estrés". En A. Bellock, B. Sandín & F. Ramos, *Manual de Psicopatología.* Volumen 2. Madrid: McGraw Hill.

Sandín, B. & Chorot, P. (2003). "Cuestionario de afrontamiento del estrés (CAE): desarrollo y validación preliminar". *Revista de Psicopatología y Psicología Clínica, 8* (1), 39-54.

Sawatzky, J. (1996). "Stress in critical care nurses: actual and perceived". *Heart & Lung. The Journal of Acute & Critical Care, 25* (5), 409-417.

Schaufeli, W. (1999). "Evaluación de riesgos psicosociales y prevención del estrés laboral: algunas experiencias holandesas". *Revista de Psicología del Trabajo y de las Organizaciones, 15* (2), 147-171.

Scherer, R., Hwang, C., Yan, W. & Li, J. (2000). "The dimensionality of coping among Chinese health care workers". *The Journal of Social Psychology, 140* (3), 317-327.

Schulman-Green, D. (2003). "Coping mechanisms of physicians who routinely work with dying patients". *Omega, 43* (3), 253-264.

Severinsson, E. & Kamaker, D. (1999). "Clinical nursing supervision in the workplace-effects on moral stress and job satisfaction". *Journal of Nursing Management, 7* (2), 81-90.

Shaikh, B., Kahloon, A., Kazmi, M., Khalid, H., Nawaz, K., Khan, N. & Khan, S. (2004). "Students, stress and coping strategies: a case of Pakistani Medical School". *Education for Health, 17* (3), 346-353.

Shakespeare-Finch, J., Smith, S. & Obst, P. (2002). "Trauma, coping resources, and family functioning in emergency services personnel: a comparative study". *Work & Stress, 16* (3), 275-282.

Shanafelt, T., Novotny, P., Johnson, M., Zhao, X., Steensma, D., Lacy, M., Rubin, J. & Sloan, J. (2005). "The well-being and personal wellness promotion strategies of medical oncologists in the North Central Cancer Treatment Group". *Oncology, 68*, 23-32.

Shiao, J., Koh, D., Lo, L., Lim, M. & Guo, Y. (2007). "Factors predicting nurses´consideration of leaving their job during the SARS outbreak". *Nursing Ethics, 14* (1), 5-17.

Shouksmith, G. (1990). "A construct validation of a scale for measuring work motivation". *New Zealand Journal of Psychology, 18*, 76-81.

Siegrist, J. & Marmot, M. (2004). "Health inequalities and the psychosocial environment – two scientific challenges". *Social Science & Medicine, 58*, 1463-1473.

Skytt, B., Ljunggren, B. & Carlsson, M. (2007). "Reasons to leave: the motives of first-line nurse managers´ to leaving their posts". *Journal of Nursing Management, 15*, 294-302.

Souza Minayo, M., Gonçalves de Assis, S. & Ramos de Souza, E. (2005). *Evaluación por triangulación de métodos. Abordaje de programas sociales.* Buenos Aires: Lugar Editorial.

Spear, J., Wood, L., Chawla, S., Devis, A. & Nelson, J. (2004). "Job satisfaction and burnout in mental health services for older people". *Australian Psychiatry, 12* (1), 58-61.

Spector, P., Cooper, C., Poelmans, S., Allen, T., O´Driscoll, M., Sanchez, J., Siu, O., Dewe, P., Hart, P. & Lu, L. (2004). "A cross-national comparative study of work-family stressors, working hours, and well-being: China and Latin America versus the Anglo world". *Personnel Psychology, 57*, 119-142.

Stoddard, J., Hargraves, J., Reed, M. & Vratil, A. (2001). "Managed care, professional autonomy, and income". *Journal of General Internal Medicine, 16*, 675-684.

Streiner, D. & Norman, G. (1995). *Health Measurement Scales: a practical guide to their development and use.* Oxford: Oxford University Press.

Sutinen, R., Kivimaki, M., Elovainio, M. & Forma, P. (2005). "Associations between stress at work and attitudes towards retirement in hospital physicians". *Work & Stress, 19* (2), 177-185.

Svare, G., Miller, L. & Ames, G. (2004). "Social climate and workplace drinking among woman in a male-dominated occupation". *Addictive Behaviors, 29*, 1691-1698.

Tabak, N. & Koprak, O. (2007). "Relationship between how nurses resolve their conflicts with doctors, their stress and job satisfaction". *Journal of Nursing Management, 15*, 321-331.

Taris, T., Kalimo, R. & Schaufeli, W. (2002). "Inequity at work: its measurement and association with worker health". *Work and Stress, 16* (4), 287-301.

Taylor, D., Pallant, J., Crook, H. & Cameron, P. (2004). "The psychological health of emergency physicians in Australasia". *Emergency Medicine Australasia, 16* (1), 21-27.

Ter Doest, L. & de Jonge, J. (2006). "Testing causal models of job characteristics and employee well-being: a replication study using cross-lagged structural equation modelling". *Journal of Occupational and Organizational Psychology, 79*, 499 – 507.

Ter Doest, L., Maes, S. & Gebjardt, W. (2006). "Personal goal facilitation through work: implications for employee satisfaction and well-being". *Applied Psychology: an International Review, 55* (2), 192-219.

Terry, D. & Jimmieson, N. (2003). "A stress and coping approach to organisational change: evidence from three field studies". *Australian Psychologist, 38* (2), 92-101.

Thomas, M. (2005). "Team learning: coping with stress". *Work based Learning in Primary Care, 3*, 169-172.

Thomsen, S., Arnetz, B., Nolan, P., Soares, J. & Dallender, J. (1999). "Individual and organizational well-being in psychiatric nursing: a cross-cultural study". *Journal of Advanced Nursing, 30* (3), 749-757.

Totterdell, P., Wood, S. & Wall, T. (2006). "An intra-individual test of the demands-control model: a weekly diary study of psychological strain in portfolio workers". *Journal of Occupational and Organizational Psychology, 79,* 63-84.

Trenberth, L. & Dewe, P. (2005). "An exploration of the role of leisure in coping with work related stress using sequential tree analysis". *British Journal of Guidance & Counselling, 33* (1), 101-116.

Truchot, D. & Deregard, M. (2001). "Perceived inequity, communal orientation and burnout: the role of helping models". *Work & Stress, 15* (4), 347-356.

Ttselebis, A. & Papaleftheris, E. (2002). "Smoking related to anxiety and depression in Greek medical staff". *Psychological Reports, 92,* 529-532.

Tsutsumi, A. & Kawakami, N. (2004). "A review of empirical studies on the model of effort-reward imbalance at work: reducing occupational stress by implementing a new theory". *Social Science & Medicine, 59,* 2335-2359.

Tugade, M., Fredrickson, B. & Barret, L. (2004). "Psychological resilience and positive emotional granularity: examining the benefits of positive emotions on coping and health". *Journal of Personality, 72* (6), 1161-1189.

Tveito, T., Passchier, J., Duivenvoorden, H. & Eriksen, H. (2004). "Subjective health complaints and health related quality of life in a population of health care workers". *Psychology and Health, 19* (2), 247-259.

Van Dierendonck, D., Haynes, C., Borril, C. & Stride, C. (2004). "Leadership behavior and subordinate well-being". *Journal of Occupational Health Pychology, 9* (2), 165-175.

Van Knippenberg, D. (2000). "Work motivation and performance: a social identity perspective". *Applied Psychology: an International Review, 49* (3), 357-371.

Verger, P., Aulagnier, M., Protopopescu, C., Villani, P., Gourrheux, J., Bouvenot, G. & Paraponaris, A. (2004). "Hypnotic and tranquillizer use among general practitioners in south-eastern France and its relation to occupational characteristics and prescribing habits". *Fundamental & Clinical Pharmacology, 18,* 379-385.

Verhaeghe, R., Mak, R., Van Maele, G., Kornitzer, M. & De Backer, G. (2003). "Job stress among middle-aged health care workers and its relation to sickness absence". *Stress and Health, 19,* 265-274.

Vestling, M., Tufvesson, B. & Iwarsson, S. (2003). "Indicators for return to work after stroke and the importance of work for subjetive well-being and life satisfaction". *Journal of Rehabilitation Medicine, 35* (3), 127-131.

Visser, M., Smets, E., Oort, F. & De Haes, H. (2003). "Stress, satisfaction and burnout among Dutch medical specialists". *Journal of Canadian Medical Association, 168* (3), 271-275.

Wainer, J. (2004). "Work of female rural doctors". *Australian Journal of Rural Health, 12, 49-53.*

Way, M. & MacNeil, M. (2006). "Organizational characteristics and their effect on health". *Nursing Economic$, 24* (2), 67-77.

Williams, L. (2005). "Impact of nurses´ job satisfaction on organizational trust". *Health Care Manage Review, 30* (3), 203-211.

Williamson, G. & Dodds, S. (1999). "The effectiveness of a group approach to clinical supervision in reducing stress: a review of the literature". *Journal of Clinical Nursing, 8* (4), 338-344.

Williamson, J., Pemberton, A. & Lounsbury, J. (2005). "An investigation of career and job satisfaction in relation to personality traits of information professionals". *Library Quarterly, 75* (2), 122-141.

Wilson, C. (2006). "Why stay in nursing?" *Nursing Management, 12* (9), 24-32.

Wilson, M., DeJoy, D., Vandenberg, R., Richardson, H. & McGrath, A. (2004). "Work characteristics and employee health and well-being: test of a model of healthy work organization". *Journal of Occupational and Organizational Psychology, 77*, 565-588.

Windle, G. & Woods, R. (2004). "Variations in subjetive well-being: the mediating role of a psychological resource". *Ageing & Society, 24*, 583-602.

Wright, S. & Beasley, B. (2004). "Motivating factors for academic physicians within Departments of Medicine". *Mayo Clinical Proceedings, 79* (9), 1145-1150.

Yayli, G., Yaman, H. & Yaman, A. (2003). "Stress and work-life in a university hospital in Turkey: evaluation of the Brief Symptom Inventory and Ways of Coping Inventory in hospital staff". *Social Behavior and Personality, 31* (1), 91-100.

Zaldúa, G. & Lodieu, M. (2000). "El burnout. La salud de los trabajadores de la salud". *Revista del Instituto de Investigaciones de la Facultad de Psicología–UBA, 5* (1), 151-169.

Zambrano Plata, G. (2006). "Estresores en las unidades
    de cuidado intensivo". *Aquichán, 6* (1), 156-169.
Zivotofsky, A. & Koslowsky, M. (2005). "Short communi-
    cation: gender differences in coping with the major
    external stress of the Washington, D.C. sniper". *Stress
    and Health, 21,* 27-31.

Anexos

Modelo del instrumento de recolección de datos

Este cuestionario fue desarrollado para una tesis doctoral sobre estrés laboral, formas de afrontamiento y satisfacción en el trabajo en médicos y enfermeros de la ciudad de Rosario. Por tal motivo, sus opiniones son muy importantes para esta investigación. Por favor, no deje ningún ítem en blanco y recuerde que no hay respuestas correctas o incorrectas. El tiempo que demanda completar el cuestionario es de aproximadamente 20 minutos. Sus respuestas serán completamente anónimas y toda la información que usted suministre será estrictamente confidencial y empleada sólo con fines de investigación. Muchas gracias por su tiempo y su valiosa colaboración.

Edad:	Sexo: 1. F ▮ 2. M ▮	Estado civil:	Hijos: 1 Sí ▮ 2 No ▮

Profesión:	Especialidad:

Antigüedad en la profesión:

Muchos profesionales trabajan en distintos ámbitos (hospitales, consultorios privados, servicios de urgencias). Por favor, complete los datos que se solicitan a continuación de cada lugar en el que se desempeñe laboralmente, marcando con una cruz donde corresponda.

ÁMBITO LABORAL	Antigüedad en años	Hs. de trabajo semanal	Intención de renunciar
HOSPITAL	0 - 1 año 1 - 5 años 5 - 10 años 10 - 15 años más de 15 años	0 - 5 horas 5 - 10 horas 10 - 15 horas 15 - 20 horas más de 20 horas	Sí No
CENTRO DE SALUD	0 - 1 año 1 - 5 años 5 - 10 años 10 - 15 años más de 15 años	0 - 5 horas 5 - 10 horas 10 - 15 horas 15 - 20 horas más de 20 horas	Sí No
CONSULTORIO PRIVADO	0 - 1 año 1 - 5 años 5 - 10 años 10 - 15 años más de 15 años	0 - 5 horas 5 - 10 horas 10 - 15 horas 15 - 20 horas más de 20 horas	Sí No
OTRO (especificar):	0 - 1 año 1 - 5 años 5 - 10 años 10 - 15 años más de 15 años	0 - 5 horas 5 - 10 horas 10 - 15 horas 15 - 20 horas más de 20 horas	Sí No

¿Se desempeña laboralmente en el ámbito de la docencia?   1. Sí   2. No

En caso de responder afirmativamente, por favor indique dónde ejerce la docencia:

Universidad pública	Universidad privada	Institutos terciarios	Otros (especifique):

A continuación hay una serie de enunciados sobre situaciones que pueden resultarle estresantes en su trabajo. Por favor, luego de leer cada oración, rodee con un círculo la opción que mejor representa sus sentimientos y experiencias. El significado de cada número se presenta en la escala siguiente:

0	1	2	3
Nada	Un poco	Bastante	Mucho

1	Conflictos interpersonales con sus superiores (jefes, supervisores y similares).	0 1 2 3
2	Conflictos interpersonales con sus colegas.	0 1 2 3
3	Sobrecarga de tareas.	0 1 2 3
4	Falta de medios y recursos en la/s instituciones.	0 1 2 3
5	Apoyo ineficaz de los superiores y/o de la institución.	0 1 2 3
6	Inestabilidad laboral.	0 1 2 3
7	Bajos sueldos.	0 1 2 3
8	Deficiencias administrativas.	0 1 2 3
9	Dificultad para conocer las responsabilidades reales de cada uno.	0 1 2 3
10	Excesivo número de pacientes a cargo.	0 1 2 3
11	Juicios por mala praxis.	0 1 2 3
12	Falta de reconocimiento por parte de los pacientes y/o familiares.	0 1 2 3
13	Dificultades en la relación con familiares de los pacientes.	0 1 2 3
14	Escasa autoridad para tomar decisiones.	0 1 2 3
15	Incompatibilidad de tareas.	0 1 2 3
16	Sentir que nadie se compromete con su trabajo.	0 1 2 3
17	Demandas de los pacientes que no se pueden atender.	0 1 2 3
18	Sensación de dar mucho en el trabajo y no ser recompensado.	0 1 2 3
19	Escasa disposición de los pares y superiores para integrar equipos de trabajo.	0 1 2 3
20	Sentir que se desperdician su capacitación y sus habilidades.	0 1 2 3
21	Falta de tiempo libre porque el trabajo demanda demasiado.	0 1 2 3
22	Imposibilidad de contar con sus pares cuando hay dificultades o sobrecarga.	0 1 2 3
23	Demasiada competitividad.	0 1 2 3
24	Multiempleo.	0 1 2 3
25	Escaso confort físico en el lugar de trabajo.	0 1 2 3
26	Pobre devolución sobre su desempeño por parte de sus superiores.	0 1 2 3
27	Escasas posibilidades de promoción y ascenso en su carrera.	0 1 2 3
28	Relaciones problemáticas con los enfermeros/as.	0 1 2 3
29	No saber qué situaciones deberá enfrentar cada día.	0 1 2 3
30	Asignación de tareas que no corresponden.	0 1 2 3
31	No estar involucrado con los objetivos y las metas de la organización.	0 1 2 3
32	Ocultar o falsear las propias emociones y sentimientos.	0 1 2 3
33	Relaciones problemáticas con los médicos/as.	0 1 2 3

Si Ud. piensa o siente que hay otras situaciones laborales que lo estresan mucho y no están contempladas en el listado anterior, por favor, agréguelas a continuación:

....

....

....

Por favor, indique con qué frecuencia recurre a algunas de las alternativas ofrecidas abajo, cuando tiene problemas en su trabajo:

		Siempre	A veces	Nunca
1	Hablo con mis colegas acerca de lo que siento.			
2	Evito pensar en el problema.			
3	Pienso en lo que haré en mi tiempo libre.			
4	Actúo como si nada pasara.			
5	Trato de llegar a acuerdos.			
6	Planifico cómo resolver el problema.			
7	Acepto el problema, porque pienso que no puedo hacer nada.			
8	Fumo en exceso.			
9	Tomo el problema como un desafío.			
10	Empiezo a tener manifestaciones psicosomáticas.			
11.	Pido traslado.			
12.	Respondo con cinismo.			
13	Me automedico.			
14	Intento tomar distancia emocional del trabajo.			
15	Siento que el problema me desborda y que no puedo controlarlo.			
16	Me evado del problema comiendo, fumando o bebiendo.			
17	Espero que las cosas cambien en algún momento.			
18	Trato de ser paciente.			
19	Descargo la tensión en otras personas.			
20	Lo dejo en manos de Dios.			
21	Decido trabajar en forma mecánica, sin involucrarme demasiado.			
22	Hago gimnasia o actividades placenteras fuera del trabajo.			
23	Mantengo una clara división entre el trabajo y mi vida personal.			
24	Busco trabajar en equipo.			

Si Ud. cree que su/s manera/s habitual/es de reaccionar ante las dificultades de su trabajo no están contempladas en el listado precedente, por favor, agréguela/s a continuación:

....

....

....

....

Por favor, evalúe su trabajo tal como es (no como siente que debería ser) colocando al lado de cada oración el número de la escala que mejor indica su opinión.

1	2	3	4	5	6	7
Muy en desacuerdo	Bastante en desacuerdo	Apenas en desacuerdo	Ni de acuerdo ni en desacuerdo	Apenas de acuerdo	Bastante de acuerdo	Muy de acuerdo

	Hospital	Centro de salud	Clínica privada	Otros
1. Mis jefes y supervisores son justos y razonables.				
2. Mi trabajo me da status y prestigio.				
3. Mi trabajo me da recompensas materiales satisfactorias.				
4. Mi trabajo me permite desarrollar todo mi potencial.				
5. Mis compañeros son colaboradores y solidarios.				
6. Mi trabajo me da seguridad laboral.				
7. Hago mi trabajo en buenas condiciones físicas.				
8. Es un trabajo cambiante y excitante.				
9. Es un trabajo donde mi esfuerzo es apreciado.				
10. Considerándolo en términos generales, es un buen trabajo.				

Usando la misma escala, evalúe las siguientes dos oraciones con relación a su vida en general.

	Mi opinión
1. Mi vida me permite desarrollar todas mis habilidades y potencialidades.	
2. Considerándola en todos sus aspectos, la mía es una buena vida.	

Las personas son diferentes y como tal no sienten de la misma forma acerca de la vida y del mundo que los rodea. A continuación, se presentan un conjunto de oraciones vinculadas con aspectos particulares y generales de la vida. Por favor, marque con una cruz el casillero que en cada caso representa mejor sus sentimientos. En los casos en que las alternativas ofrecidas no representan perfectamente sus sentimientos, elija la que más se acerca a lo que Ud. piensa. No existen respuestas correctas o incorrectas.

1	¿Siente que su vida es interesante?	1	2	3
2	¿Piensa que ha logrado el estándar de vida que esperaba?	1	2	3
3	¿Cómo se siente respecto a los logros alcanzados en su vida?	1	2	3
4	¿En general ha realizado lo que quería?	1	2	3
5	¿Cómo siente que es su vida actual, comparando con el pasado?	1	2	3
6	En general, ¿está satisfecho con las cosas que ha venido haciendo en los últimos años?	1	2	3
7	¿Siente que puede manejar situaciones inesperadas?	1	2	3
8	¿Confía en que en casos de crisis será capaz de salir adelante?	1	2	3
9	De acuerdo a cómo van las cosas, ¿piensa que las podrá manejar en el futuro?	1	2	3
10	¿A veces siente que está tan integrado a las cosas que lo rodean que es parte de las mismas?	1	2	3
11	¿Ha tenido alguna vez experiencias de intensa felicidad, similares al éxtasis?	1	2	3
12	¿Experimenta a veces sentimientos de alegría por ser parte de la gran familia de la humanidad?	1	2	3

13	¿Está seguro que parientes y/o amigos le ayudarán si ocurre alguna emergencia (por ejemplo, si le roban o su casa se incendia)?	1	2	3
14	¿Cómo se siente respecto a la relación con sus hijos?	1	2	3
15	¿Confía que parientes y/o amigos lo cuidarán si enferma gravemente o sufre un accidente?	1	2	3
16	¿Se disgusta fácilmente si encuentra que las cosas no resultan tal como esperaba?	1	2	3
17	¿Se siente a veces triste sin razón?	1	2	3
18	¿Siente que es fácilmente irritable?	1	2	3
19	¿Sufre de ansiedad?	1	2	3
20	¿Considera que es un problema para Ud. el que a veces pierda la paciencia ante pequeñas cosas?	1	2	3
21	¿Considera que su familia lo ayuda a encontrar soluciones a la mayoría de sus problemas?	1	2	3
22	¿Piensa que la mayoría de los miembros de su familia se sienten unidos entre sí?	1	2	3
23	¿Piensa que su familia le brindaría los cuidados adecuados en caso de que Ud. tuviera una enfermedad grave?	1	2	3
24	¿Siente que su vida es aburrida?	1	2	3
25	¿Está preocupado por su futuro?	1	2	3
26	¿Siente que su vida es inservible?	1	2	3
27	¿Le preocupa a veces la relación que tiene con su esposa/o?	1	2	3
28	¿Siente que sus amigos y parientes lo ayudarían si estuviera necesitado?	1	2	3
29	¿Le preocupa a veces la relación que tiene con sus hijos?	1	2	3
30	¿Siente que pequeñas cosas lo disgustan más de lo necesario?	1	2	3
31	¿Se disgusta fácilmente cuando es criticado?	1	2	3
32	¿Desearía tener más amigos de los que actualmente tiene?	1	2	3
33	¿A veces siente que ha perdido un verdadero amigo?	1	2	3
34	¿Está a veces preocupado por su salud?	1	2	3
35	¿Sufre dolores en varias partes de su cuerpo?	1	2	3
36	¿Sufre palpitaciones?	1	2	3
37	¿Sufre de mareos?	1	2	3
38	¿Siente que se cansa fácilmente?	1	2	3
39	¿Tiene problemas para dormir?	1	2	3
40	¿Se preocupa a veces por no mantener una vinculación estrecha con alguien?	1	2	3

Prueba piloto: escala de estrategias de afrontamiento

Este cuestionario fue desarrollado para una tesis doctoral sobre estrés laboral, formas de afrontamiento y satisfacción en el trabajo en médicos y enfermeros de la ciudad de Rosario. Por favor, no deje ningún ítem en blanco. Muchas gracias por su tiempo y su valiosa colaboración.

Profesión: 1.Médico   2. Enfermero

Por favor, indique con qué frecuencia recurre a algunas de las alternativas ofrecidas abajo, **cuando tiene problemas en su trabajo**:

		Siempre	A veces	Nunca
1	Descargo la tensión en otras personas.			
2	Aguanto y trago.			
3	Trato de tener todo en orden.			
4	Me voy afuera de donde esté, salgo un rato.			
5	Pienso en lo que haré en mi tiempo libre.			
6	Espero que las cosas cambien en algún momento.			
7	Me reorganizo mentalmente.			
8	Hago gimnasia o actividades placenteras fuera del trabajo.			
9	Hablo con mi familia.			
10	Hago terapia o cursos sobre manejo de estrés.			
11	Hablo con mis colegas acerca de lo que siento.			
12	Trato de ser paciente.			
13	Trato de tener menos contacto con los pacientes.			
14	Me evado del problema comiendo, fumando o bebiendo.			
15	Planifico cómo resolver el problema.			
16	Reevalúo el problema en forma positiva.			
17	Uso eufemismos para referirme a la situación.			

18	Tomo distancia del sufrimiento que hay alrededor del paciente.			
19	Fumo en exceso.			
20	Lo dejo en manos de Dios.			
21	Busco resolver los problemas económicos de los pacientes.			
22	Mantengo una clara división entre el trabajo y mi vida profesional.			
23	Busco trabajar en equipo.			
24	Compenso lo duro del trabajo con la remuneración afectiva de los pacientes.			
25	Pienso en el bienestar que me genera ayudar a otros.			
26	Me automedico.			
27	Racionalizo.			
28	Niego el problema.			
29	Acepto el problema porque pienso que no puedo hacer nada.			
30	Evito pensar en el problema.			
31	Hago chistes.			
32	Respondo con cinismo.			
33	Decido trabajar en forma mecánica, sin involucrarme demasiado.			
34	Me culpo a mí mismo.			
35	Me pongo en el lugar del paciente.			
36	Intento tomar distancia emocional del trabajo.			
37	Pienso varias veces, repasando las situaciones conflictivas.			
38	Trato de llegar a acuerdos.			
39	Empiezo a tener manifestaciones psicosomáticas.			
40	Trato de cambiar la perspectiva de la situación.			
41	Pido traslado.			
42	Actúo como si nada pasara.			
43	Me quedo "rumiando la bronca".			
44	Pongo música en el lugar de trabajo.			
45	Tomo el problema como un desafío.			
46	Me bloqueo.			
47	Siento que el problema me desborda y no puedo controlarlo.			

Prueba piloto: escala de estresores asistenciales

A continuación hay una serie de enunciados sobre **situaciones que pueden resultarle estresantes en su trabajo.** Por favor, luego de leer cada oración, rodee con un círculo la opción que mejor representa sus sentimientos y experiencias. El significado de cada número se presenta en la escala siguiente:

0	1	2	3
Nada	Un poco	Bastante	Mucho

1	Guardias y urgencias.	0	1	2	3
2	Apoyo ineficaz de superiores y/o la institución.	0	1	2	3
3	Falta de respeto a las jerarquías.	0	1	2	3
4	Falta de medios y recursos materiales en los servicios.	0	1	2	3
5	Falta de recursos humanos.	0	1	2	3
6	Multiempleo.	0	1	2	3
7	Mala situación económica de los pacientes.	0	1	2	3
8	Problemas con los convenios con obras sociales.	0	1	2	3
9	Bajos sueldos.	0	1	2	3
10	Mucha inversión en cursos, etc., no recompensadas.	0	1	2	3
11	Sobrecarga de tareas.	0	1	2	3
12	Escasez de personal de enfermería.	0	1	2	3
13	Trabajo que demanda mucho esfuerzo físico.	0	1	2	3
14	Imposición de rotaciones no deseadas.	0	1	2	3
15	Personal que no responde.	0	1	2	3
16	Recibir órdenes contradictorias.	0	1	2	3
17	No acordar con las órdenes de algunos profesionales del servicio.	0	1	2	3
18	Ocultar o falsear propias emociones y sentimientos.	0	1	2	3
19	Sentirse discriminado en el trato.	0	1	2	3
20	Sensación de dar mucho y no ser recompensado.	0	1	2	3
21	Asignación de tareas que no corresponden.	0	1	2	3
22	Dificultad para reconocer las responsabilidades reales de cada uno.	0	1	2	3

23	Conflictos interpersonales con superiores.	0	1	2	3
24	Conflictos interpersonales con colegas.	0	1	2	3
25	Demasiado trabajo con papeles.	0	1	2	3
26	Escasa autoridad para tomar decisiones.	0	1	2	3
27	Avaricia y perversidad de los que manejan el sistema de salud.	0	1	2	3
28	Estado de maltrato y abandono de los pacientes.	0	1	2	3
29	Dificultades en la relación con los familiares de los pacientes.	0	1	2	3
30	Mal estado de la salud pública.	0	1	2	3
31	Exigencias de la sociedad para resolver problemas que exceden la función.	0	1	2	3
32	Injusta distribución del trabajo.	0	1	2	3
33	Autoridades que no están capacitadas para ejercer su función.	0	1	2	3
34	Deficiencias administrativas.	0	1	2	3
35	Agobio.	0	1	2	3
36	Situaciones en que es innecesaria la prolongación de la vida de los pacientes.	0	1	2	3
37	Temor a la muerte de pacientes jóvenes.	0	1	2	3
38	Aspectos médicos legales (Por ejemplo, juicios por mala praxis).	0	1	2	3
39	Problemas clínicos.	0	1	2	3
40	Falta de apoyo en las decisiones por parte de jefes o superiores.	0	1	2	3
41	Desvalorización social de la profesión.	0	1	2	3
42	Escaso confort físico en el lugar de trabajo.	0	1	2	3
43	Escaso interés por el desarrollo profesional.	0	1	2	3
44	Trabajo repetitivo.	0	1	2	3
45	Conducta agresiva de los pacientes.	0	1	2	3
46	Temor a matar pacientes de toxicidad.	0	1	2	3
47	Trabajo muy solitario.	0	1	2	3
48	Excesivo número de pacientes a cargo.	0	1	2	3
49	Incompatibilidad entre trabajo y familia.	0	1	2	3
50	Falta de tiempo libre porque el trabajo demanda demasiado.	0	1	2	3
51	Escasas posibilidades de promoción y ascenso.	0	1	2	3
52	Sentir que se desperdician su capacitación y habilidades.	0	1	2	3
53	Inestabilidad laboral.	0	1	2	3

54	Falta de reconocimiento de parte de familiares y pacientes.	0	1	2	3
55	Imposibilidad de contar con pares cuando hay sobrecarga.	0	1	2	3
56	Atender niños o bebés.	0	1	2	3
57	Abandono de los pacientes por parte de sus familias.	0	1	2	3
58	Presión del tiempo.	0	1	2	3
59	Sentir que nadie se compromete con su trabajo.	0	1	2	3
60	Falta de coordinación entre el grupo de trabajo.	0	1	2	3
61	Tener que hacer el trabajo de otros profesionales.	0	1	2	3
62	Elevadas e injustas exigencias.	0	1	2	3
63	Incompatibilidad de tareas.	0	1	2	3
64	Escasa disposición de pares y superiores para integrar equipos.	0	1	2	3
65	Demasiada competitividad.	0	1	2	3
66	No saber qué situaciones deberá enfrentar cada día.	0	1	2	3
67	Demandas de los pacientes que no se pueden atender.	0	1	2	3
68	Realizar otras tareas de menor jerarquía (por ejemplo, mensajería).	0	1	2	3
69	Pobre devolución de desempeño por parte de los superiores.	0	1	2	3
70	Mala alimentación y pocas horas de sueño.	0	1	2	3
71	Relaciones problemáticas con los enfermeros.	0	1	2	3
72	Desconfianza en las propias capacidades.	0	1	2	3
73	Incapacidad para tomar decisiones.	0	1	2	3
74	Distancia entre la teoría aprendida y la formación de la práctica.	0	1	2	3
75	Relaciones problemáticas con los médicos.	0	1	2	3
76	No estar involucrado con objetivos y metas de la organización.	0	1	2	3

Este libro se terminó de imprimir en octubre de 2015 en Imprenta Dorrego (Dorrego 1102, CABA).

www.ingramcontent.com/pod-product-compliance
Lightning Source LLC
Chambersburg PA
CBHW020337270326
41926CB00007B/214